住房市场与中国家庭微观经济行为研究

廖　毓◎著

首都经济贸易大学出版社
Capital University of Economics and Business Press
·北　京·

图书在版编目（CIP）数据

住房市场与中国家庭微观经济行为研究 / 廖毓著.
北京 : 首都经济贸易大学出版社, 2025. 6. -- ISBN
978-7-5638-3855-4

Ⅰ. F299.233

中国国家版本馆 CIP 数据核字第 2025PZ0006 号

住房市场与中国家庭微观经济行为研究

ZHUFANG SHICHANG YU ZHONGGUO JIATING WEIGUAN JINGJI XINGWEI YANJIU

廖　毓　著

责任编辑　晓　地

封面设计

出版发行　首都经济贸易大学出版社

地　　址　北京市朝阳区红庙（邮编 100026）

电　　话　（010）65976483　65065761　65071505（传真）

网　　址　https://sjmcb.cueb.edu.cn

经　　销　全国新华书店

照　　排　北京砚祥志远激光照排技术有限公司

印　　刷　北京九州迅驰传媒文化有限公司

成品尺寸　170 毫米×240 毫米　1/16

字　　数　286 千字

印　　张　15.5

版　　次　2025 年 6 月第 1 版

印　　次　2025 年 6 月第 1 次印刷

书　　号　ISBN 978-7-5638-3855-4

定　　价　67.00 元

前　言

从新中国成立到1998年的近50年，中国城镇地区实行的是以住房福利分配为核心的住房制度。1998年，国务院发布《关于进一步深化城镇住房制度改革，加快住房建设的通知》，标志着福利分房时代的终结，住房建设正式迈入市场化和商品化的新时代。根据国家统计局数据，自1998年以来，商品房销售额呈现显著的逐年增长趋势，从1998年的2 513.30亿元增长至2022年的129 655.57亿元，增长近50倍。商品房销售面积也由1998年的12 185.30万平方米增加至2022年的129 766.39万平方米，增长了近10倍。与此同时，商品房的平均销售价格持续上涨，从2000年的2 112元/平方米攀升至2022年的9 991元/平方米，涨幅接近4倍。经过近30年的发展，中国住房市场实现了跨越式进步，居民住房拥有率显著提升，居住条件得到了极大改善。

当前，房地产行业已成为国民经济的重要支柱产业之一。根据国家统计局数据，1998年，中国家庭居住类消费支出约占家庭总消费支出的9.43%；而到2022年，该比例已上升至25.15%。随着住房市场的快速发展，住房的“双重属性”逐渐显现。房价的持续上涨让人们认识到，住房不仅是提供安身之所的基本需求，还兼具保值增值的功能，这极大激发了人们的投资热情，住房的投资属性随之凸显。住房的“双重属性”特征不仅对宏观经济发展产生了深远影响，也对家庭微观经济行为带来了显著变化。对于无房家庭而言，房价的快速上涨加重了购房负担，居民因此倾向于减少消费、增加储蓄，并可能推迟生育决策。同时，房价高企还在一定程度上影响了居民的教育选择和就业规划。对于有房家庭而言，房价上涨增加了其财富总量，带来了显著的“财富效应”。这种效应促使有房家庭在消费、创业、劳动供给、养老，以及金融市场投资等方面的行为发生变化。

由此可见，住房是一把“双刃剑”。虽然住房市场在推动经济增长方面发挥了重要作用，但经济发展模式和家庭资产配置对其过度依赖，也加剧了经济体系的不稳定性，不利于实现经济的高质量发展。因此，坚持“房住不炒”的政策定位，保持房地产市场的健康平稳运行尤为重要。基于此，本书利用 2011—2019 年中国家庭金融调查（CHFS）数据，从居民劳动参与率、养老行为、家庭资产配置和居民幸福感等维度，深入探讨住房与家庭微观经济行为之间的关系，旨在通过微观视角更全面地理解住房市场发展所带来的影响，并为政府制定相关政策提供经验证据支持。

全书分为八章，具体结构安排如下：

第一章为全书引言。本章首先回顾了中国住房市场的发展历程，简要总结了住房市场改革取得的主要成就。其后，介绍了住房市场改革以来，政府针对住房市场发展中出现的诸多问题所实施的房地产调控政策，并分析了当前中国家庭资产配置的现状。最后，对住房市场相关研究文献进行了系统梳理，从住房的“财富效应”“信贷效应”“替代效应”“房奴效应”等角度回顾了现有研究成果。通过本章的内容，读者可以更加全面地了解中国住房市场的发展历史与现状，为后续章节的研究提供坚实的理论和背景支持。

第二章主要探讨了中国家庭的住房需求。研究指出，家庭的住房需求不仅受教育水平、年龄、婚姻状态、身体状况、工作性质、家庭规模和家庭收入等因素的影响，还与父母是否资助子女购房密切相关。通过从家庭住房拥有率和家庭住房面积两个方面入手，本章对影响家庭住房需求的因素进行了实证分析。研究结果表明，父母资助购房能够显著提高家庭的住房拥有率，但这类家庭的住房面积往往较小。对此，一种可能的解释是，与其他家庭相比，依赖父母资助购房的家庭受到一定程度的信贷约束，因此更倾向于选择面积较小的住房。

第三章聚焦于住房财富与居民劳动参与率的关系。本章以家庭所有住房的当前市场价值与购买价值之差作为衡量家庭住房财富增值的指标，探讨住房财富增值对居民劳动参与率的影响。研究结果表明，在控制个体和家庭层面变量后，住房财富的增加显著降低了居民的劳动参与率，并提高了居民提前退休的可能性。此外，这一影响在性别之间表现出显著的异质性：住房财富增值对女性劳动参与率的抑制程度明显高于男性，并显著增加了女性成为家庭主妇的可能性。

第四章分析了住房财富对居民养老行为的影响。居民的养老计划主要包括四种方式：自我储蓄与投资养老、子女赡养养老、社会养老保险养老以及商业养老保险养老。本章重点探讨了住房价格上涨带来的财富效应对居民养老计划和养老观念的影响。研究结果表明，随着住房财富的增加，居民选择通过自我储蓄、投资以及商业养老保险进行养老的可能性显著提高，而依赖子女赡养养老的可能性则显著下降。这一发现揭示了住房财富效应对于改变居民养老行为及观念发挥的重要作用。

第五章探讨了户籍与家庭资产配置的关系。本章重点考察了户籍状态对家庭资产配置的影响，对比了城镇地区和农村户籍居民之间的资产配置差异。结果显示，与城镇户籍户主相比，农村户籍户主在城镇地区面临更大的不确定性，且享有的社会保障水平较低，这使其住房和金融资产持有水平较低，进而导致其总资产水平明显低于城镇户籍户主。

第六章分析了住房公积金对家庭资产配置的影响。本章探讨了住房公积金在影响家庭资产配置方面的作用，包括住房拥有率、金融市场参与率、住房资产价值、金融资产价值、风险金融资产价值、住房资产占比和金融资产占比等维度。研究发现，拥有住房公积金使得家庭在购房时可以选择住房公积金贷款或组合贷款，从而有效减轻了购房负担。同时，住房公积金的存在缓解了家庭的信贷约束，提升了家庭的风险偏好，进而促进了家庭住房拥有率和风险金融资产占比的提高。进一步分析表明，住房公积金不仅降低了家庭的购房支出，还促进了家庭消费的增长，并提高了居民的幸福感。

第七章研究了住房与居民幸福感的关系。本章将研究重点转向居民幸福感，探讨住房对居民幸福感的作用。本章分析了是否拥有住房、房屋数量、住房面积和住房财富等住房状况对居民幸福感的影响。研究结果显示，与没有住房的家庭相比，有住房的家庭幸福感显著提高。同时，住房数量、住房面积以及住房价值的增加也会显著提升居民的幸福感。

第八章为全书的结论与政策建议。本章总结主要研究发现，并根据研究结果提出相应的政策建议。

本书受北京市教育委员会社科计划一般项目（SM20 23100 38010）的资助。由于种种限制，书中难免存在疏漏之处，恳请各位读者批评指正。

目　录

第一章　引　言

第一节　中国住房市场改革回顾

党的十一届三中全会后，中国进入改革开放和社会主义现代化建设的新时期，经济体制开始从计划经济向社会主义市场经济体制的历史性转变。整个转变过程涵盖了住房、养老、医疗等领域的改革，其中住房市场改革被视为至关重要的改革之一。正如杜诗所言，“安得广厦千万间，大庇天下寒士俱欢颜”，住房问题自古以来便是关系人民幸福感的核心议题。因此，住房市场改革在中国经济体制改革中被最早提出，也成为改革计划中制定时间最久、试点最广泛、方案出台最慎重，且在全国范围推行最缓慢的改革之一。本书关注中国住房市场对家庭微观经济行为的影响，因此需要深入理解住房市场背后隐含的制度背景。基于此，本节将详细介绍中国住房市场改革的历程，回顾住房市场改革的发展轨迹。

一、新中国成立后的初步探索阶段（1949—1977 年）

新中国成立初期，受到长期战争的影响，国家各项事业百废待兴。城市住房极为紧张，而政府资金也极为匮乏，因此采取了公私并举的政策，即允许公共房产与私人房产并存，以解决住房问题（李国庆和钟庭军，2022）。在此期间，政府除了对一些特殊群体，如战犯、反革命分子、汉奸等的住房进行没收、充公和统一调配外，对于城市中的其他居民和工商业者等群体的私有住房则采取包容的态度，承认私人对其住房的所有权，并鼓励私人新建、出租房屋，同时保护产权所有人的正当合法经营，以此缓解住房紧张问题（陈杰，2019）。

随着新中国逐渐步入稳定发展的阶段，中国明确采用了马克思、恩格斯、列宁等革命家的社会主义社会改造学说，进入了计划经济下的高度统一管理时期。在这个阶段，所有社会经济制度（包括住房制度）都要服务于社会主义公有制。恩格斯在《论住宅问题》[①] 中指出，住房私有制会导致压

① 马克思、恩格斯：《马克思恩格斯文集》第 3 卷，人民出版社，2009 年版。

榨与剥削，从而使工人陷入贫困，他明确反对住房私有制。恩格斯等人的思想为新中国成立初期计划经济时代的城镇住房政策奠定了基础，并深刻影响了当时的住房制度发展（张路，2019）。

1956年，中共中央书记处出台了《关于目前城市私有房产基本情况及进行社会主义改造的意见》，标志着中国私有住房进入社会主义改造阶段。居民住房不再具有私有性质，取而代之的是"统一管理、统一分配、以租养房"的住房福利分配制度（张协奎和樊光义，2020）。在这个制度下，政府统一负责住房的建设、分配和维护，住房建设资金主要来源于国家财政和企业福利金。单位根据员工的年龄、工龄、职级、家庭结构等标准分配住房。在当时，城镇地区国有企业工人的工资普遍较低，住房租金也相对较低。文献表明，1949—1990年，大多数城市的公有住房租金仅占家庭收入的2%~3%（Wang and Murie，1996）。

低租金的住房福利分配制度带来了诸多问题。首先，较低的租金无法覆盖住房的维修和管理成本，导致住房普遍缺乏修缮，严重破损。其次，由于资金匮乏，政府财政负担沉重，致使住房建设投资不足，城镇地区面临住房短缺的问题。已经分配到住房的家庭普遍居住面积小、条件差，而没有住房的家庭往往需要等待很长时间才能分配到住房。新中国成立初期，人均居住面积为4.5平方米；1977年，这一数字仅为3.6平方米，而城市地区有17%的家庭没有住房（李国庆和钟庭军，2022）。另外，住房福利制度还加剧了住房不平等的问题。城镇地区的住房建设由政府资助，国有企业比集体企业能获得更多的住房建设资金，北京等大城市的住房投资也比其他城市更多（Shaw，1997；Chen，1998）。最后，将住房福利与单位挂钩的制度，降低了劳动力流动性，阻碍了劳动力市场的发展（Chen，1996）。随着城市化进程的不断推进，大量农村人口涌入城市，人口与住房的矛盾日益加剧，住房改革刻不容缓。

二、住房福利化分配制度向住房商品化转型阶段（1978—1997年）

1978年，党的十一届三中全会的召开标志着中国正式进入改革开放阶段。随着各项改革的推进，以住房商品化为方向的住房制度改革逐步展开，中国进入了为期20年的住房商品化改革探索阶段。

1980年4月，邓小平同志发表关于建筑业和住宅问题的谈话，提出"城镇居民个人可以购买房屋，也可以自己盖"。1980年6月，中共中央、国务院批转《全国基本建设工作会议汇报提纲》，明确提出"准许私人建房、私人买房，准许私人拥有自己的住宅”。1981 年，全国共出售新旧住宅 2 418 套，其中包括 1 184 套新房和 1 234 套旧房，国家回收住房资金 1 278 万元（亢飞，2013）。尽管鼓励私人建房和出售公有住房在一定程度上调动了居民购房的积极性，但随着城镇人口持续流入和住房建设资金短缺，住房困难问题依然存在。同时，受福利分房观念的影响，居民的购房意愿仍然较低。

为了调动居民购房的积极性，1982 年，政府在郑州、常州、四平和沙市四个城市开展了补贴出售住房的试点。员工只需承担 1/3 的住房建设成本即可获得住房，其余部分由单位和政府承担。然而，员工不得在市场上转售住房。到 1985 年底，全国已有 160 个城市和 300 个县镇实施了补贴售房政策，共出售住房 1 093 万平方米（李雄和袁道平，2012）。由于这一政策对财政造成了较大负担，试点政策于 1985 年结束。

1984 年 10 月，党的十二届三中全会通过了《中共中央关于经济体制改革的决定》，提出加快城镇地区的经济体制改革，推动住房市场改革。1988 年 1 月，第一次全国住房制度改革工作会议召开，住房制度改革正式纳入中央和地方的改革计划，并在全国分期分批展开。1988 年 2 月，国务院发布《关于在全国城镇分期分批推行住房制度改革的实施方案》，提出“从改革公房低租金制度着手，将现在的实物分配逐步改变为货币分配，由住户通过商品交换，取得住房的所有权或使用权，使住房这个大商品进入消费品市场，实现住房资金投入产出的良性循环，从而走出一条既有利于解决城镇住房问题，又能够促进房地产业、建筑业和建材工业发展的新路子”。1991 年 6 月，国务院出台《关于继续积极稳妥地进行城镇住房制度改革的通知》，提出调整公房租金、出售公有住房、实施新房新制度、拓宽住房资金筹集渠道、发展住房金融业务等改革措施。在这个过程中，单位在提高公有住房租金的同时，增加了居民的工资，并提供住房补贴以鼓励员工购买公有住房。这有效调动了居民购房的积极性。然而，在具体执行过程中，不同城市采取了不同的方案，工资和租金上涨的幅度各异，住房补贴标准也存在差异。1991—1993 年，为了加快公有住房的出售进程，一些城市对员工提供较大的折扣，导致了廉价售房的问题（Wang and Murie，1996）。

1994 年 7 月，国务院出台《关于深化城镇住房制度改革的决定》，提出住房改革的根本目的是“建立与社会主义市场经济体制相适应的新的城镇住房制度，实现住房商品化、社会化；加快住房建设，改善居住条件，满足城镇居民不断增长的住房需求”。同时，提出全面推行住房公积金制度，积极推进租金改革，稳步出售公有住房并加快经济适用住房的开发建设。改革的具体内容包括：①对于高收入家庭，以市场价向其出售公有住房；中低收入家庭以成本价出售公房。②推行住房供应双轨制，即向高收入家庭出售商品房，向中低收入家庭提供经济适用房，且每年经济适用房建设要占建房总量的20%以上。③全面推行住房公积金制度。该政策在提高职工购房能力的同时，也能为住房建设筹集资金，加快住房投资。

三、取消住房福利化制度阶段（1998年至今）

1998年7月，国家正式发布《国务院关于进一步深化城镇住房制度改革，加快住房建设的通知》。该文件明确提出，停止住房实物分配，逐步实现住房分配货币化的目标。自此，市场化和商品化成为住房建设的主旋律。随后的十几年间，房地产投资年均增长超过20%，每年新增商品房面积超过10亿平方米，城镇人均住房面积突破30平方米，超过了中等发达国家的住房消费水平，中国整体上正式告别了住房短缺的时代（尹中立，2017）。2003年，国务院发布《关于促进房地产市场持续健康发展的通知》，强调房地产行业对国民经济的重要贡献。然而，由于过度强调房地产市场化，同时忽视对低收入群体的住房保障，该政策引发了社会居民对住房问题的不满。尽管随后出台了一系列调整措施，但效果并不显著。

四、住房改革取得的成就

（一）住房市场规模不断增大

改革开放40多年来，中国住房市场发展迅速，为国内生产总值的持续增长作出了重要贡献。从图1.1可以看出，房地产行业对国内生产总值的贡献从1978年的79.7亿元增长至2022年的73 821.3亿元，增加了73 741.6亿元。同时，房地产占国内生产总值的比重也显著提高，从1978年的2.17%上升至2022年的6.10%，增长了1.81倍。

（二）居民住房条件不断改善

经过几十年的住房改革，中国城镇居民的住房条件得到了显著改善，从过去的“蜗居”迈向如今的“宜居”。如图1.2所示，商品房销售面积持续增长，从1998年的12 185.30万平方米攀升至2022年的129 766.39万平方米，居住条件大幅提升。同时，商品房销售额也呈现增长趋势，从1998年的2 513.30亿元跃升至2022年的129 655.57亿元，累计增长了127 142.27亿元，充分反映了中国住房市场的发展成就。

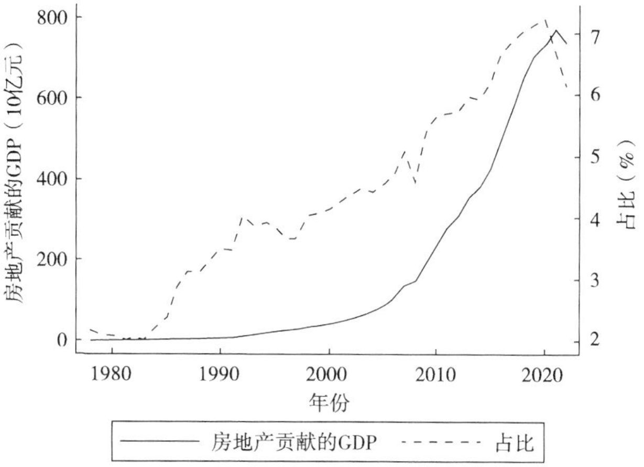

图 1.1 房地产贡献的国内生产总值

资料来源：历年《中国统计年鉴》。

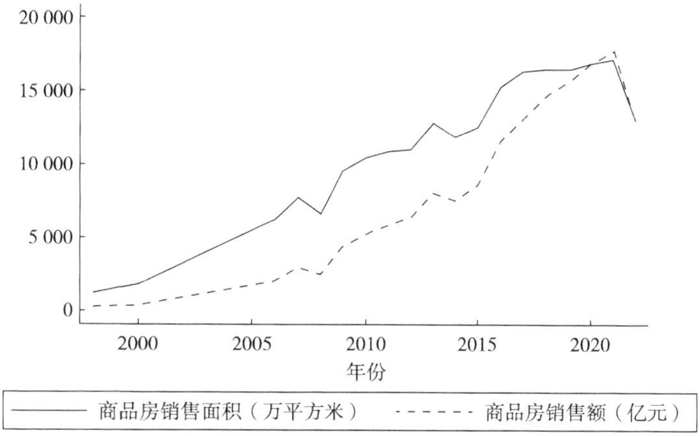

图 1.2 商品房销售面积和销售额

资料来源：历年《中国统计年鉴》。

根据 2015 年中国家庭金融调查（CHFS）数据，中国城镇家庭的平均住房面积为 93.80 平方米。其中，东部地区家庭平均住房面积为 90.46 平方米，中部地区为 93.00 平方米，西部地区则达到 102.93 平方米，呈现区域间的差异。此外，依据《中国人口普查年鉴 2020》的统计，2020 年中国人均居住房间数为 1.2 间，家庭平均房间数为 3.2 间，平均每户住房建筑面积增至 111.18 平方米，人均住房建筑面积达到 41.76 平方米。这些数据充分说明，中国居民的住房条件在近年来得到了显著改善。

（三）保障房建设规模不断扩大

自 1998 年中国启动住房市场商品化改革以来，保障房建设取得了显著成效。1994 年，国务院发布《关于深化城镇住房制度改革的决定》，首次提出建设面向中低收入家庭的经济适用房体系。此后，政府在多项政策文件中反复强调保障房建设的重要性。2021 年，国务院办公厅印发《关于加快发展保障性租赁住房的意见》，明确提出加快完善以公租房、保障性租赁住房和共有产权住房为主体的住房保障体系，重点解决新市民、青年等群体住房困难问题。根据国务院 2021 年发布的《中国的全面小康》数据统计，中国已累计建设各类保障性住房和棚改安置房 8 000 多万套，惠及 2 亿多居民，显著改善了他们的居住条件。但是，据《中国人口普查年鉴 2020》的统计，城镇地区 34.46%的家庭居住在新建商品房，12.08%居住在二手房，7.68%为公有住房，4.07%为经济适用房，9.93%为自建住房，3.75%的家庭租住廉租房或公租房，22.00%的家庭租住其他类型住房。由此可见，虽然中国保障房建设已取得了一定成效，但居住在经济适用房、廉租房和公租房的家庭占比仍然偏低，反映出保障房建设规模仍需进一步扩大，以更好满足居民的住房需求。

第二节　中国的房地产调控政策

随着经济的快速发展和城镇化的持续推进，中国住房市场取得了迅速发展，城镇地区的住房价格也随之不断攀升。自 1998 年住房市场改革以来，中国房地产调控政策历经多次调整与变动。本节对中国房地产调控相关政策进行系统梳理与分析。如表 1.1 所示，中国房地产调控政策可分为六个阶段，依次为鼓励房地产市场发展阶段、控制房价上涨阶段、推动房地产市场发展阶段、遏制房价过快上涨阶段、房地产“去库存”阶段和“房住不炒”阶段等。

表 1.1　中国房地产调控政策

年份	简称	住房政策
第一阶段：鼓励房地产市场发展（1998—2003 年）		
2000 年 5 月	—	建设部等发布《关于进一步深化国有企业住房制度改革加快解决职工住房问题的通知》

续表

年份	简称	住房政策
2003年6月	—	中国人民银行发布《关于进一步加强房地产信贷业务管理的通知》，规定对借款人申请个人住房贷款购买第一套自主住房的，首付比例为20%
第二阶段：控制房价上涨（2003—2008年）		
2003年8月	—	国务院发布《关于促进房地产市场持续健康发展的通知》
2005年3月	国八条	国务院办公厅下发《关于切实稳定住房价格的通知》，要求各地政府重视房价上涨过快现象
2005年4月	新国八条	国务院常务会议提出八项措施加强房地产市场调控
2005年5月	—	国务院办公厅印发《关于做好稳定住房价格工作的意见》
2005年5月	—	国家税务总局等发布《关于加强房地产税收管理的通知》，个人将购买不足2年的住房对外销售的，全额征收营业税
2006年5月	国六条	建设部等发布《关于调整住房供应结构稳定住房价格的意见》，提出个人将购买不足5年的住房对外销售的，全额征收营业税。同时，建筑面积90平方米以下住房面积所占比重，必须达到开发建设总面积的70%以上
2007年	—	2007年一年内央行6次加息，10次上调存款准备金率
2007年8月	—	国务院发布《关于解决城市低收入家庭住房困难的若干意见》，提出“进一步建立健全城市廉租住房制度，改进和规范经济适用住房制度，加大棚户区、旧住宅区改造力度”
第三阶段：推动房地产市场发展（2008—2009年）		
2008年10月		为应对金融危机的影响，人民银行将商业性个人住房贷款利率的下限扩大为贷款基准利率的0.7倍，同时将最低首付款比例调整为20%
2008年11月	国十条	政府公布四万亿计划。同时，央行调低首付比和抵押贷款利率
2008年12月	—	国务院办公厅发布《关于促进房地产市场健康发展的若干意见》，提出“加大保障性住房建设力度、鼓励住房合理消费、促进房地产市场健康发展的政策措施”
2009年5月	—	国务院发布《关于调整固定资产投资项目资本金比例的通知》，将普通商品住房项目的最低资本金比例调整为20%
第四阶段：遏制房价过快上涨（2009—2014年）		
2009年7月	—	银监会要求始终严格执行二套房贷的政策不动摇
2009年12月	国四条	国务院常务会议明确表态“遏制房价过快上涨”

续表

年份	简称	住房政策
2010年1月	国十一条	国务院发布《关于促进房地产市场平稳健康发展的通知》，提出“合理引导住房消费，抑制投资投机性购房需求”，并规定二套房首付比例不得低于40%
2010年4月	新国十条	国务院发布《关于坚决遏制部分城市房价过快上涨的通知》，制定了更为严格的差别化住房信贷政策
2010年4月	—	北京出台“新国十条”实施细则，首次提出限购政策，一家只能新购一套房
2010年9月	“929”新政	人民银行、银监会发布通知，要求各商业银行暂停发放居民家庭购买第三套及以上住房贷款
2011年1月	新国八条	国务院办公厅发布《关于进一步做好房地产市场调控工作有关问题的通知》，指出“对贷款购买第二套住房的家庭，首付款比例不低于60%，贷款利率不低于基准利率的1.1倍”
2011年11月	—	中国人民银行从12月5日起下调存款准备金率，此次调整为2009年以来的首次下调
2011年12月	—	中央经济工作会议指出，要坚持房地产调控政策不动摇，促进房价合理回归
2012年11月	—	党的十八大提出“加强保障性住房建设和管理，满足困难家庭基本需求”
2013年2月	国五条	国务院办公厅发布《关于继续做好房地产市场调控工作的通知》，指出要坚决抑制投机投资性购房，加快建立和完善引导房地产市场健康发展的长效机制
第五阶段：房地产“去库存”（2014—2016年）		
2014年3月	—	政府工作报告提出“针对不同城市情况分类调控，增加中小套型商品房和共有产权住房供应，抑制投机投资性需求，促进房地产市场持续健康发展”
2014年9月	930新政	中国人民银行、原银监会规定对拥有一套住房并已结清相应贷款的家庭，再次申请贷款购房仍按首套房执行
2015年3月	330新政	中国人民银行等公布《关于个人住房贷款政策有关问题的通知》，规定二套房最低首付款比例调整为不低于40%。同时，使用公积金购买首套房时，最低首付款比例为20%，购买二套房最低首付比例为30%
2015年3月	—	财政部、国家税务总局公布《关于调整个人住房转让营业税政策的通知》，要求对购买不足2年的住房对外销售的，全额征收营业税，但购买2年以上的住房对外销售时免征营业税

续表

年份	简称	住房政策
2015年12月	—	中央经济工作会议提出要努力化解房地产库存
第六阶段："房住不炒"（2016—2020年）		
2016年10月	—	北京等城市重启限购限贷政策
2016年12月	房住不炒	中央经济工作会议提出"房子是用来住的、不是用来炒的"，指出要抑制房地产泡沫，防止出现大起大落
2017年3月	—	政府工作报告提出加快建立和完善促进房地产市场平稳健康发展的长效机制
2017年10月	租购并举	党的十九大报告强调要坚持"房子是用来住的、不是用来炒的"的定位，加快建立多主体供给、多渠道保障、租购并举的住房制度
2018年7月	—	中共中央政治局会议要求坚决遏制房价上涨
2018年12月	—	中央经济工作会议强调构建房地产市场健康发展长效机制，坚持"房子是用来住的、不是用来炒的"的定位，因城施策、分类指导，夯实城市政府主体责任，完善住房市场体系和住房保障体系
第七阶段：放宽房地产调控政策（2020年至今）		
2022年12月	—	5年期以上贷款市场利率（LPR）下调至4.3%，购房贷款成本下降
2023年3月	—	政府工作报告提出"出台金融支持措施，支持刚性和改善性住房需求"
2023年8月	—	中国人民银行、国家金融监督管理总局公布《关于降低存量首套住房贷款利率有关事项的通知》以及《关于调整优化差别化住房信贷政策的通知》
2023年8月	—	住房城乡建设部等部门公布《关于优化个人住房贷款中住房套数认定标准的通知》

资料来源：艾笋：《中国住房制度改革发展40年》，《决策与信息》，2018年第12期，第68-80页；张路：《"双重属性"下的中国家庭住房需求与住房市场》，经济科学出版社，2019年版。

第一阶段为鼓励房地产市场发展阶段（1998—2003年）。1998年，中国正式结束计划经济下的福利分房制度，迈入住房市场化分配时期，城镇住房市场逐渐起步。在此阶段，政府出台了一系列政策，积极鼓励房地产市场的发展，为住房市场化奠定了基础。

第二阶段为控制房价上涨阶段（2003—2008年）。在这个时期，城镇地区住房价格快速上涨。现有研究表明，多重因素导致了中国房价上涨，包括人口结构（徐建炜等，2012）、信贷政策（李飞等，2022）、金融自由化程度（Shi，2022）、收入不平等（张川川等，2016）、土地供需错配（韩立彬和陆铭，2018）、老龄化及遗产动机（况伟大等，2018）以及地方政府的财政压力（徐璐等，2020）等。例如，徐璐等（2020）指出，分税制改革后，地方政府面临较大的财政压力，对“土地财政”的依赖度显著增加。根据作者统计，2016 年全国财政缺口已超过 7 万亿元。为弥补财政缺口，地方政府采取高价、少量出让商用地，同时低价、大量出让工业用地的策略以扩大收入来源，这一做法进一步推高了商品房价格。为遏制房价过快上涨，政府在这个阶段陆续出台了一系列政策，包括“国八条”“新国八条”“国六条”，以加强对房地产市场的调控。

第三阶段为推动房地产市场发展阶段（2008—2009 年）。受 2008 年金融危机影响，中国出口大幅下降，经济面临下行风险。为应对这一挑战，政府推出了总额高达“四万亿”的经济刺激计划，其中约 4 000 亿元专项用于廉租房和棚户区改造。此外，政府还出台了一系列促进房地产市场发展的政策措施，包括下调住房贷款利率和降低首付比例，以提振市场信心，稳定经济增长。

第四阶段为遏制房价过快上涨阶段（2009—2014 年）。从金融危机中复苏后，2009—2014 年，中国住房市场迎来新一轮的快速发展。为应对市场过热，2010 年 1 月，国务院发布《关于促进房地产市场平稳健康发展的通知》，明确规定二套房首付比例不得低于 40%。同年 9 月，人民银行与银监会联合发布通知，要求各商业银行暂停发放家庭购买第三套及以上住房的贷款，此政策被称为“史上最严调控”，彰显了政府对房地产市场过热问题的高度重视。

第五阶段为房地产“去库存”阶段（2014—2016 年）。上一阶段房地产政策的收紧导致市场库存积压严重，不少城市出现房价下跌的问题。针对房地产交易量下降的状况，政府陆续出台了一系列“去库存”政策，其中以 2015 年发布的“330 新政”为代表。该政策将家庭购买第二套房的首付比例下调至 40%，旨在刺激住房需求，缓解库存压力，促进房地产市场回暖。

第六阶段为“房住不炒”阶段（2016—2020 年）。为了防止房价过快上涨，2016 年，中央经济工作会议明确提出“房子是用来住的、不是用来炒的”，强调不将房地产作为短期刺激经济的手段，推动房地产市场的健康平稳发展。2017 年，党的十九大报告提出要加快建立“租购并举”的住房制度，确保全体人民住有所居。

第七阶段为放宽房地产调控政策阶段（2020 年至今）。2020 年，受新冠疫情影响，全球经济遭遇严重冲击，也在一定程度上对我国经济造成了影响。为应对居民有效需求不足的问题，2023 年 3 月，政府工作报告提出“出台金融支持措施，支持刚性和改善性住房需求”。随后，多个地区放宽了住房政策，旨在促进房地产市场的复苏和稳定。2023 年 8 月，中国人民银行、国家金融监督管理总局公布《关于降低存量首套住房贷款利率有关事项的通知》以及《关于调整优化差别化住房信贷政策的通知》，宣布降低存量首套住房商业性个人住房贷款利率和商业性个人住房贷款最低首付款比例（首套房不低于 20%，二套房不低于 30%）。同一时间，住房城乡建设部等部门公布《关于优化个人住房贷款中住房套数认定标准的通知》，宣布“居民申请贷款购买商品住房时，家庭成员在当地名下无成套住房的，不论是否已利用贷款购买过住房，银行业金融机构均按首套住房执行住房信贷政策”，即将之前的“认房又认贷”政策调整为“认房不认贷”政策。

第三节　中国家庭资产配置现状

随着中国经济的发展，居民的资产配置日趋多样化。除了传统的住房和存款外，家庭持有的资产类型已扩展至股票、理财产品、基金等风险性金融资产。本节统计 2011—2019 年中国家庭的资产配置情况，并分析其变动趋势。

表 1. 2 展示了 2011—2019 年城镇家庭的资产配置情况。通过横向对比可知，在所有调查年份，城镇家庭持有的非金融资产规模均远高于金融资产规模，且风险金融资产在金融资产中占比较小。纵向趋势显示，城镇家庭的平均金融资产规模从 2011 年的 6. 93 万元逐年上升至 2017 年的 12. 19 万元，2019 年则回落至 11. 05 万元，总体增加了 4. 12 万元。与此波动趋势相似，2011—2019 年，城镇家庭持有的风险金融资产规模总体上升了 2. 32 万元。非金融资产的持有规模则持续增长，从 2011 年的 65. 97 万元逐步上升至 2017 年的 115. 90 万元，2019 年回落至 102. 93 万元，总体增加了 36. 96 万元。城镇家庭的总资产规模从 2011 年的 73. 40 万元上升至 2019 年的 139. 02 万元，总体增加了 65. 62 万元。

表 1. 2　城镇家庭资产配置情况　　万元

年份	金融资产	风险金融资产	非金融资产	总资产
2011	6. 929 0	2. 193 0	65. 970 1	73. 403 0
2013	7. 240 7	2. 288 2	91. 859 6	101. 991 9

续表

年份	金融资产	风险金融资产	非金融资产	总资产
2015	11.834 4	4.470 4	90.056 8	117.501 4
2017	12.185 0	4.742 5	115.902 8	113.944 5
2019	11.048 6	4.513 2	102.929 4	139.018 4

资料来源：2011—2019 年中国家庭金融调查（CHFS）数据。

表 1.3 展示了 2011—2019 年城镇家庭金融资产配置情况。数据显示，2011 年城镇家庭的平均存款为 3.92 万元，股票为 1.15 万元，基金为 0.31 万元，理财产品为 0.18 万元，债券为 0.09 万元，黄金为 0.04 万元，借出款为 0.67 万元。从 2011 年起，城镇家庭的平均存款规模持续增长，到 2017 年达到 6.27 万元，2019 年回落至 5.55 万元，总体增加了 1.63 万元。与此同时，城镇家庭持有的股票、基金和债券规模在 2011—2019 年总体呈现下降趋势，分别减少了 0.41 万元、0.1 万元和 0.04 万元。相反，理财产品、黄金和借出款在同一时期总体均呈上升趋势，到 2019 年，理财产品、黄金和借出款的持有规模分别达到了 2.46 万元、0.05 万元和 1.46 万元，分别较 2011 年增加了 2.28 万元、0.01 万元和 0.79 万元。

表 1.3　城镇家庭金融资产配置　　万元

年份	存款	股票	基金	理财产品	债券	黄金	借出款
2011	3.920 9	1.149 6	0.310 8	0.178 4	0.085 4	0.035 9	0.667 6
2013	4.168 2	0.906 4	0.277 3	0.489 3	0.114 8	0.063 3	0.803 9
2015	6.003 1	1.897 6	0.681 6	1.393 5	0.082 5	0.043 7	1.373 4
2017	6.265 1	1.227 3	0.475 6	1.662 1	0.115 5	0.041 5	1.643 8
2019	5.545 5	0.743 1	0.213 2	2.456 9	0.053 5	0.046 7	1.463 8

资料来源：2011—2019 年中国家庭金融调查（CHFS）数据。

表 1.4 展示了 2011—2019 年城镇家庭非金融资产配置情况。数据显示，2011 年城镇家庭的平均住房资产为 57.71 万元，平均汽车资产为 2.29 万元，平均耐用品资产为 1.87 万元，平均工商业生产经营资产为 6.56 万元。总体上，城镇家庭持有的住房资产规模最大，而耐用品资产规模最小。城镇家庭的平均住房资产从 2011 年的 57.71 万元持续增长，到 2019 年达到 106.01 万元，总体上升了 48.30 万元。与此同时，2019 年平均汽车资产为 3.87 万元，

比 2011 年增加了 1.58 万元。耐用品资产则从 2011 年的 1.87 万元增长至 2013 年的 4.37 万元，随后有所回落，至 2019 年为 2.25 万元，总体增加了 0.38 万元。工商业生产经营资产的持有规模则呈下降趋势，从 2011 年的 6.56 万元下降至 2019 年的 5.06 万元，总体减少了 1.50 万元。总体而言，2011—2019 年，城镇家庭持有的非金融资产中，住房资产的变动幅度最大。

表 1.4 城镇家庭非金融资产配置 万元

年份	住房	汽车	耐用品	工商业生产经营资产
2011	57.707 4	2.293 2	1.873 3	6.558 2
2013	69.539 6	2.599 6	4.373 5	7.960 8
2015	81.471 4	1.422 1	2.844 6	3.751 3
2017	116.657 5	5.659 2	2.747 9	3.681 2
2019	106.006 4	3.871 1	2.249 8	5.059 1

资料来源：2011—2019 年中国家庭金融调查（CHFS）数据。

表 1.5 展示了 2011—2019 年城镇家庭负债变动情况。2011 年，城镇家庭的平均住房负债为 3.78 万元，工商业负债为 1.24 万元，汽车负债为 0.18 万元，教育负债为 0.08 万元，信用卡负债为 0.02 万元。总体上，城镇家庭的住房负债规模最大。2011—2013 年，城镇家庭的平均住房负债呈下降趋势，随后逐步上升，到 2019 年达到了 5.76 万元，总体上升了 1.98 万元。工商业经营负债则从 2011 年的 1.24 万元下降至 2017 年的 0.85 万元，随后回升至 2019 年的 1.20 万元，总体减少了 0.04 万元。城镇家庭的汽车负债从 2011 年的 0.18 万元上升至 2019 年的 0.21 万元，总体增加了 0.03 万元。2011—2015 年，教育负债呈下降态势，之后回升至 2019 年的 0.10 万元，总体上升了 0.02 万元。医疗负债则从 2015 年的 0.07 万元增长至 2019 年的 0.16 万元，总体增加了 0.09 万元。城镇家庭的信用卡负债在 2011—2019 年持续上升，到 2019 年达到 0.13 万元，总体上升了 0.11 万元。总体而言，2011—2019 年，城镇家庭的住房负债变动幅度远大于其他类型负债的变动幅度。

表 1.5 城镇家庭负债情况 万元

年份	住房	工商业	汽车	教育	医疗	信用卡
2011	3.777 2	1.238 5	0.179 9	0.080 7	—	0.023 2
2013	2.775 0	1.893 2	0.127 6	0.051 1	—	0.054 1

续表

年份	住房	工商业	汽车	教育	医疗	信用卡
2015	3.636 5	0.977 2	0.258 7	0.018 5	0.070 5	0.082 5
2017	4.707 9	0.849 6	0.199 0	0.080 9	0.114 8	0.136 3
2019	5.758 0	1.203 8	0.210 1	0.096 1	0.156 6	0.128 1

资料来源：2011—2019 年中国家庭金融调查（CHFS）数据。

表 1.6 展示了不同分位数家庭的资产配置情况。数据显示，从 10 分位到 50 分位，家庭持有的金融资产规模从 0.01 万元增加至 1.75 万元，而风险金融资产的持有量均为 0，表明大部分家庭的金融资产及风险金融资产规模较小。此外，70 分位数家庭与 90 分位数家庭的资产差距较为显著。在 70 分位数上，家庭的平均金融资产、风险金融资产、非金融资产和总资产分别为 6.07 万元、0.05 万元、90.00 万元和 129.28 万元。而在 90 分位数上，家庭的平均金融资产、风险金融资产、非金融资产和总资产分别为 28.12 万元、10.00 万元、295.05 万元和 363.23 万元。这表明，城镇地区家庭财富的不平衡现象较为突出。

表 1.6　不同分位数家庭资产配置　　万元

变量	金融资产	风险金融资产	非金融资产	总资产
10 分位	0.009 8	0	0.020 6	6.120 0
30 分位	0.270 0	0	10.200 6	30.730 0
50 分位	1.750 0	0	39.290 9	64.098 4
70 分位	6.067 5	0.050 0	90.002 8	129.280 0
90 分位	28.122 6	10.000 0	295.050 8	363.226 4

资料来源：2011—2019 年中国家庭金融调查（CHFS）数据。

表 1.7 展示了 2011 年和 2019 年城镇地区不同分位数家庭住房资产占比的变化情况。可以看出，对于每个分位数的家庭，2019 年家庭住房资产与净住房资产均较 2011 年有所增加，但家庭住房资产占比与净住房资产占比却有所下降。对于资产处于 10 分位数的家庭，2019 年家庭住房资产与净住房资产分别为 8.50 万元和 8.00 万元，较 2011 年分别增加了 1.50 万元和 2.00 万元。同一时期，30 分位、50 分位、70 分位和 90 分位数上家庭住房资产分别增加了 12.00 万元、25.00 万元、50.00 万元和 160.00 万元，净住

房资产分别增加了 10.00 万元、20.00 万元、42.20 万元和 155.00 万元。这表明，家庭住房资产在此期间呈现持续增长的趋势。2019 年，对于资产处于 10 分位数的家庭，其住房资产占比和净住房资产占比分别为 23.29%和 21.40%，较 2011 年分别减少了 20.25%和 21.00%。类似的，30 分位、50 分位、70 分位和 90 分位上家庭的住房资产占比分别减少了 21.57%、15.56%、9.20%和 2.65%；净住房资产占比分别减少了 21.69%、15.30%、8.26%和 1.69%。这些变化表明，2011—2019 年，家庭住房资产占比呈现下降趋势。此外，随着分位数的增加，住房资产与净住房资产在不同年份之间的波动幅度逐渐增大，而住房资产占比与净住房资产占比在不同年份之间的波动幅度则逐渐减少。

表 1.7 不同分位数家庭住房资产占比

变量	10 分位	30 分位	50 分位	70 分位	90 分位
2011 年					
家庭住房资产（万元）	7.000 0	18.000 0	30.000 0	60.000 0	170.000 0
家庭净住房资产（万元）	6.000 0	16.000 0	30.000 0	57.800 0	150.000 0
住房资产占比	0.435 4	0.745 0	0.877 5	0.946 7	0.983 3
净住房资产占比	0.424 0	0.742 6	0.877 2	0.946 7	0.987 7
2019 年					
家庭住房资产（万元）	8.500 0	30.000 0	55.000 0	110.000 0	330.000 0
家庭净住房资产（万元）	8.000 0	26.000 0	50.000 0	100.000 0	305.000 0
住房资产占比	0.232 9	0.529 3	0.721 9	0.854 7	0.956 8
净住房资产占比	0.214 0	0.525 7	0.724 2	0.864 1	0.970 8

资料来源：2011—2019 年中国家庭金融调查（CHFS）数据。

表 1.8 展示了 2011—2019 年城镇家庭金融市场参与情况。2011 年，城镇家庭的金融市场参与率为 13.16%，其中 8.82%的家庭持有股票，4.24%的家庭持有基金，0.77%的家庭持有债券，1.10%的家庭持有投资理财产品，1.96%的家庭持有其他金融资产。通过横向对比可知，城镇家庭持有股票的比例始终高于持有基金、债券、理财产品和其他金融资产的比例。纵向趋势显示，2019 年城镇家庭的金融市场参与率为 17.12%，较 2011 年上升了 3.96%。2019 年，城镇家庭持有股票、基金、债券和其他金融资产的比例分别为 5.76%、1.86%、0.29%和 0.51%，相比 2011 年分别下降了 3.06%、

2. 38%、0. 48%和 1. 45%，其中股票持有占比下降幅度最大。与此同时，持有理财产品的家庭比例从 2011 年的 1. 10%上升至 2019 年的 14. 17%，增加了 13. 07%。

表 1.8　城镇家庭金融市场参与　%

年份	金融市场参与率	股票	基金	债券	理财产品	其他金融资产
2011	13. 16	8. 82	4. 24	0. 77	1. 10	1. 96
2013	12. 54	7. 89	3. 77	0. 82	2. 28	2. 17
2015	17. 66	10. 08	3. 54	0. 57	9. 73	0. 73
2017	17. 14	8. 60	3. 09	0. 56	10. 73	0. 67
2019	17. 12	5. 76	1. 86	0. 29	14. 17	0. 51

资料来源：2011—2019 年中国家庭金融调查（CHFS）数据。

表 1. 9 展示了 2011—2019 年农村家庭的资产配置情况。可以看出，农村家庭持有的非金融资产规模始终大于金融资产规模。2011—2019 年，农村家庭的总资产从 26. 37 万元增加至 40. 33 万元，增加了 13. 96 万元。其中，金融资产从 2011 年的 2. 09 万元下降至 2013 年的 1. 64 万元，随后逐渐回升至 2019 年的 2. 85 万元，总体上升了 0. 76 万元。非金融资产则从 2011 年的 24. 27 万元增加至 2019 年的 30. 19 万元，总体增加了 5. 92 万元。由此可见，非金融资产的增长幅度明显大于金融资产的增长幅度。

表 1.9　农村家庭资产配置　万元

年份	金融资产	非金融资产	总资产
2011	2. 093 8	24. 274 5	26. 368 3
2013	1. 637 3	35. 486 5	28. 346 6
2015	2. 369 8	28. 825 0	32. 921 9
2017	2. 695 7	28. 936 6	34. 719 2
2019	2. 851 4	30. 192 4	40. 329 2

资料来源：2011—2019 年中国家庭金融调查（CHFS）数据。

表 1. 10 展示了 2019 年农村各分位数上家庭的资产配置情况。随着分位数的增加，家庭的金融资产、非金融资产以及总资产规模均呈上升趋势。从 10 分位到 90 分位，金融资产从 0 万元增加至 6. 50 万元，非金融资产从 0. 40

万元增长至 71. 50 万元，总资产从 2. 13 万元增长至 90. 58 万元。可以看出，与金融资产相比，不同分位数上家庭的非金融资产差异更为显著。同时，在每个分位数上，非金融资产的规模均大于金融资产的规模。

表 1. 10　2019 年农村不同分位数家庭资产配置　　万元

变量	金融资产	非金融资产	总资产
10 分位	0	0. 402 5	2. 125 4
30 分位	0. 050 0	3. 210 5	8. 091 6
50 分位	0. 280 0	10. 600 6	18. 025 4
70 分位	1. 300 0	24. 620 7	34. 518 0
90 分位	6. 500 4	71. 500 5	90. 582 8

资料来源：2011—2019 年中国家庭金融调查（CHFS）数据。

表 1. 11 展示了 2019 年不同分位数家庭的资产负债情况。从资产端看，从 10 分位到 90 分位，家庭的平均总资产从 6. 15 万元上升至 363. 23 万元，增加了 357. 08 万元。其中，金融资产从 0. 06 万元上升至 30. 40 万元，增加了 30. 34 万元；非金融资产从 0. 02 万元上升至 209. 74 万元，增加了 209. 72 万元。可以看出，不同分位数上家庭的非金融资产差异更为显著。在金融资产方面，从 10 分位到 90 分位，现金、存款和风险金融资产分别增加了 2. 18 万元、19. 90 万元和 39. 90 万元。而在非金融资产方面，从 10 分位到 90 分位，农业生产经营资产、工商业生产经营资产、土地、汽车、耐用品和住房资产分别增加了 2. 46 万元、99. 45 万元、20. 59 万元、50. 01 万元、4. 66 万元和 321. 50 万元。这些结果表明，在金融资产中，不同分位数上家庭的风险金融资产差异更为显著，而在非金融资产中，家庭住房资产的差异则更为突出。

从表 1. 11 的负债端看，从 10 分位到 90 分位，家庭的平均总负债从 0. 61 万元上升至 55. 00 万元，增加了 54. 39 万元。其中，农业生产经营负债增加了 14. 55 万元，工商业生产经营负债增加了 69. 30 万元，住房负债增加了 67. 31 万元，商铺负债增加了 56. 00 万元，汽车负债增加了 9. 60 万元，金融资产负债增加了 19. 80 万元，教育负债增加了 5. 62 万元，医疗负债增加了 10. 50 万元，信用卡负债增加了 6. 80 万元。这些数据表明，不同分位数上家庭的住房负债差异更为显著。最后，从 10 分位到 90 分位，家庭净资产从 4. 87 万元上升至 345. 76 万元，增加了 340. 89 万元。总资产负债率从

1.63 上升至 87.78，增加了 86.15。净资产负债率从 0.63 上升至 86.88，增加了 86.25。这些变化反映出中国家庭财富差距较大。

表 1.11　2019 年家庭资产负债表　　万元

变量	10 分位	30 分位	50 分位	70 分位	90 分位
总资产	6.149 0	30.738 7	64.135 7	129.337 3	363.233 2
金融资产	0.055 0	0.500 0	2.150 0	7.270 0	30.400 0
现金	0.020 0	0.100 0	0.200 0	0.500 0	2.200 0
存款	0.100 0	0.750 0	2.000 0	5.100 0	20.000 0
风险金融资产	0.100 0	1.000 0	3.601 2	10.000 0	40.000 0
非金融资产	0.020 8	10.210 7	39.800 8	90.020 8	209.739 3
农业生产经营资产	0.020 0	0.100 3	0.272 1	0.600 0	2.480 0
工商业生产经营资产	0.550 0	3.000 0	8.065 0	20.000 0	100.000 0
土地	0.060 0	0.233 2	0.700 0	3.000 0	20.649 2
汽车	0.006 0	0.100 0	0.400 0	5.000 0	50.020 0
耐用品	0.190 0	0.590 0	1.147 7	2.100 0	4.850 0
住房	8.500 0	30.000 0	55.000 0	110.000 0	330.000 0
总负债	0.612 6	3.340 0	10.000 0	20.000 0	55.000 0
农业生产经营负债	0.045 0	0.300 0	1.575 0	4.750 0	14.600 0
工商业生产经营负债	0.700 0	3.000 0	8.000 0	19.000 0	70.000 0
住房负债	2.000 0	8.000 0	15.000 1	30.000 0	69.310 0
商铺负债	4.000 0	10.000 0	18.000 0	30.000 0	60.000 0
汽车负债	0.400 0	2.000 0	3.500 0	6.000 0	10.000 0
金融资产负债	0.200 0	1.000 0	3.500 0	6.000 0	20.000 0
教育负债	0.375 0	1.000 0	1.800 0	3.000 0	6.000 0
医疗负债	0.300 0	1.000 0	2.386 3	5.000 0	10.800 0
信用卡负债	0.200 0	0.500 0	1.000 0	2.200 0	7.000 0
家庭净资产	4.870 0	28.210 0	60.193 3	121.759 3	345.762 0

续表

变量	10 分位	30 分位	50 分位	70 分位	90 分位
总资产负债率	1.634 8	3.986 2	7.811 0	17.516 8	87.777 0
净资产负债率	0.634 9	2.986 3	6.813 6	16.517 5	86.882 6

资料来源：2011—2019 年中国家庭金融调查（CHFS）数据。

第四节 住房市场文献回顾

一、住房拥有率对家庭微观经济行为的影响

拥有住房会对家庭微观经济行为产生一系列影响。研究表明，相较于无房家庭，有房家庭的生活满意度更高（Rohe，2013），身心健康状况更佳（陈淑云和杨建坤，2018），女性劳动参与率更高（Fortin，1995），但家庭在地区间的流动性较低（Boehm，1981）。例如，罗厄（Rohe，2013）指出，拥有住房的人更有可能对周围的生活环境感到满意，参与志愿和政治活动的概率也更高，并且更倾向于在家中停留较长时间。陈淑云和杨建坤（2018）利用 2015 年中国综合社会调查（CGSS）数据发现，如果居民拥有自有产权住房，其健康状况会显著改善。而自有住房面积的增加也能进一步提升其健康水平。博姆（Boehm，1981）通过分析 1968—1976 年密歇根大学调查研究中心（Survey Research Center at the University of Michigan）数据，发现购房使家庭的预期流动性降低约 1.79 个百分点。

二、住房的财富效应、信贷效应、替代效应和“房奴效应”

研究发现，住房主要通过财富效应、信贷效应、替代效应和“房奴效应”影响家庭的微观经济行为。

（一）财富效应的角度

财富是影响居民经济行为的重要因素。已有研究发现，作为家庭重要资产之一，住房价值的上升使有房家庭的财富增加。这种财富效应进一步促使家庭增加消费（黄静和屠梅曾，2009；张浩等，2017），提高教育支出（徐升艳和叶敏而，2021），降低女性的劳动参与率（Fu et al.，2016），增加创业可能性（Hurst and Lusardi，2004；Adelino et al.，2015；Harding and Rosenthal，2017），并改变人们的退休行为（Farnham and Sevak，2016；Zhao and Burge，2021）。例如，黄静和屠梅曾（2009）使用中国健康与营养调查（CHNS）数据发现，住房价值每上升1%，家庭消费将增长0.08%~0.12%。基于2010年和2012年两期中国家庭追踪调查（CFPS）数据，张浩等（2017）发现，房屋价值的增加显著提升了家庭总消费，特别是在食品、衣物、居住、家庭设备和交通通信消费方面。有学者（Fu et al.，2016）使用2011年中国家庭金融调查（CHFS）数据，发现住房价值每增加10万元，女性参与劳动力市场的可能性将降低1.37个百分点。徐升艳和叶敏而（2021）利用2010—2016年四期中国家庭追踪调查（CFPS）数据，发现住房财富每增加1%，城市家庭的义务教育支出增加13.86%，非义务教育支出增加11.35%。赫斯特和卢萨迪（Hurst and Lusardi，2004）采用美国收入动态调查（Panel Study of Income Dynamics）数据，发现家庭财富与创业之间呈现非线性正相关关系。对于财富位于最高5%的家庭而言，家庭财富的增加显著提高了创业的可能性。哈丁和罗森塔尔（Harding and Rosenthal，2017）使用1985—2013年美国住房调查（American Housing Survey）数据，发现房产价值每增加20%，居民成为自雇者的可能性增加1.5个百分点。值得注意的是，房屋价值下降并不会显著增加家庭退出创业的可能性。此外，基于美国健康与退休调查（Health and Retirement Study），法尔纳姆和塞瓦克（Farnham and Sevak，2016）发现，住房价值上升10%，个人预期退休年龄将缩短3.5至5.0个月。同样使用该数据的学者（Zhao and Burge，2021）也发现，住房价值增加会提高居民提前退休的可能性。然而，研究表明，房产价值增加对居民退休的促进作用小于金融资产价值增加所带来的影响。

（二）信贷效应的角度

研究表明，住房既具备消费属性，也具备投资属性（Henderson and Ioannides，1983；Sinai and Souleles，2005），是家庭经济实力的象征，也是最主要的抵押品，能够帮助家庭获得银行贷款。随着住房价值的上升，家庭的信贷约束降低，从而促进了家庭消费（尹志超等，2021），并且推动了创业活动（Adelino et al.，2015；Liu and Zhang，2021）。例如，尹志超等（2021）利用2013—2019年中国家庭金融调查数据发现，随着居民房产价值的增加，居民面临信贷约束和流动性约束的可能性降低，且使用信用卡的可能性增加，从而提高了家庭的消费水平。此外，研究还发现，住房财富的增加降低了家庭生存型消费和发展型消费的占比，显著提高了享受型消费的比例。阿德利诺等（Adelino et al.，2015）使用美国县域商业模式数据（County Business Patterns）发现，房价每上升1个标准差，雇佣人数不超过

4 人的小企业的平均就业人数增加了 9.4%，而大企业的就业增长则不明显，表明房价上涨通过抵押贷款渠道促进了创业活动。另外，使用 2011—2015 年中国家庭金融调查数据，有学者（Liu and Zhang，2021）发现，住房财富每增加 1 万元，家庭创业的可能性提高 0.7 个百分点。研究还发现，创业家庭更可能将住房作为抵押品，从银行获得贷款用于创业融资，表明住房财富的增加有助于家庭缓解信贷约束。

（三）替代效应的角度

已有文献发现，房价上升使房地产成为更具吸引力的投资渠道，从而可能挤出家庭对其他投资渠道的投入，如金融投资和创业等（吴晓瑜等，2014；Chetty et al.，2017）。例如，吴晓瑜等（2014）结合 2005 年全国 1% 人口抽样调查数据和中国家庭动态追踪调查数据进行研究，发现每平方米住房价格增加 1 000 元，居民创业的可能性会降低 2 个百分点。同时，房价年增长率增加 1 个标准差，居民创业的可能性下降约 0.9 个百分点。切蒂等（Chetty et al.，2017）利用收入与项目参与调查（Survey of Income and Program Participation）数据进行研究，发现如果家庭在住房上的支出减少 10%，其持有的流动性股票资产价值会增加 6%。这些研究表明，房价的上涨不仅推动了房地产市场的发展，也可能对其他经济行为产生抑制效应，尤其是在金融投资和创业领域。

（四）从“房奴效应”的角度

研究表明，房价上升使家庭面临较大的购房成本，这不仅降低了生育率（Dettling and Kearney，2014；Liu et al.，2020；胡佩和汪洪卫，2020），还挤出了家庭消费（颜色和朱国钟，2013；李江一，2018）。德特林和卡尼（Dettling and Kearney，2014）利用 1990—2007 年美国生育率数据（Vital Statistics Natality Files）进行研究，发现住房价值每增加 1 万美元，住房所有者的生育率将提高 5%，而无房者的生育率则下降 2.4%。结合 2005 年和 2010 年全国人口普查数据以及中国社会状况综合调查（CSS）数据，有学者（Liu et al.，2020）发现，房价每上涨 1%，妇女在普查前 12 个月内分娩的可能性将下降 0.64%。胡佩和汪洪卫（2020）利用中国综合社会调查数据发现，房价上涨改变了家庭的预算约束，具体而言，房价每上升 1%，家庭初次生育的时间将推迟约 1.05 年，尤其对中等收入家庭的生育行为影响更为显著。颜色和朱国钟（2013）构建的动态生命周期模型的数值模拟结果显示，房价收入比从 10 增长到 50 的过程中，国民消费从 0.68 下降至 0.66。基于 2011 年和 2013 年中国家庭金融调查数据，李江一（2018）通过双重差分法检验了“房奴效应”，发现购房动机使家庭总消费降低了 7.4%，而偿还住房贷款则挤出了 15.8%的家庭总消费。这些研究表明，房价上升不仅影响家庭的生育决策，还对家庭的消费模式产生了显著影响，尤其是在高购房负担下，家庭的消费和生育意愿均受到压缩。

第二章　中国家庭的住房需求

第一节　概述

自古以来，住房一直是中国家庭的重要资产。在古代，文人通过“安得广厦千万间”和“有恒产者有恒心”等表达了对安定住所的渴望。进入现代，影视作品和文学作品如《安家》等，讲述了人们购置房屋、乔迁新居的故事。拥有住房能够带来多方面的积极影响。研究表明，有住房的居民财富水平更高（Liao and Zhang，2021）、幸福感更强（李涛等，2011），子女的教育水平和收入水平也更高（Boehm and Schlottmann，1999）。党的十九大报告提出，要“让全体人民住有所居”，这个目标体现了政府希望居民安居乐业的美好愿景。

在计划经济体制下，城镇地区的家庭大多居住在政府提供的公有住房中，只有少数家庭拥有自有房屋。20 世纪 80 年代初，中国城镇地区家庭拥有住房的比例不到 20%（Wang and Unrie，2011），约 75%的家庭居住在公有住房中（陈杰等，2015）。到 1990 年，超过 90%的城镇家庭仍居住在公有住房中（陈杰等，2015）。自 1998 年住房改革以来，中国住房市场迅速发展，城镇家庭的住房拥有率稳步上升。根据 2019 年中国家庭金融调查数据，城镇地区 87.7%的家庭拥有自有住房，其中，21.6%的家庭拥有多套住房。

相较于西方国家，中国的住房拥有率处于较高水平。例如，2013 年，中国 35 岁以下居民的住房拥有率约为 55%，而美国 35 岁以下居民的住房拥有率仅为 37%（Glaeser et al.，2017）。表 2.1 展示了部分国家 1990—2015 年的住房拥有率变化。1990—2015 年，美国的住房拥有率从 63.9%降至 63.7%，经历了先上升后下降的过程。同一时期，法国的住房拥有率从 54.4%增至 64.1%，增长了 9.7%。作为东亚国家，新加坡和中国的住房拥有率处于较高水平。2015 年，新加坡的住房拥有率为 90.8%，与同期中国的住房拥有率相当。日本的住房拥有率在这个时期从 63.2%增加至 64.9%，增长了 1.7%。而英国的住房拥有率则从 65.8%下降至 63.5%，减少了 2.3%。同一时期，瑞士和德国的住房拥有率经历了较大幅度的增长。瑞士的住房拥有率从 31.3%上升至 51.3%，德国的住房拥有率从 37.3%上升至 51.9%。1990 年，中国城镇地区不到 10%的家庭拥有自有住房（陈杰等，2015），而这个比例在 2015 年增至 88.9%，上涨幅度约为 78.9%。与其他国家对比可见，中国住房拥有率的增长幅度处于较高水平。

表 2.1　不同国家居民住房拥有率 %

国家	1990 年	2000 年	2005 年	2010 年	2015 年
美国	63.9	66.8	68.9	66.9	63.7
法国	54.4	54.8	61.8	62.0	64.1
新加坡	87.5	92.0	91.1	87.2	90.8
日本	63.2	64.9	63.1	62.4	64.9
英国	65.8	69.1	69.2	65.7	63.5
瑞士	31.3	34.6	38.4	44.4	51.3
德国	37.3	41.3	53.3	53.2	51.9

资料来源：GOODMAN L S，MAYER C. Homeownership and the American dream［J］. Journal of Economic Perspectives，2018，32（1）：31-58.

现有研究发现，受教育水平、收入、年龄等个人特征（Goodman and Mayer，2018）、信贷约束（Acolin et al.，2016）、地区间流动性（Özyıldırım et al.，2005）、预期住房价格上涨（Cao et al.，2018）、交易成本（Haurin and Gill，2002）、债务水平（Bleemer et al.，2021）、投资风险（Turner and Seo，2007），以及父母特征（Bond and Eriksen，2021）等因素都会影响居民住房需求。研究发现，债务水平较高、收入不确定性大、受到信贷约束和地区间流动性低的家庭住房拥有率更低。同时，预期住房价格上涨会增加家庭住房拥有率。父母特征（如父母是否拥有住房、财富的代际转移等）也显著影响居民的住房拥有率。

本章分析了影响中国城镇家庭住房拥有率的因素。首先，研究探讨了个人特征（如受教育程度、年龄、户籍、工作性质等）对住房拥有率的影响。其次，分析了家庭层面特征（如家庭收入水平、家庭规模等）对住房拥有率的作用。此外，本章特别关注来自父母的购房资助对居民住房拥有率的影响。在购房过程中，家庭通常需要支付一定比例的首付款。该比例在美国为 5%~20%，而在中国为 20%~30%（二套房可高达 60%左右）。家庭可以通过自有储蓄积累作首付款，或者通过正规信贷（如银行贷款）和非正规信贷（如亲友资助）筹集资金。然而，家庭在金融市场中普遍面临信贷约束，个人能否获得贷款受到收入水平、财富水平和信用得分等因素的限制。研究显示，2011 年，中国约有 19% 的家庭面临信贷约束（黄倩和尹志超，2015），而到 2015 年，这个比例上升至 68.14%（尹志超等，2020）。在中国传统文化中，家庭成员之间的互帮互助备受重视，非正规信贷形式较为普遍。因此，受信贷约束的家庭在购房时通常选择通过非正规信贷渠道获得资金支持。

在中国，父母在子女购房时通常会提供部分或全部首付款资助，以缓解子女的经济压力。研究表明，对于 70 后、80 后和 90 后群体，17.5%～34.0%的年轻人在购房时获得了父母的借贷支持或首付资助（Clark et al.，2021）。此外，考虑到住房能提高子女在婚姻市场的竞争力（Wei et al.，2017），父母通常愿意为子女购房提供经济支持。如果家庭在购房时能够从父母或亲友处获得资金资助，不仅可能提前购房，更倾向于选择面积大的住房，并减少依赖银行贷款。不仅在中国，其他国家的家庭在购房时也常通过非正规信贷渠道（如父母或亲友）获得资助。例如，恩格尔哈特（Engelhardt，1996）利用美国收入动态追踪调查（Panel Study of Income Dynamics）数据发现，1976 年有 70.9%的家庭首次购房时仅靠自己的储蓄支付首付，20.4%的家庭从亲友处获得了部分资助。到 1982 年，获得亲友资助的比例上升至 21.3%。吉索和杰派利（Guiso and Jappelli，2002）的研究显示，1991 年 1/3 的意大利家庭通过继承父母住房或接受资助完成购房。在日本，家庭购房时需支付 20%的首付，月还款额不得超过收入的 25%，购房压力较大。道奇等（Deutsch et al.，2006）指出，20 世纪 90 年代，约 24%的日本家庭在购房时得到了父母的资助。与其他国家不同，中国住房市场在过去 30 年经历了快速发展，房价增速较快，住房拥有率的增长幅度也高于许多西方国家。在此背景下，本章探讨父母购房资助对中国居民住房拥有率的影响，补充和完善了关于住房需求的相关研究。

第二节　文献综述

现有文献从多个角度探讨了影响家庭住房拥有率的因素。本节围绕信贷约束、父母财富转移等方面对相关研究进行综述。

首先，现有文献表明，信贷约束是影响家庭住房需求的关键因素之一。在一项早期研究中，杜卡和罗森塔尔（Duca and Rosenthal，1994）将受到信贷约束的家庭定义为两类：一类是“认为自己的贷款申请会被拒绝而未申请贷款”的家庭，另一类是“申请贷款但被拒绝或部分拒绝”的家庭。该研究基于 1983 年美国消费者金融调查（Survey of Consumer Finance）数据发现，信贷约束对住房拥有率具有显著的负向影响。若家庭未受到信贷约束，样本期内美国家庭的住房拥有率将增加约 8.5%。哈克特和瓦殊戴夫（Halket and Vasudev，2014）使用 2010 年和 2013 年美国消费者金融调查数据，构建了一个包含信贷约束、地区间流动性和保险动机的生命周期模型，以解释家庭住房拥有率的变化。研究表明，降低首付比例后，首次购房家庭更倾向于选择购买面积更大的房屋，而不是提前购房。阿科林等（Acolin et al.，2016）的研究表明，2008 年美国金融危机后，银行信贷收缩政策导致美国住房拥有率减少了 30%。在 2001 年，2004—2007 年，信贷约束分别使住房拥有率减少了约 26%和 23%，但该影响低于金融危机期间信贷约束的负向作用。此外，基于 2011 年在上海进行的一项抽样调查数据，有学者（Chen and Yang，2017）发现，与本地居民相比，移民在购房时面临更高的信贷约束。这种约束主要表现为移民家庭首付款不足、收入水平较低以及财富积累不足等。

其次，现有研究表明，父母的购房资助和财富转移对家庭住房拥有率具有显著影响。盖尔和朔尔茨（Gale and Scholz，1994）发现，美国家庭约 20%的财富来源于代际财富转移（intergenerational transfers），约 31%的净财富来源于遗产收入，表明代际财富转移是社会中普遍存在的现象。基于 1988 年、1990 年和 1993 年的抽样调查数据，恩格尔哈特和梅耶（Engelhardt and Mayer，1998）发现，样本中 22%的家庭接受了父母的购房资助，资助金额平均占首付款的一半以上。此类代际财富转移使得家庭储蓄首付款的时间减少了约 22.6%，并提升了所购住房的价值。吉索和杰派利（Guiso and Jappelli，2002）使用 1991 年意大利家庭收入和财富调查数据（Italian Survey of Household Income and Wealth）发现，父母财富转移每增加 8.7 万欧元，子女成为住房拥有者的时间提前约 20%，所购买住房的价值增加 4 万欧元。在日本，道奇等（Deutsch et al.，2006）利用 1992—2000 年关于家庭金融的调查数据发现，父母的财富转移显著缩短了子女的购房时间。一些学者（Lee et al.，2020）基于 1998—2004 年美国健康和退休研究数据（Health and Retirement Survey）及 1999—2015 年美国收入动态面板调查数据（Panel Study of Income Dynamics）发现，父母的财富转移每增加 5 000 美元，子女成为住房拥有者的概率提高 3.1 个百分点，而在金融危机期间，这个概率增至 7.3 个百分点。同样使用上述数据，邦德和埃里克森（Bond and

Eriksen，2021）发现，父母的财富水平越高，子女成为住房拥有者的可能性越大。同时，父母财富水平的差异可解释白人和黑人住房拥有率之间 24.4% 的差距。使用 2015 年中国家庭金融调查数据，有学者（Yu，2021）发现，来自父母的借贷收入使得子女拥有商业住房的可能性增加约 3 倍。另外，父母的人口统计学特征（如户籍、受教育水平、职务等）和子女的住房拥有率也具有显著的相关关系。使用 2017 年中国家庭金融调查数据，克拉克等（Clark et al.，2021）发现，父母的借贷收入和购房首付资助显著提高了年轻人成为住房拥有者的可能性。

再次，现有研究表明，个人特征、家庭债务水平、收入水平、婚姻市场竞争、预期住房价格上涨，以及投资风险等因素都会显著影响居民成为住房拥有者的概率。有学者（Cao et al.，2018）利用 2010 年中国家庭追踪调查数据和 2011 年中国家庭金融调查数据，研究了预期住房财富增值与住房投资之间的关系。研究结果显示，如果居民预期房价上涨，其拥有多套住房的可能性显著增加。研究表明，子女性别与家庭住房拥有率之间存在一定关联（Chai and Feng，2021）。该研究基于 2015 年中国家庭金融调查数据，发现与只有女孩的家庭相比，有未婚男孩的家庭更可能拥有多套住房，这反映了住房市场与婚姻市场之间的紧密联系。另有研究（Liao and Zhang，2021）发现，与农村户籍居民相比，城镇户籍居民在当地拥有住房的可能性更高，这表明制度因素对居民住房拥有率具有显著影响。布里梅尔等（Bleemer et al.，2021）的研究发现，美国公立大学学费的上涨导致大学生贷款水平增加，从而降低了年轻群体的住房拥有率。有研究基于纽约联邦储备银行的消费信贷数据（Consumer Credit Panel）发现，学生贷款每增加 1 000 美元，年轻人的住房拥有率将减少 0.48 个百分点。此外，迪亚兹-塞拉诺（Diaz-Serrano，2005a）利用德国和西班牙的家庭调查数据发现，随着居民收入不确定性增加，居民成为住房拥有者的可能性显著下降。

综上所述，现有研究从多种角度探讨了影响居民住房拥有率和住房投资的因素，但较少有研究基于面板数据分析父母购房资助对家庭住房拥有率的影响。本章使用 2011—2019 年家庭金融调查数据，考察个人特征、父母购房资助以及其他家庭层面特征对家庭住房拥有率的影响，为现有研究提供了有益的补充。

第三节 数据和实证设计

一、数据介绍和实证模型

本章基于2011—2019年中国家庭金融调查数据，对影响中国家庭住房需求的因素进行了实证分析。中国家庭金融调查是中国首个聚焦家庭金融行为的微观调查，数据涵盖了人口特征、就业信息、资产与负债、收入与消费、社会保障与保险以及主观态度等广泛领域。该调查采用分层、三阶段抽样及与人口规模成比例（PPS）的抽样设计，具有全国、省级和副省级的代表性。2011年，调查覆盖全国25个省（自治区、直辖市）、80个区县，共访问8 438户家庭；2013年，覆盖范围扩展至全国29个省（自治区、直辖市）、267个区县，访问了28 141户家庭；2015年，调查覆盖29个省（自治区、直辖市）、351个区县，访问了37 289户家庭；2017年，覆盖29个省（自治区、直辖市）、355个区县，访问了40 011户家庭；2019年，覆盖29个省（自治区、直辖市）、346个区县，访问了34 643户家庭。该调查为深入分析家庭住房需求提供了高质量的数据支持。

在2011年的调查数据详细记录了家庭的房产信息（最多3套住房），包括使用面积、房屋购买价值、购买年份、房屋现有价值、房间数、房屋地理位置、房屋产权性质、房屋获得方式以及房屋贷款信息等。在2013年、2015年和2019年的调查中，对于新访问的家庭，问卷同样采集了家庭拥有的住房信息（最多3套）。对于追访家庭，问卷不仅回溯了上一轮调查中记录的住房信息，还新增采集了家庭在此期间购买的新房产（最多3套）的相关信息。总体而言，中国家庭金融调查数据凭借其丰富的细节和高质量的样本设计，成为目前研究中国家庭住房问题的理想数据来源。

本章的样本选取为居住在城镇地区的家庭，并仅保留每个家庭中户主的个人信息。同时，将户主的年龄限定在16~65岁。本章的实证模型设定如下：

$$Housing_{it} = \alpha + \beta \cdot Downpayment\_par_{it} + \gamma \cdot X_{it} + \theta_t + \delta_p + e_{it} \tag{2.1}$$

在该模型中，被解释变量为家庭的住房需求。本章从两个维度考察家庭住房需求：①研究影响家庭住房拥有率的因素；②分析影响家庭住房面积的因素。具体而言，被解释变量 $Housing_{it}$ 包括5个变量：一是家庭是否拥有住房。该变量为一个虚拟变量，取值为1代表家庭在 t 年拥有住房，取值为0代表没有。二是家庭是否在本地拥有住房。对于家庭 i 的每套住房，问卷询问了受访者“这套房子是否在本市/县?”根据此问题，结合家庭是否拥有住房的信息，本章定义为一个虚拟变量，取值为1代表家庭在本地（本市或本县）至少有一套房屋，取值为0代表没有。三是家庭是否在外地拥有住房。该变量为一个虚拟变量，取值为1代表家庭在外地（外市或外县）至少拥有一套住房，取值为0代表没有。四是家庭只在本地拥有住房。如果家庭所有的房屋都在本地，该虚拟变量取值为1，否则为0。五是家庭拥有的房屋数目。本章还计算了家庭拥有的全部房屋数量，并将其作为另一被解释变量进行估计。

本章重点考察两类因素对家庭住房需求的影响：一是个人层面的因素，如受教育水平、工作类型和户籍等；二是家庭层面的因素，如收入和家庭规模等。在家庭层面，本章尤其关注父母的购房资助对家庭住房需求的影响。在2011—2019年中国家庭金融调查数据中，对于家庭的每套住房，问卷询问了受访者“首付款是谁出的?”选项包括：①受访者和配偶；②子女赠予；③父母赠予；④其他亲戚/朋友赠予；⑤银行贷款；⑥借款[①]。根据此问题，本章定义一个虚拟变量 $Downpayment\_par_{it}$，代表家庭支付购房首付款时获得了父母的资金资助（父母资助购房）。如果家庭 i 在 t 年的任何一套住房是父母资助首付购买的，则该变量取值为1，否则为0。X_{it} 是其他个人和家庭层面的变量，包括受教育水平、年龄、年龄的平方、性别、户籍、工作性质（虚拟变量，代表在政府部门或国企工作）、婚姻状态（虚拟变量，代表已婚）、身体状况（虚拟变量，代表身体状况为“非常好”或“好”）、家庭规模和家庭收入。模型（2.1）的控制变量还包括时间固定效应和省份固定效应，分别控制随时间变动的不可观测因素和省份层面不可观测因素对家庭住房需求的影响。θ_t 为年份固定效应，δ_p 为省份固定效应，e_{it} 代表误差项。本章将标准误聚类在省份层面。

二、描述性统计

表2.2展示了2011—2019年城镇家庭的住房拥有情况。2011年，87.62%的家庭拥有住房，其中，81.73%的家庭在本地拥有住房，8.20%的家庭在外地拥有住房，79.42%的家庭仅在本地拥有住房，17.11%的家庭拥有多套住房。2013年，家庭住房拥有率略降至86.32%，其中，在本地拥有住房的家庭占79.76%，较2011年有所下降；在外地拥有住房和拥有多套住房的家庭比例分别上升至9.08%和19.83%。2015年，家庭住房拥有率上升

① 2017年和2019年问卷中该问题的选项设置略有差异。

至88.90%，在本地和外地拥有住房的家庭比例分别增加至82.99%和11.95%，拥有多套房的家庭比例为19.34%，与2013年持平。2019年，家庭住房拥有率略降至87.77%。其中，在本地拥有住房的家庭比例增至83.89%，在外地拥有住房的比例为9.98%，拥有多套住房的家庭比例上升至21.58%。总体上看，表2.2显示中国城镇家庭的住房拥有率始终保持在较高水平，约88%的家庭拥有住房，约20%的家庭拥有多套住房，表明中国家庭对住房的需求总体较高。

表2.2　2011—2019年城镇家庭的住房拥有情况　　%

年份	拥有住房	在本地拥有住房	在外地拥有住房	只在本地有住房	拥有多套住房
2011	87.62	81.73	8.20	79.42	17.11
2013	86.32	79.76	9.08	77.25	19.83
2015	88.90	82.99	11.95	77.21	19.34
2017	88.35	82.74	12.02	76.41	20.71
2019	87.77	83.89	9.98	77.92	21.58

表2.3展示了父母资助购房与家庭住房拥有率的关系。2011年，有2.26%的家庭在支付购房首付款时获得了父母的资金资助。在获得父母资助购房的家庭中，85.39%的家庭在本地拥有住房，37.08%的家庭拥有多套住房。而对于未获得父母资助购房的家庭，93.46%的家庭在本地拥有住房，19.12%的家庭拥有多套住房。2013年，父母资助购房的比例上升至3.03%。在这些获得父母资助的家庭中，92.36%的家庭在本地拥有住房，35.08%的家庭拥有多套房屋。而对于未获得父母资助购房的家庭，92.40%的家庭在本地拥有住房，22.59%的家庭拥有多套房。2017年，父母资助购房的比例进一步增至3.41%，表明更多家庭在购房时得到了父母的资金支持。在获得父母资助的家庭中，90.19%的家庭在本地拥有住房，43.89%的家庭拥有多套房；而对于未获得父母资助的家庭，仅有22.73%的家庭拥有多套房。2019年，父母资助购房和未资助购房的家庭中，分别有41.35%和24.14%的家庭拥有多套房。总体而言，数据表明，随着住房价格的上涨，越来越多的家庭在购房时获得了父母的资金支持。同时，相较于未获得父母资助的家庭，获得父母资助购房的家庭拥有多套房的比例更高，进一步体现了父母资助购房对家庭住房需求的促进作用。

表 2.3　父母资助购房和住房拥有率　　%

年份	父母资助购房			父母未资助购房		
	比例	在本地拥有住房	拥有多套住房	比例	在本地拥有住房	拥有多套住房
2011	2.26	85.39	37.08	97.74	93.46	19.12
2013	3.03	92.36	35.08	96.97	92.40	22.59
2017	3.41	90.19	43.89	96.59	93.26	22.73
2019	2.58	89.46	41.35	97.42	95.28	24.14

表 2.4 展示了户主年龄与住房拥有率的关系。2011 年，30 岁以下、30~40 岁及 40 岁以上户主在本地拥有住房的比例分别为 49.89%、78.42%和 88.02%，而拥有多套房的比例分别为 14.78%、17.02%和 17.48%。2013 年，三个年龄段户主在本地拥有住房的比例分别下降至 48.62%、77.56%和 85.04%，但拥有多套房的比例分别上升至 15.27%、20.01%和 20.43%。2015 年，三类户主在本地拥有住房的比例分别为 52.31%、79.20%和 87.70%，拥有多套房的比例分别为 17.13%、20.09%和 19.35%，较 2013 年均有所增加。2017 年，三类户主在本地拥有住房的比例分别为 47.77%、78.39%和 86.79%，而拥有多套房的比例分别升至 14.34%、21.84%和 20.97%。2019 年，30 岁以下户主在本地的住房拥有率上升至 51.07%，30~40 岁和 40 岁以上户主拥有多套房的比例则分别增加至 21.10%和 22.02%。总体而言，表 2.4 显示，随着年龄的增长，户主在本地拥有住房的可能性以及拥有多套房的比例均呈上升趋势。同时，2011—2019 年，30 岁以下年轻户主在本地拥有住房的比例，以及 40 岁以上户主拥有多套房的比例均有所增加。

表 2.4　年龄与住房拥有率　　%

年份	在本地拥有住房			拥有多套住房		
	30 岁以下	30~40 岁	40 岁以上	30 岁以下	30~40 岁	40 岁以上
2011	49.89	78.42	88.02	14.78	17.02	17.48
2013	48.62	77.56	85.04	15.27	20.01	20.43
2015	52.31	79.20	87.70	17.13	20.09	19.35
2017	47.77	78.39	86.79	14.34	21.84	20.97

续表

年份	在本地拥有住房			拥有多套住房		
	30 岁以下	30~40 岁	40 岁以上	30 岁以下	30~40 岁	40 岁以上
2019	51.07	77.73	87.31	13.57	21.10	22.02

表 2.5 展示了户主受教育水平与住房拥有率的关系。数据显示，2011—2019 年，高中以下学历和高中及以上学历的户主在本地拥有住房的比例基本相当。2011 年，两类户主的本地住房拥有率约为 82.00%，到 2019 年分别上升至 84.60%和 83.19%，表明学历并非影响家庭在本地拥有住房的重要因素。然而，在家庭拥有多套房的比例方面，高中及以上学历的户主明显大于高中以下学历的户主。例如，2019 年，高中及以上学历户主拥有多套房的比例为 26.12%，比高中以下学历户主高约 10 个百分点，表明学历与家庭住房投资呈显著正相关。此外，无论户主学历为高中以下还是高中及以上，其在本地的住房拥有率和多套房拥有率在 2011—2019 年均有所提升。

表 2.5　受教育水平与住房拥有率　%

年份	在本地拥有住房		拥有多套住房	
	高中以下	高中及以上	高中以下	高中及以上
2011	81.79	81.68	13.42	20.49
2013	79.02	80.47	15.75	23.75
2015	82.65	83.33	14.15	24.47
2017	82.12	83.34	15.72	25.46
2019	84.60	83.19	16.95	26.12

表 2.6 展示了家庭收入与住房拥有率的关系。2011 年，年收入 10 万元以下的家庭在本地的住房拥有率为 81.53%，拥有多套房的比例为 13.35%；而年收入 10 万元及以上的家庭在本地的住房拥有率为 82.84%，拥有多套房的比例为 37.13%。两类家庭在本地住房拥有率方面差异不大，但高收入家庭拥有多套房的比例显著高于低收入家庭。2013 年，两类家庭在本地住房拥有率的差距进一步扩大，多套房拥有率的差距也随之增加。年收入 10 万元以下的家庭在本地的住房拥有率降至 78.15%，拥有多套房的比例为 14.44%；而年收入 10 万元及以上的家庭在本地的住房拥有率升至 85.19%，拥有多套房的比例为 38.05%。2019 年，年收入 10 万元以下的家庭在本地的

住房拥有率回升至 82.40%，拥有多套房的比例为 13.72%；而高收入家庭在本地的住房拥有率进一步提高至 86.62%，但拥有多套房的比例下降至 36.04%。总体上，2011—2019 年，与年收入 10 万元以下的家庭相比，年收入 10 万元及以上的家庭在本地拥有住房的比例更高，拥有多套房的比例也更高。同时，两类家庭在本地住房拥有率的差距从 2011 年的 1.31%扩大至 2019 年的 4.22%，而多套房拥有率的差距则从 2011 年的 23.78%缩小至 2019 年的 22.32%。

表 2.6　家庭收入与住房拥有率　　%

年份	在本地拥有住房		拥有多套住房	
	10 万元以下	10 万元及以上	10 万元以下	10 万元及以上
2011	81.53	82.84	13.35	37.13
2013	78.15	85.19	14.44	38.05
2015	81.63	86.61	13.08	36.07
2017	80.72	86.44	12.43	35.85
2019	82.40	86.62	13.72	36.04

表 2.7 展示了个人和家庭层面其他变量的描述性统计。2011—2019 年，户主的平均受教育年限为 10 年，平均年龄从 45 岁增加至 49 岁，男性占比由 66.67% 上升至 71.79%，城镇户籍户主占比则从 68.64% 下降至 40.89%①。已婚户主的占比始终保持在 86%左右，健康状况较好的户主比例从 38.24%提升至 47.93%。在政府部门工作的户主占比稳定在 21%左右，家庭平均规模从 3.3 人缩减至 3.2 人，家庭平均收入则由 6.51 万元增加至 10.82 万元。

表 2.7　个人与家庭变量描述性统计

变量	2011 年	2013 年	2015 年	2017 年	2019 年
受教育年限	10.909 8	10.842 0	10.772 3	10.887 8	10.814 8
年龄	44.468 2	45.628 4	46.842 9	48.159 5	48.825 9
男性占比	0.666 7	0.706 3	0.705 4	0.765 8	0.717 9

① 有些地区将城镇户籍和农村户籍合并为统一居民户籍。2019 年，样本中 20%的户主持有统一居民户籍。

续表

变量	2011 年	2013 年	2015 年	2017 年	2019 年
城镇户籍占比	0. 686 4	0. 584 0	0. 547 2	0. 503 2	0. 408 9
已婚占比	0. 861 1	0. 862 8	0. 873 1	0. 866 3	0. 866 6
健康良好占比	0. 382 4	0. 306 0	0. 512 5	0. 568 2	0. 479 3
在政府部门或国企工作占比	0. 218 4	0. 211 7	0. 201 8	0. 209 8	0. 209 7
家庭规模	3. 317 1	3. 338 2	3. 434 6	3. 182 3	3. 179 4
家庭收入（万元）	6. 513 8	8. 059 6	9. 347 5	11. 301 2	10. 823 0

第四节　主要实证结果

一、住房拥有率影响因素研究

表 2. 8 采用 Probit 模型对影响中国城镇家庭住房拥有率的因素进行了估计。模型第（1）至（4）列的被解释变量均为虚拟变量，分别表示家庭是否拥有住房、是否在本地拥有住房、是否在其他城市拥有住房，以及是否仅在本地拥有住房。所有模型均控制了年份和省份固定效应。

表 2. 8　住房拥有率影响因素分析

变量	拥有住房	在本地有住房	在其他城市有住房	只在本地有住房
	Probit	Probit	Probit	Probit
	(1)	(2)	(3)	(4)
父母资助购房	0. 419 7 ***	0. 166 9 ***	0. 049 0 ***	0. 078 2 ***
	(0. 038 0)	(0. 017 7)	(0. 008 0)	(0. 011 9)
受教育水平	0. 004 6 ***	0. 007 7 ***	0. 002 9 ***	0. 002 3 **
	(0. 000 6)	(0. 000 8)	(0. 001 1)	(0. 001 1)
年龄	0. 014 3 ***	0. 019 6 ***	−0. 002 0	0. 019 1 ***
	(0. 001 4)	(0. 001 3)	(0. 001 2)	(0. 001 7)
年龄平方	−0. 000 1 ***	−0. 000 1 ***	−0. 000 0	−0. 000 1 ***
	(0. 000 0)	(0. 000 0)	(0. 000 0)	(0. 000 0)

续表

变量	拥有住房	在本地有住房	在其他城市有住房	只在本地有住房
	Probit	Probit	Probit	Probit
	(1)	(2)	(3)	(4)
男性	0. 011 4 ***	0. 000 2	0. 005 7	0. 007 5
	(0. 002 7)	(0. 004 0)	(0. 003 8)	(0. 005 9)
城镇户籍	-0. 009 0 **	0. 033 8 ***	-0. 037 3 ***	0. 028 2 ***
	(0. 004 3)	(0. 006 8)	(0. 005 1)	(0. 007 4)
已婚	0. 052 8 ***	0. 053 7 ***	0. 014 4 ***	0. 059 3 ***
	(0. 005 1)	(0. 009 1)	(0. 005 0)	(0. 009 4)
健康状况	0. 016 9 ***	0. 006 9	0. 018 2 ***	0. 000 1
	(0. 003 7)	(0. 004 4)	(0. 003 0)	(0. 004 7)
在政府部门或国企工作	0. 027 9 ***	0. 052 8 ***	-0. 011 1 **	0. 038 9 ***
	(0. 004 7)	(0. 005 9)	(0. 004 8)	(0. 006 3)
家庭规模	0. 032 0 ***	0. 041 7 ***	-0. 005 3 ***	0. 037 5 ***
	(0. 001 5)	(0. 002 4)	(0. 001 9)	(0. 002 8)
家庭收入	0. 001 6 ***	0. 001 1 ***	0. 001 1 ***	-0. 000 7 ***
	(0. 000 2)	(0. 000 2)	(0. 000 1)	(0. 000 2)
常数项	控制	控制	控制	控制
省份固定效应	控制	控制	控制	控制
年份固定效应	控制	控制	控制	控制
R^2	0. 123 1	0. 146 4	0. 088 3	0. 096 9
观测值	57 161	57 161	57 161	57 161

注：***，**，* 分别代表在 1%，5%，10%的水平上显著。Probit 模型估计结果为边际效应。

第（1）列的结果表明，父母资助购房显著提高了家庭的住房拥有率。随着户主受教育水平和年龄的提升，家庭拥有住房的可能性也随之增加。相比女性户主，男性户主更可能拥有住房；相比未婚户主，已婚户主拥有住房的可能性显著更高。此外，健康状况较好的户主更倾向于拥有住房。在政府部门工作的户主，其家庭住房拥有率也显著增加。同时，家庭规模的扩大显著提高了家庭住房拥有率，家庭收入的增加亦对住房拥有率起到正向促进作用。

第（2）列的估计结果显示，在其他条件不变的情况下，如果家庭在支付购房首付时获得了父母的资金资助，家庭在本地拥有住房的可能性将增加16.69个百分点。受教育年限每增加一年，家庭在本地拥有住房的可能性提高0.77个百分点。随着户主年龄的增长，家庭在本地拥有住房的可能性也随之增加。与农村户籍户主相比，城镇户籍户主在本地拥有住房的可能性高出3.38个百分点。已婚户主在本地的住房拥有率比未婚户主高5.37个百分点。在政府部门工作显著提升了家庭在本地拥有住房的可能性，增加幅度为5.28个百分点。家庭规模每增加一人，家庭在本地拥有住房的可能性提高4.17个百分点。此外，家庭收入的增加也显著提升了家庭在本地拥有住房的可能性。

第（3）列的估计结果表明，受到父母资助购房的家庭在其他城市拥有住房的可能性增加4.90个百分点。同时，受教育年限每增加一年，家庭在其他城市拥有住房的可能性增加0.29个百分点。与城镇户籍户主相比，农村户籍户主在其他城市拥有住房的可能性高出3.73个百分点。已婚户主相比未婚户主，在其他城市拥有住房的可能性增加1.44个百分点。健康状况较好的户主更倾向于在其他城市拥有住房。另外，在政府部门工作的户主在其他城市拥有住房的可能性较低。数据还显示，家庭规模越大，家庭在其他城市拥有住房的可能性越低，而家庭收入水平的提高则显著增加了家庭在其他城市拥有住房的可能性。

在第（4）列中，被解释变量为一个虚拟变量，表示家庭的住房是否全部位于本地。估计结果显示，父母资助购房显著提高了家庭住房均位于本地的可能性。此外，随着受教育水平、年龄和家庭规模的增加，家庭住房均位于本地的可能性也相应提高。然而，随着收入水平的上升，家庭住房均位于本地的可能性降低，表明家庭更倾向于在其他城市购买住房。与此同时，与未婚户主相比，已婚户主的住房更有可能全部位于本地。与农村户籍户主相比，城镇户籍户主的住房均位于本地的可能性也更高。

二、住房投资影响因素研究

本节分析影响家庭住房投资的因素。表2.9中被解释变量为一个虚拟变量，表示家庭是否拥有多套住房。在第（1）列中，控制变量未包含“父母资助购房”这一变量。Probit模型的估计结果表明，受教育年限每增加一年，家庭拥有多套住房的可能性增加1.26个百分点。同时，随着年龄的增长，家庭拥有多套住房的可能性也显著提高。相比农村户籍户主，城镇户籍户主拥有多套住房的可能性高出 1.35 个百分点。相比未婚户主，已婚户主拥有多套住房的可能性高出 2.07 个百分点。此外，健康状况较好的户主更可能拥有多套住房并进行住房投资。在政府部门工作的户主拥有多套住房的可能性更大。最后，家庭规模和收入的增加均显著提升了家庭拥有多套住房的可能性。在第（2）列的模型中，进一步控制父母资助购房的因素。结果显示，在其他条件不变的情况下，如果家庭购房时获得了父母的资金资助，家庭拥有多套住房的可能性显著上升 12.82 个百分点，该影响在 1%的水平上显著。综上，表 2.9 的分析结果表明，父母资助购房显著增加了家庭拥有多套住房的可能性，促进了家庭的住房投资。

表 2.9　多套房拥有率影响因素分析

变量	是否拥有多套住房	
	Probit	Probit
	(1)	(2)
父母资助购房	—	0.128 2*** (0.008 5)
受教育水平	0.012 6*** (0.001 1)	0.011 9*** (0.001 2)
年龄	0.009 5*** (0.001 4)	0.012 4*** (0.001 5)
年龄平方	-0.000 1*** (0.000 0)	-0.000 1*** (0.000 0)
男性	0.002 0 (0.003 3)	0.001 0 (0.003 8)
城镇户籍	0.013 5** (0.005 3)	0.008 0 (0.006 7)
已婚	0.020 7*** (0.006 0)	0.019 5*** (0.006 1)
健康状况	0.021 5*** (0.003 5)	0.023 2*** (0.003 7)
在政府部门或国企工作	0.036 7*** (0.004 4)	0.035 7*** (0.005 2)

续表

变量	是否拥有多套住房	
	Probit	Probit
	(1)	(2)
家庭规模	0.031 1*** (0.002 2)	0.033 1*** (0.002 5)
家庭收入	0.003 6*** (0.000 3)	0.003 6*** (0.000 2)
常数项	控制	控制
省份固定效应	控制	控制
年份固定效应	控制	控制
R^2	0.080 8	0.084 4
观测值	77 673	57 161

注：***，**，*分别代表在1%，5%，10%的水平上显著。Probit模型估计结果为边际效应。

三、住房面积影响因素研究

在表2.10中，本研究分析影响家庭目前居住房屋面积的因素。所使用的数据为2013年中国家庭金融调查数据，样本为城镇地区仅拥有一套住房的家庭。回归结果显示，如果家庭在购房时获得了父母的资金资助，则该套住房的面积相对较小。此现象可能反映了依赖父母资助购房的家庭可能面临一定的流动性约束，因此在购房时倾向于选择面积较小的住房。此外，表2.10的结果还表明，随着户主年龄的增加，家庭所购买住房的面积呈现先下降后上升的趋势。男性户主购买的住房面积显著大于女性户主；农村户籍户主购买的住房面积则大于城镇户籍户主。由此可推测样本中的农村户籍户主更多居住在城市郊区，而城镇户籍户主则更倾向于居住在市中心，郊区的住房面积通常大于市中心的住房面积。结果还显示，与未婚户主相比，已婚户主购买的住房面积更大；健康状况较好的户主同样倾向于购买面积更大的住房。最后，家庭规模每增加一人，家庭目前居住的住房面积增加6.11平方米；家庭收入每增加10万元，住房面积增加4.06平方米。

表 2.10　住房面积影响因素分析

变量	住房面积
	(1)
父母资助购房	-11.751 9*** (2.478 7)
受教育水平	-0.129 6 (0.386 9)
年龄	-1.674 3*** (0.501 8)
年龄平方	0.017 4*** (0.005 3)
男性	5.677 7*** (1.310 6)
城镇户籍	-23.110 2*** (2.374 1)
已婚	2.988 3* (1.804 3)
健康状况	5.966 5*** (1.641 4)
在政府部门或国企工作	-0.212 7 (1.614 3)
家庭规模	6.108 3*** (0.792 3)
家庭收入	0.406 2*** (0.097 1)
常数项	控制
省份固定效应	控制
R^2	0.219 0
观测值	9 954

注：***，**，*分别代表在1%，5%，10%的水平上显著。

四、异质性分析

（一）按城市类型分类

中国不同地区的住房价格增长速度存在显著差异。一线和二线城市的住房价格增长速度更快，房价收入比更高，对大多数居民而言，购房成为一项较重的财务负担。而在其他类型的城市，房价收入比相对较低，住房可支付指数更高。因此，在一线和二线城市，父母资助子女购房的现象更加普遍。2013 年中国家庭金融调查数据显示，一线和二线城市中，有房家庭中有 4.16%的家庭在购房时获得了父母的资金支持，而在其他类型的城市，这一比例仅为 1.78%。本节利用 2013 年中国家庭金融调查数据，估计了父母资助购房对不同类型城市家庭住房拥有率的影响。

表 2.11 汇总了一线和二线城市样本的回归结果。结果显示，对于一线和二线城市的家庭，如果购房时获得了父母的资金支持，家庭在本地拥有住房的可能性显著提高 24.69 个百分点，拥有多套房的可能性增加 10.98 个百分点，这两个影响均在 1%的显著性水平上成立。此外，受教育年限每增加一年，家庭在本地拥有住房的可能性提高 1.58 个百分点，而家庭拥有多套房的可能性增加 1.10 个百分点。随着年龄的增长，家庭在本地拥有住房和多套住房的可能性均显著上升。在一线和二线城市，与农村户籍户主相比，城镇户籍户主在本地拥有住房的可能性高出 11.60 个百分点，拥有多套房的可能性高出 1.80 个百分点。家庭规模每增加一人，家庭在本地拥有住房的可能性提高 4.61 个百分点，拥有多套房的可能性增加 4.01 个百分点。家庭收入每增加 10 万元，家庭在本地拥有住房的可能性提升 0.20 个百分点，家庭拥有多套房的可能性增加 0.47 个百分点，这两个影响均在 1%的水平上显著。

表 2.11　一线和二线城市住房拥有率影响因素分析

变量	在本地有住房	在其他城市有住房	只在本地有住房	拥有多套住房
	LPM	LPM	LPM	LPM
	(1)	(2)	(3)	(4)
父母资助购房	0.246 9***	0.000 7	0.222 9***	0.109 8***
	(0.018 8)	(0.021 8)	(0.023 3)	(0.033 1)
受教育水平	0.015 8***	-0.007 2***	0.014 8***	0.011 0***
	(0.002 2)	(0.001 7)	(0.002 6)	(0.002 0)

续表

变量	在本地有住房	在其他城市有住房	只在本地有住房	拥有多套住房
	LPM	LPM	LPM	LPM
	(1)	(2)	(3)	(4)
年龄	0.029 1*** (0.002 8)	−0.006 5* (0.003 8)	0.027 0*** (0.003 5)	0.007 2** (0.003 1)
年龄平方	−0.000 2*** (0.000 0)	0.000 0 (0.000 0)	−0.000 2*** (0.000 0)	−0.000 1 (0.000 0)
男性	−0.014 9 (0.011 0)	0.031 2*** (0.010 0)	−0.021 0 (0.012 9)	0.020 1* (0.010 6)
城镇户籍	0.116 0*** (0.018 7)	−0.119 0*** (0.017 7)	0.111 8*** (0.018 4)	0.018 0* (0.010 5)
已婚	0.112 6*** (0.015 8)	0.010 3 (0.010 4)	0.117 0*** (0.017 6)	−0.008 0 (0.010 6)
健康状况	−0.011 2 (0.008 2)	0.025 2*** (0.006 3)	−0.013 4 (0.008 1)	0.026 8** (0.009 8)
在政府部门或国企工作	0.071 3*** (0.011 5)	−0.051 7*** (0.013 9)	0.079 9*** (0.013 6)	0.042 4*** (0.011 3)
家庭规模	0.046 1*** (0.004 4)	−0.002 3 (0.005 0)	0.040 4*** (0.005 0)	0.040 1*** (0.004 9)
家庭收入	0.002 0*** (0.000 4)	0.000 6 (0.000 4)	0.001 0** (0.000 4)	0.004 7*** (0.000 4)
常数项	控制	控制	控制	控制
省份固定效应	控制	控制	控制	控制
R^2	0.210 0	0.139 4	0.191 3	0.096 4
观测值	8 800	8 800	8 800	8 800

注：***，**，*分别代表在1%，5%，10%的水平上显著。

表2.12展示了其他城市样本的回归结果。对于其他城市的家庭，购房时如果获得父母资金支持，家庭在本地拥有住房的可能性提高约11.66个百分点，同时家庭拥有多套住房的可能性增加12.58个百分点。与表2.11的回归结果相比，可以看出，父母资助购房对一线和二线城市家庭住房拥有率

的影响更为显著。一线和二线城市的房价显著高于其他类型城市，因此父母资助购房对提高子女住房拥有率的作用在一线和二线城市表现得更为明显。

表 2.12　其他城市住房拥有率影响因素分析

变量	在本地有住房	在其他城市有住房	只在本地有住房	拥有多套住房
	LPM	LPM	LPM	LPM
	(1)	(2)	(3)	(4)
父母资助购房	0.116 6*** (0.018 5)	0.050 8* (0.025 0)	0.068 3*** (0.022 5)	0.125 8*** (0.038 1)
受教育水平	0.005 9*** (0.001 5)	0.002 1 (0.001 5)	0.003 4* (0.001 8)	0.010 6*** (0.002 3)
年龄	0.019 6*** (0.004 6)	−0.004 3 (0.002 6)	0.016 6*** (0.004 4)	0.003 2 (0.003 6)
年龄平方	−0.000 2*** (0.000 0)	0.000 0 (0.000 0)	−0.000 1*** (0.000 0)	−0.000 0 (0.000 0)
男性	0.007 8 (0.007 7)	−0.003 2 (0.006 8)	0.014 3* (0.007 7)	0.000 8 (0.010 5)
城镇户籍	−0.006 1 (0.011 5)	−0.022 2*** (0.005 2)	−0.005 2 (0.011 2)	−0.020 0 (0.013 7)
已婚	0.084 7*** (0.016 4)	−0.013 3 (0.012 1)	0.083 5*** (0.017 2)	0.012 9 (0.010 9)
健康状况	0.020 9** (0.008 3)	0.009 7 (0.005 7)	0.012 0 (0.008 5)	0.019 2 (0.011 9)
在政府部门或国企工作	0.046 2*** (0.010 7)	−0.001 9 (0.006 3)	0.037 3*** (0.011 1)	0.044 1*** (0.014 4)
家庭规模	0.019 6*** (0.003 6)	−0.003 0 (0.002 3)	0.019 5*** (0.003 8)	0.019 3*** (0.004 6)
家庭收入	0.000 6 (0.000 4)	0.001 5*** (0.000 4)	−0.000 7 (0.000 6)	0.005 5*** (0.000 9)
常数项	控制	控制	控制	控制
省份固定效应	控制	控制	控制	控制
R^2	0.089 7	0.059 5	0.077 6	0.069 9

续表

变量	在本地有住房	在其他城市有住房	只在本地有住房	拥有多套住房
	LPM	LPM	LPM	LPM
	(1)	(2)	(3)	(4)
观测值	7 157	7 157	7 157	7 157

注：***，**，*分别代表在1%，5%，10%的水平上显著。

（二）按家庭收入水平分类

在此小节，本研究根据家庭收入水平进行分类，以估计父母资助购房对不同收入家庭住房拥有率的影响。样本中家庭的平均年收入为10万元，因此本章将样本分为两组：一组家庭的收入低于平均水平，另一组家庭的收入高于平均水平。表2.13呈现了父母资助购房对低收入家庭住房拥有率的估计结果。研究表明，对于收入较低的家庭，父母资助购房使其在本地拥有住房的可能性提升了20.47个百分点，在其他城市拥有住房的可能性增加了6.23个百分点，仅在本地有住房的可能性提高了16.22个百分点，而拥有多套房的可能性则增加了14.07个百分点。此外，对于年收入低于平均水平的家庭，每增加一年的受教育年限，本地住房拥有率上升0.52个百分点，拥有多套房的可能性提升0.70个百分点。性别方面，男性户主在本地和其他城市拥有住房的可能性均高于女性户主。户籍因素同样显著，相较于农村户籍户主，城镇户籍户主在本地拥有住房的可能性高出3.27个百分点，但在其他城市拥有住房的可能性低4.50个百分点。婚姻状况也对住房拥有率产生影响，对于低收入家庭而言，已婚户主在本地有房、在其他城市有房，以及拥有多套房的可能性均高于未婚户主。家庭规模的扩大也对住房拥有率具有正向影响。家庭规模每增加一人，低收入家庭在本地拥有住房的可能性上升4.13个百分点，而拥有多套房的可能性则提高2.20个百分点。

表2.13　低收入家庭住房拥有率影响因素分析

变量	在本地有住房	在其他城市有住房	只在本地有住房	拥有多套住房
	LPM	LPM	LPM	LPM
	(1)	(2)	(3)	(4)
父母资助购房	0.204 7***	0.062 3***	0.162 2***	0.140 7***
	(0.015 8)	(0.019 2)	(0.017 6)	(0.016 9)

续表

变量	在本地有住房	在其他城市有住房	只在本地有住房	拥有多套住房
	LPM	LPM	LPM	LPM
	(1)	(2)	(3)	(4)
受教育水平	0.005 2*** (0.000 9)	0.000 1 (0.000 9)	0.002 6** (0.001 0)	0.007 0*** (0.000 9)
年龄	0.034 2*** (0.002 5)	-0.005 4*** (0.001 5)	0.031 4*** (0.002 6)	0.006 8*** (0.001 2)
年龄平方	-0.000 3*** (0.000 0)	0.000 0 (0.000 0)	-0.000 2*** (0.000 0)	-0.000 1*** (0.000 0)
男性	0.009 1* (0.004 9)	0.007 7* (0.004 2)	0.012 7** (0.005 2)	0.005 9 (0.003 8)
城镇户籍	0.032 7*** (0.009 0)	-0.045 0*** (0.006 1)	0.029 3*** (0.008 7)	-0.009 3 (0.006 0)
已婚	0.073 6*** (0.009 4)	0.014 1** (0.006 5)	0.071 3*** (0.009 7)	0.010 4* (0.005 5)
健康状况	0.001 4 (0.006 1)	0.019 7*** (0.003 8)	-0.004 5 (0.006 3)	0.012 5*** (0.003 5)
在政府部门或国企工作	0.044 9*** (0.006 9)	-0.021 1*** (0.006 3)	0.043 6*** (0.007 8)	0.010 2* (0.005 9)
家庭规模	0.041 3*** (0.003 3)	-0.009 7*** (0.001 8)	0.040 2*** (0.003 2)	0.022 0*** (0.002 7)
家庭收入	0.004 2*** (0.001 2)	0.002 4*** (0.000 7)	0.003 1*** (0.001 1)	0.006 5*** (0.001 0)
常数项	控制	控制	控制	控制
省份固定效应	控制	控制	控制	控制
年份固定效应	控制	控制	控制	控制
R^2	0.148 7	0.059 6	0.130 1	0.031 2
观测值	39 966	39 966	39 966	39 966

注：***，**，*分别代表在1%，5%，10%的水平上显著。

表2.14对父母资助购房对高收入家庭住房拥有率的影响进行了估计。

结果表明，父母资助购房使高收入家庭在本地拥有住房的可能性增加 11.25 个百分点，在其他城市拥有住房的可能性提升 7.32 个百分点，而拥有多套房的可能性则上升 14.84 个百分点。与表 2.13 的数据相比可以看出，父母资助购房对低收入家庭住房拥有率的影响更为显著。该回归结果与本章的预期相符，即低收入家庭面临更高的流动性约束，因此，父母资助购房对其住房拥有率的促进作用更强。此外，受教育年限每增加一年，高收入家庭在本地拥有住房的可能性上升 1.02 个百分点，拥有多套房的可能性也增加 1.02 个百分点。这些影响略高于教育水平对低收入家庭住房拥有率的作用。从户籍角度看，高收入家庭中，城镇户籍户主在本地拥有住房的可能性比农村户籍户主高出 5.05 个百分点，在其他城市拥有住房的可能性低 2.32 个百分点，同时拥有多套房的可能性高 3.36 个百分点。对比表 2.13 可以发现，相较于低收入家庭，户籍对高收入家庭住房拥有率的影响更加显著。

表 2.14　高收入家庭住房拥有率影响因素分析

变量	在本地有住房	在其他城市有住房	只在本地有住房	拥有多套住房
	LPM	LPM	LPM	LPM
	(1)	(2)	(3)	(4)
父母资助购房	0.112 5*** (0.008 8)	0.073 2*** (0.017 0)	0.038 1*** (0.013 1)	0.148 4*** (0.014 9)
受教育水平	0.010 2*** (0.002 0)	0.003 5* (0.001 8)	0.000 8 (0.002 0)	0.010 2*** (0.002 5)
年龄	0.028 7*** (0.002 0)	−0.003 9 (0.003 1)	0.022 3*** (0.002 6)	0.027 4*** (0.003 3)
年龄平方	−0.000 2*** (0.000 0)	0.000 0 (0.000 0)	−0.000 2*** (0.000 0)	−0.000 3*** (0.000 0)
男性	−0.028 2*** (0.007 6)	0.007 3 (0.009 5)	−0.016 4 (0.011 4)	−0.010 0 (0.008 2)
城镇户籍	0.050 5*** (0.007 8)	−0.023 2*** (0.008 1)	0.035 3*** (0.008 7)	0.033 6*** (0.009 5)
已婚	0.071 5*** (0.014 1)	−0.019 3** (0.009 0)	0.071 1*** (0.013 5)	−0.038 0*** (0.013 7)
健康状况	0.012 1** (0.004 7)	0.000 2 (0.006 3)	0.012 6* (0.007 0)	0.018 4** (0.007 4)

续表

变量	在本地有住房	在其他城市有住房	只在本地有住房	拥有多套住房
	LPM	LPM	LPM	LPM
	(1)	(2)	(3)	(4)
在政府部门或国企工作	0.045 4*** (0.010 1)	-0.024 3*** (0.007 1)	0.040 6*** (0.010 7)	0.039 1*** (0.008 2)
家庭规模	0.031 2*** (0.004 3)	-0.005 7* (0.003 1)	0.025 8*** (0.004 1)	0.037 2*** (0.003 6)
家庭收入	0.000 4*** (0.000 1)	0.001 2*** (0.000 2)	-0.000 8*** (0.000 1)	0.002 8*** (0.000 2)
常数项	控制	控制	控制	控制
省份固定效应	控制	控制	控制	控制
年份固定效应	控制	控制	控制	控制
R^2	0.142 1	0.048 1	0.084 4	0.062 1
观测值	17 195	17 195	17 195	17 195

注：***，**，*分别代表在1%，5%，10%的水平上显著。

五、机制分析

本节研究分析父母资助购房是否通过缓解家庭信贷约束影响住房需求。中国家庭金融调查数据询问了家庭在农业及工商业生产经营、购房和购车过程中是否使用银行贷款。如果受访者回答未使用银行贷款，问卷进一步询问其未使用贷款的原因，选项包括：①不需要；②需要但未申请；③申请被拒绝；④曾有银行贷款但已还清。此外，问卷还调查了家庭是否使用信用卡，并询问未使用信用卡的具体原因，选项包括：①喜欢现金消费；②不了解信用卡；③没有还款能力；④愿意使用，但申请被拒；⑤其他。参照尹志超和张号栋（2018）的定义，若家庭在上述问题中选择了“需要但未申请”“申请被拒绝”“无还款能力”或“希望使用但申请被拒”，则该家庭被定义为面临信贷约束。

数据显示，2011年、2013年和2017年，城镇地区面临信贷约束的家庭占比分别为24.74%、18.99%和10.44%，呈现逐年下降的趋势。同一时期，受父母资助购房的家庭中，有信贷约束的家庭占比分别为12.5%、5.73%和9.15%，而未受父母资助购房的家庭，其信贷约束家庭占比分别为24.99%、

19.34%和 10.48%。由此可见，接受父母资助购房的家庭面临信贷约束的比例显著较低。表 2.15 的分析进一步验证了这一结论。估计结果显示，在控制个体及家庭层面的一系列因素后，相较于未受父母资助购房的家庭，接受父母资助购房的家庭受到信贷约束的可能性降低 2.41 个百分点，表明父母资助购房在一定程度上减少了家庭面临的信贷约束，从而提高了家庭的住房拥有率。

表 2.15　父母资助购房对家庭信贷约束的影响

变量	受到信贷约束
	LPM
父母资助购房	-0.024 1** (0.009 1)
其他控制变量	控制
省份固定效应	控制
年份固定效应	控制
R^2	0.069 6
观测值	40 425

注：***，**，*分别代表在 1%，5%，10%的水平上显著。

第五节　稳健性检验

一、控制家庭固定效应

在模型（2.1）中，某些不可观测因素可能同时影响家庭是否获得父母的购房资助以及其住房拥有率。为减少这些潜在因素的干扰，本节首先控制了家庭固定效应，以消除家庭层面不随时间变化的不可观测因素对估计结果的影响。表 2.16 的结果表明，即使在控制家庭层面的固定效应后，父母资助购房对家庭住房拥有率仍然具有显著影响。具体而言，父母购房资助使家庭在本地拥有住房的可能性提高 9.16 个百分点，在其他城市拥有住房的可能性增加 10.13 个百分点，同时，拥有多套住房的可能性上升 5.42 个百分点。这些影响均在统计上具有显著性，进一步支持了父母资助购房对家庭住房拥有率的积极作用。

表 2.16 控制家庭固定效应

变量	在本地有住房	在其他城市有住房	只在本地有住房	拥有多套住房
	LPM	LPM	LPM	LPM
	(1)	(2)	(3)	(4)
父母资助购房	0.091 6*** (0.019 7)	0.101 3*** (0.015 4)	0.038 0 (0.022 9)	0.054 2* (0.027 5)
常数项	控制	控制	控制	控制
省份固定效应	控制	控制	控制	控制
年份固定效应	控制	控制	控制	控制
家庭固定效应	控制	控制	控制	控制
R^2	0.713 5	0.769 2	0.698 8	0.730 5
观测值	28 955	28 955	28 955	28 955

注：***，**，*分别代表在1%，5%，10%的水平上显著。

二、使用倾向匹配估计

本节研究采用倾向匹配估计（propensity score matching）方法，以解决模型可能存在的内生性问题。具体而言，本研究将支付购房首付款时获得父母资金资助的家庭定义为处理组（treatment group），而控制组（control group）则包括未获得父母资金资助的购房家庭以及无房家庭。在倾向匹配估计方法的选择上，本节采用邻近匹配法（nearest neighbor matching），即在控制组中选择与处理组家庭倾向得分最为接近的家庭作为匹配对象。在估计倾向得分（propensity score）时，本研究纳入了一系列控制变量，包括受教育水平、年龄、年龄的平方、性别、户籍、工作性质、婚姻状态、身体状况、家庭规模、家庭收入，以及时间固定效应和省份固定效应。表2.17的估计结果显示，父母资助购房显著提高了家庭住房拥有率。其中，获得父母资助购房的家庭在本地拥有住房的可能性提高15.82个百分点，在其他城市拥有住房的可能性增加7.37个百分点，仅在本地拥有住房的可能性提升10.46个百分点，而拥有多套住房的可能性则上升16.29个百分点。总体而言，倾向匹配估计结果进一步证实了本章的核心假设，即父母资助购房对家庭住房拥有率具有显著的正向影响。

表 2.17　住房拥有率：倾向匹配估计

变量	在本地有住房	在其他城市有住房	只在本地有住房	拥有多套住房
	ATT	ATT	ATT	ATT
	(1)	(2)	(3)	(4)
父母资助购房	0.158 2***	0.073 7***	0.104 6***	0.162 9***
	(0.014 3)	(0.014 9)	(0.017 1)	(0.017 4)
观测值	57 161	57 161	57 161	57 161

注：***，**，*分别代表在1%，5%，10%的水平上显著。

第六节　本章小结

本章利用2011—2019年中国家庭金融调查数据，分析了中国居民的住房需求。本章重点分析了父母资助购房、户主个人以及家庭层面特征对家庭住房拥有率的影响。主要研究结论有四点。①父母资助购房显著提升了家庭的住房拥有率，不仅增加了子女成为住房拥有者的可能性，也提高了家庭拥有多套住房的概率；②受信贷约束影响，获得父母资助购房的家庭往往选择购买面积较小的住房；③在一线、二线城市家庭及低收入家庭中，父母资助购房对住房拥有率的提升作用更为显著，表明这些家庭在购房过程中面临更高水平的信贷约束；④户主的受教育水平、年龄、婚姻状态、身体状况、工作性质、家庭规模和家庭收入均显著影响家庭的住房拥有率及拥有多套住房的可能性。综上所述，本章揭示了父母资助购房对中国住房市场的重要影响，并进一步说明了不同收入水平和城市层级家庭在住房拥有率上的差异。

基于以上结论，本章提出三点政策建议。

第一，坚守“房住不炒”原则，确保房地产市场稳定运行。应加强房地产市场调控，采取灵活精准的房价调控措施，使房价保持在合理区间，降低居民购房压力。同时，加强监管力度，严厉遏制投机炒房行为，防范房地产市场泡沫，推动房地产市场健康可持续发展。

第二，深化住房制度改革，扩大保障性租赁住房的供给。需加快完善“租购并举”住房体系，确保居民能够拥有稳定的居住条件。在发展保障性租赁住房的过程中，应充分考虑不同群体的需求，提升住房供应的针对性和可及性，实现精准匹配，从而更好地满足居民的居住需求，提升居住质量。

第三，推动租购同权政策的落地实施，强化租房家庭权益保障。一方面，应加大公共服务资源投入，确保租房家庭与购房家庭享有同等的教育、医疗等公共服务，切实维护其合法权益；另一方面，需进一步优化落户政策，使租房家庭也能在居住地办理落户，提升其城市融入度，从而增强住房市场的公平性。

第三章　住房财富与居民劳动参与率

第一节　概述

改革开放以来，中国城镇地区的住房市场经历了深刻变革。20 世纪 90 年代，政府在城镇地区推行住房市场改革，旨在推动住房商品化进程并促进住房建设发展，带动了中国住房市场的高速增长期。截至 2011 年，城镇地区近 90%的家庭已拥有自有住房（Gan et al.，2014）。与此同时，城镇地区房价大幅攀升。根据国家统计局公布的数据，2000—2021 年，商品房的平均销售价格从每平方米 1 948 元上涨至 10 396 元，累计增长约 4. 34 倍（见图 3. 1）。此外，2003—2013 年，31 个二线城市的房价年均上涨 10. 5%，而北京、上海、广州和深圳四个一线城市的房价年均增幅高达 13. 1%（Fang et al.，2016）。随着房价的持续攀升，有房家庭的住房财富显著增加，住房已成为家庭资产中的核心要素。

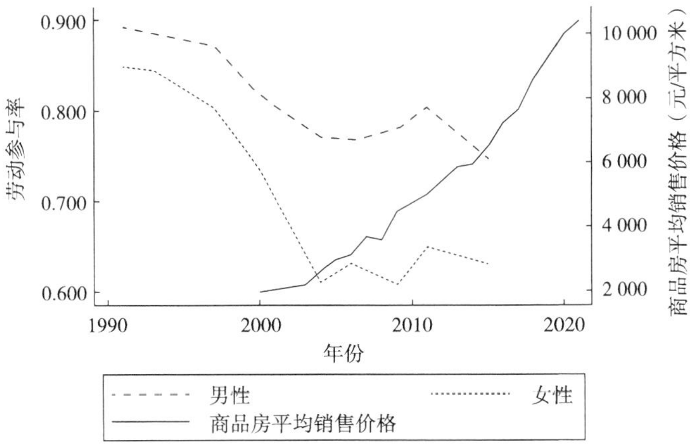

图 3. 1　房价和居民劳动参与率

资料来源：国家统计局和历年中国健康与营养调查（CHNS）数据。

与此同时，中国城镇地区的劳动力市场也经历了重要变革。在计划经济体制下，政府为城镇居民提供相对稳定的工作岗位。在 20 世纪 90 年代的市场化改革过程中，国有企业大规模裁员，导致失业人数大幅增加。与此同时，沿海地区外贸经济的快速发展吸引了大量农民工向城镇迁移务工，而城镇居民的劳动参与率则逐步下降，进一步加剧了失业问题。如图 3.1 所示，1990—2005 年，中国城镇地区居民的劳动参与率大幅下滑，其中，女性劳动参与率的下降尤为显著。2005—2015 年，劳动参与率相对稳定，虽然存在一定波动，但整体维持在较低水平。

已有大量研究关注家庭财富对闲暇消费及劳动力供给的影响。部分研究将遗产继承、彩票奖金、租房补贴或拆迁补偿等视为财富冲击，并分析其对劳动供给的影响。例如，霍尔茨-埃金等（Holtz-Eakin et al.，1993）基于美国数据发现，遗产继承会抑制居民的劳动参与率。相比遗产收入低于 2.5 万美元的个体，遗产收入超过 15 万美元的居民退出劳动力市场的可能性高出 4 倍。乔尔费安和威尔赫姆（Joulfaian and Wilhelm，1994）利用美国收入动态调查（PSID）和联邦遗产税申报表数据，发现遗产继承减少了居民的工作时长，但影响程度较小。布朗等（Brown et al.，2010）指出，遗产收入增加了老年群体提前退休的可能性，且若遗产属于意外获得，则其对退休决策的影响更为显著。此外，因本斯等（Imbens et al.，2001）基于对彩票玩家的调查数据发现，获得大额彩票奖金会降低中奖者的工作时间和劳动参与率。雅各布和路德维格（Jacob and Ludwig，2012）以及费雪（Fischer，2000）均发现，住房券或租房补贴的获得会减少个人的劳动参与率。综上所述，这些研究表明，家庭财富的增长对劳动供给产生一定的负向影响。

本章研究住房财富增长对城镇居民劳动参与率的影响。随着城镇地区房价的持续上涨，居民的住房财富显著增加。本章重点探讨住房价值上升带来的“财富效应”是否会降低居民的劳动参与率，并进一步分析该潜在负向效应在不同群体之间是否存在差异。

第二节　文献综述

本部分围绕两个方面对相关文献进行综述：一是影响居民劳动参与率的因素；二是劳动参与对家庭微观经济行为的影响。

一、影响居民劳动参与率的因素

研究表明，财富水平、住房价格、家庭照料责任、生育行为、文化素养以及性别角色等因素均会在不同程度上影响居民劳动参与率的变化。

（一）财富水平与居民劳动参与率

现有研究广泛探讨了家庭财富对居民劳动参与率的影响。基于西南财经大学2018年开展的“城乡常住居民居住状况与社会融合”调查数据，胡元瑞等（2021）发现，父辈住房财富显著降低了子女，特别是女性和低学历子女的劳动参与率。机制分析表明，父辈房产主要通过“代际财富传递”和“子女继承预期”两个渠道影响子女的劳动参与率及就业选择。宁光杰和刘会欣（2022）同样发现，家庭财产水平对女性劳动参与率存在显著的负向影响，且该影响在年龄较大、拥有农村户口、已婚以及家庭财产水平较高的女性群体中更加明显。机制分析表明，闲暇时间的增加和财产性收入的提升是家庭财产降低女性劳动参与率的两大关键因素。除了家庭财富，已有研究还关注收入对居民劳动参与的影响。例如，姚先国和谭岚（2005）发现，中国女性劳动参与率的下降更多是由于严峻的就业形势所致，而非家庭收入提高后家庭内部重新分工的自主选择。马双等（2017）则发现，最低工资标准的上调显著提高了已婚女性，尤其是从事非农职业的已婚女性的劳动参与率。异质性分析进一步表明，该影响主要体现在中年群体、低教育水平个体以及西部地区的已婚女性身上。张正东（2017）进一步发现夫妻双方的劳动供给受相对收入的影响。当配偶收入高于自身时，家庭劳动供给呈现明显的性别差异，具体表现为妻子更可能退出劳动力市场、缩短工作时间或选择收入较低的工作。

（二）住房价格与居民劳动参与率

现有研究还深入探讨了住房价格与居民劳动参与率的关系。吴伟平等（2016）利用1989—2011年中国健康和营养调查数据发现，房价每上涨1%，女性劳动参与率平均下降0.08个百分点。其中，有房产的女性劳动参与率下降0.1个百分点，而无房产的女性劳动参与率则增加0.15个百分点。此外，房价变化对不同年龄、婚姻状况及受教育水平的女性劳动参与率影响存在差异。基于2013年和2015年中国家庭金融调查数据，冯苑（2020）研究发现，房价每上涨1%，有房居民的劳动参与率下降0.07个百分点，且该负向影响在女性群体中更加显著。同时，受教育水平较高的居民，其劳动参与率受房价上涨的抑制作用较小。此外，房价上涨对不同年龄群体的影响存在分化：青年群体的劳动参与率上升，而中老年群体的劳动参与率则下降。研究进一步指出，房价上涨主要通过财富效应、成本效应和遗产动机三种机制影响居民的劳动参与率。

（三）家庭照料与居民劳动参与率

大量研究关注家庭照料对居民劳动参与率的影响，并从多个角度进行深入分析。

首先，研究表明，照料子女和老人的责任显著抑制了女性的劳动供给。童光荣和翟照杰（2016）利用中国健康和营养调查数据分析发现，与公婆同住的女性因承担老年照护责任，其劳动供给显著减少。基于 1991—2011 年中国健康与营养调查数据，陈璐等（2016）进一步发现，为父母或公婆每周提供超过 20 小时的家庭照料，会导致女性劳动参与率显著下降 7.31%，每周劳动时长减少 2.8~4.8 小时，每月劳动收入减少 7.21%。

其次，现有研究发现，祖辈对儿童的照料对家庭劳动供给产生了显著的正向影响，且该影响存在性别差异。例如，沈可等（2012）基于 2002 年中国东部 9 省的家庭调查数据发现，多代同堂的家庭结构显著提高了女性的劳动参与率和工作时间，而对男性劳动参与率的影响较小。机制分析表明，祖辈帮助女性分担家务负担是其工作时间增加的主要原因。基于 2010—2016 年中国家庭追踪调查数据，邹红等（2018）研究发现，祖辈隔代照料使中青年已婚女性的劳动参与率提升 13%~21%，周平均工作时间增加 5.0~7.3 小时，且该影响在城镇女性群体中更为明显。孙继圣和周亚虹（2019）利用 2011 年中国家庭金融调查数据发现，与长辈同住可使已婚女性的劳动参与率提高 49%，每周工作时长增加 4 小时，且该影响在仅有一个孩子的已婚女性家庭中尤为显著。同时，一些研究比较了机构照料与祖辈照料对子女劳动供给的不同影响。杜风莲等（2018）基于 1991—2011 年中国营养健康调查数据发现，与正规机构托管相比，祖父母参与照料对子女的劳动参与率影响更大，特别是祖母的照料在促进女性劳动参与方面发挥了关键作用。谷晶双（2020）利用 2014 年中国家庭追踪调查数据并采用倾向匹配法估计，发现无论是机构照管还是祖辈隔代照管，均对女性劳动参与率产生积极影响，尤其是对高学历女性而言，隔代照管的促进作用更为显著。此外，基于 2011—2018 年四期中国健康与养老追踪调查（CHARLS）数据，并采用多时点双重差分模型，于新亮等（2021）研究发现，长期护理保险政策的实施使农村女性的劳动参与率提高 8.14 个百分点，选择非农就业的可能性增加 19.44 个百分点，外出务工的可能性提升 9.75 个百分点。

再次，现有研究还探讨了儿童在不同成长阶段对家庭劳动供给的影响。王伟同等（2021）基于 2005 年 1%人口抽样调查数据发现，子女面临升学压力时，母亲的月收入平均下降 19%，而父亲的收入未出现显著变化。此外，高学历、非国有行业就业、育有男孩或独生子女的女性受到的影响更为明显，且子女升学压力越大的地区，女性收入下降幅度也越大。朱峰和傅志明

(2023) 利用 2012—2018 年中国家庭追踪调查数据，并采用双重差分模型分析发现，学前教育显著提高了农村移民女性的劳动参与率，但对城镇女性的影响不明显。研究指出，农村移民女性收入较低，获得隔代照料的机会有限，因此，学前教育能够有效减轻其照护负担，从而提升其劳动供给。基于 2011—2017 年中国流动人口动态监测调查（CMDS）数据，鄢伟波和安磊 (2021) 研究发现，家中新生儿的出生会导致女性劳动参与率下降约 60%，但随着孩子年龄增长，女性劳动参与率逐渐回升。此外，当新生儿为女孩时，母亲的工作强度在女儿 2 岁时基本恢复至正常水平，而若新生儿为男孩，母亲的工作强度要到男孩 17 岁左右才恢复正常。杨凡和何雨辰（2022）利用 2010—2018 年中国家庭追踪调查数据发现，在新生儿出生当年，女性的劳动参与率和工作时间显著下降，至孩子 4 岁才逐渐回升，而男性的劳动供给未受到明显影响。异质性分析表明，受教育程度较高或生育年龄较晚的女性，其劳动供给损失相对较小。

（四）生育行为与居民劳动参与率

现有研究表明，家庭的生育行为对居民劳动参与率具有显著影响。基于 1991—2015 年中国健康与营养调查数据，赵梦晗（2019）运用生命历程理论和人力资本相关理论，并构建混合效应模型，发现与 23～25 岁初育的女性相比，在 23 岁之前或 25 岁之后生育第一胎的女性，其劳动参与率更高。颜宇（2020）利用 2010—2015 年中国综合社会调查数据分析发现，生育年龄与已婚女性的劳动参与率呈显著正相关关系，生育年龄每推迟 1 岁，已婚女性的劳动参与率提高 0. 83～0. 88 个百分点，且该正向影响在城镇、高教育水平、配偶收入较低、有独生子女或居住在中部地区的女性群体中更加明显。此外，研究表明，二胎生育年龄对已婚女性劳动参与率的影响不显著，而女性推迟生育年龄对男性劳动参与率无明显影响。

基于 1995—2018 年中国家庭收入调查数据、县域统计年鉴以及百度地图的幼儿园分布数据，詹鹏等（2021）研究发现，生育使城镇已婚女性的劳动参与率下降 7. 00 个百分点。同时，由于生育率下降，城镇已婚女性劳动参与率上升了 2. 19 个百分点。此外，如果子女在 0～5 岁接受学前教育，教育成本的增加会促进女性的劳动参与率。彭争呈等（2023）基于 2015 年全国 1%人口抽样调查数据，并利用单独二孩政策的外生性冲击分析发现，该政策使夫妇生育二孩的可能性增加 2. 3%，且该影响主要集中在 34～39 岁的女性和受教育水平较高的女性群体。然而，研究表明，单独二孩政策对女性劳动参与率并未产生必然的抑制作用。进一步分析表明，公共照料资源的可及性以及祖辈同住有效抵消了生育对女性就业的负向冲击。

（五）文化与居民劳动参与率

利用2010年中国综合社会调查数据，阮荣平和刘力（2021）研究发现，宗教信仰通过弱化传统性别角色观念，提高了中国城镇已婚女性的劳动参与率。程佳朦（2021）基于2014年中国家庭追踪调查数据，探讨了宗族文化对已婚女性劳动参与的影响。研究发现，居住地宗族文化越强，当地已婚女性的劳动参与率越低。机制分析表明，宗族文化通过塑造居民的性别观念和家庭观念，从而影响其劳动参与决策。此外，研究还表明，男性幼年时期的母亲形象会影响其成年后对女性劳动参与的态度。童年时期母亲未就业的男性更倾向于希望妻子不工作，并且其妻子的家务劳动时间显著增加，这类男性更可能持有传统性别观念，对女性劳动参与的支持度较低（Chen and Ge，2018）。

（六）性别角色观念与居民劳动参与率

基于2010年中国综合社会调查数据，张川川和王靖雯（2020）研究发现，传统性别角色观念对中国女性的劳动市场表现具有重要影响。在性别决策观念较为传统的地区，女性的就业可能性较低，且已就业女性的工资收入也相对较低。相反，在妇女解放运动较为深入的地区，社会性别观念更趋向现代化，女性的劳动参与率和收入水平均显著提高。方颖等（2021）利用2005年中国1%人口抽样调查及2010—2016年中国家庭追踪调查数据，研究了“丈夫收入应高于妻子”的性别认同观对女性劳动供给及家庭收入结构的影响。研究结果表明，妻子潜在收入相较于丈夫越高，其就业可能性越低，且该效应在低教育水平女性和拥有农村户口的女性群体中更为显著。此外，当妻子收入超过丈夫时，随后一年内妻子选择不工作的可能性显著上升。

（七）其他因素

已有研究还探讨了其他因素对居民劳动参与率的影响。首先，现有研究表明，互联网、金融及经济的发展对劳动供给具有重要影响。比如，申广军和邹静娴（2016）利用2010年中国家庭动态跟踪调查数据，并基于“资本-技能互补”及“女性在技能劳动方面具有比较优势”两个假设进行分析，发现金融发展促进企业更多地采用技能型劳动，从而在需求端推动女性，尤其是高技能女性的劳动参与率提升。毛宇飞和曾湘泉（2017）研究了互联网使用对女性就业的影响。研究结果表明，互联网的使用使女性整体就业概率提高6.85个百分点，其中，对非自雇就业的促进作用（5.21个百分点）显著高于对自雇就业的影响（1.64 个百分点）。其次，现有研究表明，家庭结构等因素对已婚女性的劳动参与决策具有重要影响。程璆等（2017）利用 2010 年中国综合社会调查数据分析发现，社会资本、人力资本、经济资本、心理资本以及家庭结构等因素均对已婚女性的劳动供给产生显著影响。例如，家庭人口规模越大，女性的赡养负担越重，从而限制其参与社会劳动的机会。基于 2010—2016 年中国家庭动态跟踪调查数据，鲁元平等（2020）采用广义双重差分模型（DID）研究家庭议价能力对已婚女性劳动参与率的影响。研究发现，新婚姻法出台后，丈夫婚前房产得到了法律保障，削弱了妻子对家庭财产的所有权，从而降低了女性的议价能力。这个变化在一定程度上提高了女性的劳动参与率，并延长了其工作时间。

二、劳动参与对家庭微观经济行为的影响

研究表明，居民劳动参与率的变化对家庭微观经济行为产生重要影响。陆利丽（2015）基于 1988—2009 年中国城镇住户调查（UHS）数据研究发现，妻子的就业有助于促进家庭间收入分配的均等化。而已婚女性就业率的下降加剧了家庭间收入差距的扩大，且该影响在中国经济体制改革的不同阶段表现出显著差异。基于 2015 年中国家庭金融调查数据，徐小华等（2020）研究发现，已婚女性的劳动参与降低了家庭投资风险资产的可能性以及家庭风险资产的投资比例。此外，在健康状况较差、来自农村或拥有自有住房的已婚女性群体中，该抑制效应更为明显。肖国安和易雨瑶（2021）利用 2017 年中国家庭金融调查数据发现，已婚女性的劳动参与通过提升家庭地位和增加家庭收入，显著影响居民的消费行为，且该影响在中等收入家庭和独生子女家庭中尤为显著。尹志超和张诚（2019）同样基于 2017 年中国家庭金融调查数据，检验了已婚女性劳动参与对家庭储蓄率的影响。研究结果表明，已婚女性劳动参与率的提高显著提升了家庭储蓄率，且该影响在 20~30 岁女性、受教育水平为大学及以上的女性，以及有二孩生育意愿的家庭中更为显著。此外，李胜旗和廖前豪（2023）基于 2015 年和 2017 年中国家庭金融调查数据，从相对贫困的角度展开研究。结果发现，已婚女性的劳动参与能够通过提高家庭保险覆盖率、促进家庭创业以及提升家庭储蓄率，从而改善家庭经济状况，降低家庭贫困的脆弱性。

第三节　数据和实证设计

一、数据介绍和模型设定

本章利用2011—2019年中国家庭金融调查数据，探讨住房财富对城镇居民劳动参与率的影响。具体的实证模型设定如下：

$$LFP_{it} = \alpha + \beta \cdot HousingWealthChange_{it} + \gamma \cdot X_{it} + \theta_t + \delta_p + e_{it} \quad (3.1)$$

其中，被解释变量 LFP_{it} 是一个虚拟变量，代表个体 i 在 t 年参与到劳动力市场，本章将样本限制在城镇地区有住房的家庭。对于每个家庭，本章保留户主及其配偶的个人信息，且将样本的年龄限制在16~60岁。本章使用两个问题判断个体劳动力市场参与情况，对于16岁及以上的家庭成员，调查首先询问“目前，你是否有工作?”若受访者回答“没有”，调查进一步追问其未就业的原因。选项包括：①在校学生；②家庭主妇；③丧失劳动能力者；④有季节性工作，但目前不在工作季节；⑤度假/生病/生小孩；⑥失业或没有找到工作；⑦不愿工作；⑧离休或退休；⑨其他。参考现有文献，本章按照如下方式定义个体劳动力市场参与：若个体当前有工作，或因失业、季节性工作而暂时未就业，则认定其参与劳动力市场，否则定义为退出劳动力市场。

$HousingWealthChange_{it}$ 表示家庭住房财富增值，即家庭所有住房的当前市场价值与其购买时价值之间的差额。X_{it} 代表影响个体劳动参与决策的其他个人及家庭层面的控制变量，包括受访者的年龄、性别、受教育水平、婚姻状况、城市户籍、健康状况、家庭规模、家庭中16岁以下子女的占比、家庭总收入、债务情况，以及除住房资产外的其他家庭资产价值。θ_t 为年份固定效应，δ_p 为省份固定效应，e_{it} 代表误差项。本章将标准误聚类在省份层面。

表3.1展示了本章所使用变量的描述性统计结果。样本的平均劳动参与率为70.71%，其中男性为81.93%，女性为59.58%。家庭平均住房财富增值为50.51万元，平均收入为9.75万元，平均负债为1.89万元，除了住房外其他资产平均价值为37.65万元。户主和配偶的平均受教育水平为10年以上，平均年龄为47岁。其中，54.91%拥有城镇户籍，94.26%已婚，健康状况良好的个体占比为46.51%，平均家庭规模为3.48人，16岁以下子女占比为13.59%。

表 3.1　变量描述性统计

变量	观测值	平均值	标准差
劳动参与率	88 697	0.707 1	0.455 1
男性	44 166	0.819 3	0.384 7
女性	44 531	0.595 8	0.490 7
住房财富增值（十万元）	88 697	5.051 0	8.354 7
受教育水平	88 697	10.562 3	3.823 8
年龄	88 697	46.940 0	10.535 4
男性	88 697	0.497 9	0.500 0
城镇户籍	88 697	0.549 1	0.497 6
已婚	88 697	0.942 6	0.232 7
健康状况	88 697	0.465 1	0.498 8
家庭规模	88 697	3.478 0	1.343 0
小孩占比	88 697	0.135 9	0.165 1
家庭收入（十万元）	88 697	0.975 3	1.448 3
家庭负债（十万元）	88 697	0.189 0	1.189 4
家庭其他资产（十万元）	88 697	3.765 0	9.882 7

二、居民劳动参与率变动情况

本部分汇报了 2011—2019 年居民劳动参与率的整体变动趋势，并进一步从年龄、受教育水平、婚姻状态、收入水平和财富水平等维度，探讨不同群体劳动参与率的变化情况。

表 3.2 展示了 2011—2019 年中国居民劳动参与率的总体变动趋势。全样本的劳动参与率由 2011 年的 80.07%下降至 2019 年的 74.83%，累计下降 5.24 个百分点。其中，女性劳动参与率从 2011 年的 71.23%下降至 2015 年的 63.64%，随后回升至 2019 年的 65.38%，总体下降 5.85 个百分点。同期，男性劳动参与率从 2011 年的 88.86%下降至 2015 年的 83.85%，随后回升至 2019 年的 84.33%，总体下降 4.53 个百分点。总体而言，2011—2019 年，居民劳动参与率呈现下降趋势，且女性劳动参与率的降幅高于男性，表明该群体在劳动力市场中的参与度受到了更大的影响。

表 3.2 居民劳动参与率变动总体情况 %

变量	2011 年	2013 年	2015 年	2017 年	2019 年
全样本	80.07	76.03	73.83	72.58	74.83
女性	71.23	65.71	63.64	62.60	65.38
男性	88.86	86.33	83.85	82.48	84.33

表 3.3 展示了 2011—2019 年不同年龄段居民劳动参与率的变动情况。整体而言，18~40 岁居民的劳动参与率从 2011 年的 86.07%下降至 2019 年的 84.99%，降幅约 1 个百分点。同期，40~55 岁居民的劳动参与率下降约 2.74 个百分点，而 55~65 岁居民的劳动参与率则下降约 2.72 个百分点。针对女性样本，不同年龄段的劳动参与率均有所下降。其中，18~40 岁、40~55 岁和 55~65 岁年龄段女性的劳动参与率分别下降 1.48、3.05 和 3.55 个百分点。相比之下，男性样本的变化趋势有所不同，18~40 岁男性的劳动参与率微增 0.14 个百分点，而 40~55 岁和 55~65 岁年龄段男性的劳动参与率分别下降 1.99 和 1.44 个百分点。总体而言，无论是男性还是女性，55~65 岁居民的劳动参与率均低于 18~40 岁和 40~55 岁居民。此外，2011—2019 年，女性劳动参与率的降幅明显大于男性，中老年群体劳动参与率的降幅显著高于年轻群体，反映出不同性别和年龄段居民的劳动参与率变动趋势存在一定差异。

表 3.3 不同年龄段居民劳动参与率变动情况 %

变量	年龄	2011 年	2013 年	2015 年	2017 年	2019 年
全样本	18~40	86.07	85.01	84.96	85.23	84.99
	40~55	86.38	84.08	82.19	80.84	83.64
	55~65	61.95	53.97	51.89	53.03	59.23
女性	18~40	77.29	74.62	75.10	75.87	75.81
	40~55	77.85	73.83	71.93	71.03	74.80
	55~65	49.83	40.41	38.08	39.06	46.28
男性	18~40	96.14	97.08	96.06	95.91	96.28
	40~55	94.86	94.39	92.66	91.10	92.87
	55~65	72.39	65.93	63.76	65.17	70.95

此外，整体而言，各年龄段男性的劳动参与率均显著高于女性。2011—2019 年，18~40 岁男性的劳动参与率始终保持在 95%以上，而同年龄段女性的劳动参与率则在 75%左右波动。总体而言，该年龄段居民劳动参与率的均值接近 85%。40~55 岁居民劳动参与率的均值约为 84%，其中，男性劳动参与率在 91%~95%之间浮动，而女性劳动参与率则相对较低，仅在 71%~75%范围内波动。在 55~65 岁群体中，男性劳动参与率介于 64%~72%，而女性劳动参与率则在 38%~50%范围内浮动，整体而言该年龄段居民劳动参与率的均值约为 56%。这一数据表明，尽管劳动参与率随年龄增长有所下降，但在 55~65 岁群体中，仍有约半数居民继续留在劳动力市场中。

表 3.4 展示了不同受教育水平居民劳动参与率的变动情况。本章将居民的受教育水平划分为“初中及以下”“高中”（含中专和大专）和“大学及以上”三类。2011—2019 年，初中及以下教育程度居民的劳动参与率下降 5.69 个百分点，其中，女性下降 6.63 个百分点，男性下降 4.88 个百分点。同期，高中教育程度居民的劳动参与率下降 6.03 个百分点，其中，女性下降 6.31 个百分点，男性下降 5.36 个百分点。相比之下，大学及以上教育程度居民的劳动参与率在 2011—2019 年上升 0.97 个百分点，其中女性增长 1.62 个百分点，男性增长 1.04 个百分点。

表 3.4　不同受教育水平居民劳动参与率变动情况　　%

变量	受教育水平	2011 年	2013 年	2015 年	2017 年	2019 年
全样本	初中及以下	79.82	74.75	72.17	70.60	74.13
	高中	77.82	74.63	72.68	71.32	71.79
	大学及以上	89.71	90.40	89.52	90.54	90.68
女性	初中及以下	71.85	65.32	62.75	61.20	65.22
	高中	65.53	60.72	59.20	58.73	59.22
	大学及以上	86.05	87.39	86.08	86.60	87.67
男性	初中及以下	88.74	85.11	82.28	80.79	83.86
	高中	88.02	86.80	84.34	82.21	82.66
	大学及以上	92.26	92.67	92.18	93.72	93.30

总体而言，受教育程度较高居民的劳动参与率普遍高于受教育程度较低的群体。2011—2019 年，大学以下教育程度居民的劳动参与率下降约 6 个百

分点，而大学及以上教育程度居民的劳动参与率则上升约 1 个百分点。此外，同等受教育水平下，男性的劳动参与率始终高于女性。例如，在 2019 年，大学及以上教育程度男性的劳动参与率高达 93.30%，而女性的劳动参与率为 87.67%。值得注意的是，不同性别居民的受教育水平与劳动参与率的关系存在差异。对于女性群体，高中教育程度居民的劳动参与率最低，在 60%左右波动；而大学及以上教育程度的女性劳动参与率最高，约为 86%。在男性群体中，初中及以下和高中教育程度居民的劳动参与率相近，均比大学及以上教育程度的居民低 10 个百分点左右。

表 3.5 汇总了不同婚姻状况居民劳动参与率的变动情况。2011—2017 年，已婚居民的劳动参与率持续下降，随后在 2019 年出现小幅回升。整体而言，2011—2019 年，已婚居民的劳动参与率下降了 5.10 个百分点，其中，已婚女性下降 5.85 个百分点，已婚男性下降 4.29 个百分点。同期，未婚居民的劳动参与率下降幅度更大，总体下降 6.95 个百分点。其中，未婚女性的劳动参与率下降 5.03 个百分点，而未婚男性的劳动参与率下降幅度更为显著，达到 7.89 个百分点。总体而言，已婚女性的劳动参与率下降幅度大于已婚男性，而未婚男性的劳动参与率下降幅度高于未婚女性。另外，各年度调查中已婚男性的劳动参与率始终高于已婚女性，未婚男性的劳动参与率也高于未婚女性，表明婚姻状况对不同性别居民的劳动参与率影响存在差异。

表 3.5　不同婚姻状况居民劳动参与率变动情况 %

变量	婚姻状态	2011 年	2013 年	2015 年	2017 年	2019 年
全样本	已婚	80.40	76.08	74.11	72.85	75.30
	未婚	75.27	75.31	69.68	68.72	68.32
女性	已婚	71.75	65.71	64.01	62.99	65.90
	未婚	63.55	65.75	57.50	56.84	58.52
男性	已婚	89.01	86.46	84.09	82.68	84.72
	未婚	86.68	84.55	80.52	79.80	78.79

表 3.5 还显示，2011 年，已婚与未婚居民的劳动参与率相差 5.13 个百分点，其中，已婚女性的劳动参与率比未婚女性低 8.20 个百分点，已婚男性的劳动参与率比未婚男性低 2.33 个百分点。2019 年，已婚与未婚居民劳动参与率的差距扩大至 6.98 个百分点，其中，已婚与未婚女性的劳动参与

率差距缩小至7.38个百分点，而已婚与未婚男性的劳动参与率差距则增至5.93个百分点。该趋势表明，2011—2019年，已婚女性与未婚女性的劳动参与率差距有所缩小，而已婚男性与未婚男性之间的差距则持续扩大。

表3.6总结了2011—2019年不同收入水平居民劳动参与率的变动情况。本研究将家庭收入水平划分为“4万元及以下”“4万~10万元”和“10万元及以上”三类。2011—2019年，年收入为4万元及以下的家庭中，全样本、女性和男性的劳动参与率分别下降7.02、7.38和6.61个百分点。年收入为4万~10万元的家庭中，劳动参与率总体下降5.36个百分点，其中，女性下降6.95个百分点，男性下降3.47个百分点。年收入为10万元及以上的家庭中，劳动参与率总体下降4.26个百分点，其中，女性下降3.91个百分点，男性下降4.40个百分点。整体而言，2011—2019年，低收入家庭中女性劳动参与率的降幅明显大于男性，而在高收入家庭中，女性劳动参与率的降幅则低于男性。

表3.6　不同收入水平居民劳动参与率变动情况　%

变量	收入	2011年	2013年	2015年	2017年	2019年
全样本	≤4万元	80.32	76.46	72.02	70.54	73.30
	4万~10万元	78.03	73.95	72.91	71.40	72.67
	≥10万元	83.61	78.80	78.60	76.06	79.35
女性	≤4万元	71.50	66.07	61.93	60.78	64.12
	4万~10万元	69.11	63.58	62.31	60.69	62.16
	≥10万元	74.77	68.84	68.83	66.63	70.86
男性	≤4万元	89.16	86.86	82.00	80.18	82.55
	4万~10万元	86.75	84.34	83.30	82.06	83.28
	≥10万元	92.23	88.69	88.11	85.41	87.83

表3.7总结了不同财富水平居民劳动参与率的变动情况。本章将家庭财富水平划分为“35万元及以下”“35万~95万元”和“95万元及以上”三类。结果显示，随着家庭财富水平的提升，全样本、女性和男性的劳动参与率均呈下降趋势。同时，在不同财富水平家庭中，男性的劳动参与率始终高于女性。具体而言，2011—2019年，财富水平在35万元及以下的家庭中，全样本、女性和男性的劳动参与率分别下降6.33、7.43和5.27个百分点。

财富水平介于35万~95万元的家庭中，全样本、女性和男性的劳动参与率分别下降2.92、1.94和3.81个百分点。而财富水平在95万元及以上的家庭中，全样本劳动参与率下降0.47个百分点，其中，女性的劳动参与率上升0.83个百分点，男性的劳动参与率下降1.19个百分点。整体而言，2011—2019年，财富水平较低的居民劳动参与率下降幅度最大，反映出财富积累对劳动力市场参与决策的显著影响。

表3.7　不同财富水平居民劳动参与率变动情况　　%

变量	财富水平	2011年	2013年	2015年	2017年	2019年
全样本	≤35万元	82.39	78.23	75.31	72.13	76.06
	35万~95万元	78.19	75.33	73.80	74.17	75.27
	≥95万元	73.26	71.82	71.22	71.87	72.79
女性	≤35万元	74.77	68.81	65.74	62.81	67.34
	35万~95万元	67.37	64.34	63.33	63.80	65.43
	≥95万元	61.95	60.29	60.21	61.24	62.78
男性	≤35万元	89.98	87.62	84.62	81.31	84.71
	35万~95万元	89.02	86.34	84.17	84.40	85.21
	≥95万元	84.21	83.33	82.14	82.54	83.02

第四节　主要实证结果

一、住房财富与劳动参与率

表3.8展示了住房财富对居民劳动参与率的影响。第（1）至（3）列报告了OLS回归结果，显示住房财富增长显著降低了居民参与劳动力市场的可能性。具体而言，住房财富增值每增加10万元，居民劳动参与率整体下降0.18个百分点，其中，男性下降0.14个百分点，女性下降0.22个百分点，且上述影响均在1%的水平上显著。

第（1）至（3）列其他控制变量的系数和预期一致。受教育水平每增加一年，居民劳动参与率提高0.63个百分点，且该影响对女性更为显著。年龄与劳动参与率之间呈现先上升后下降的趋势。从性别角度而言，男性的劳动参与率比女性高出 23. 78 个百分点；婚姻状况方面，已婚居民整体劳动参与率低于未婚居民，其中，已婚女性的劳动参与率低于未婚女性，而已婚男性的劳动参与率则高于未婚男性；户籍方面，城镇户籍居民的劳动参与率比农村户籍居民低 7. 87 个百分点，且城镇户籍对女性的负向影响更大；健康状况对劳动参与率具有显著的正向作用，健康状况较好的居民比健康状况较差的居民劳动参与率高 4. 96 个百分点，该影响在男性群体中更为明显；家庭规模每增加一人，居民劳动参与率提高 0. 62 个百分点，其中，男性增加 0. 64 个百分点，女性增加 0. 56 个百分点。同时，随着家庭中小孩占比的上升，居民劳动参与率下降，且该负向影响在女性群体中更为显著；家庭收入每增加 10 万元，居民劳动参与率上升 1. 15 个百分点，其中，男性上升 0. 80 个百分点，女性上升 1. 61 个百分点。在控制其他因素后，家庭债务和家庭其他资产对劳动参与率未表现出显著影响。第（4）至（6）列报告了 Probit 模型的估计结果，与 OLS 回归结果基本一致。总体而言，表 3. 8 的分析证实了本章的假设，即住房财富的增长显著降低了居民参与劳动力市场的可能性。

表 3. 8　住房财富对劳动参与率的影响

变量	全样本	女性样本	男性样本	全样本	女性样本	男性样本
	OLS	OLS	OLS	Probit	Probit	Probit
	(1)	(2)	(3)	(4)	(5)	(6)
住房财富增值	−0. 001 8*** (0. 000 4)	−0. 002 2*** (0. 000 6)	−0. 001 4*** (0. 000 3)	−0. 001 8*** (0. 000 4)	−0. 002 2*** (0. 000 5)	−0. 001 4*** (0. 000 4)
受教育水平	0. 006 3*** (0. 000 9)	0. 008 0*** (0. 001 2)	0. 003 1*** (0. 000 8)	0. 005 6*** (0. 000 9)	0. 008 0*** (0. 001 2)	0. 002 7*** (0. 000 7)
年龄	0. 075 2*** (0. 002 6)	0. 071 2*** (0. 002 3)	0. 080 0*** (0. 003 5)	0. 060 2*** (0. 001 6)	0. 066 7*** (0. 002 6)	0. 046 7*** (0. 001 4)
年龄平方	−0. 001 0*** (0. 000 0)	−0. 001 0*** (0. 000 0)	−0. 001 0*** (0. 000 0)	−0. 000 8*** (0. 000 0)	−0. 000 9*** (0. 000 0)	−0. 000 6*** (0. 000 0)
男性	0. 237 8*** (0. 005 5)	—	—	0. 236 7*** (0. 004 9)	—	—
城镇户籍	−0. 078 7*** (0. 007 0)	−0. 084 1*** (0. 007 7)	−0. 071 5*** (0. 007 3)	−0. 073 4*** (0. 006 9)	−0. 084 2*** (0. 007 5)	−0. 062 6*** (0. 007 0)

续表

变量	全样本	女性样本	男性样本	全样本	女性样本	男性样本
	OLS	OLS	OLS	Probit	Probit	Probit
	(1)	(2)	(3)	(4)	(5)	(6)
已婚	-0.012 4**	-0.059 4***	0.014 1*	-0.013 7**	-0.061 0***	0.042 5***
	(0.005 9)	(0.008 7)	(0.007 5)	(0.006 6)	(0.009 6)	(0.006 5)
健康状况	0.049 6***	0.046 7***	0.052 6***	0.050 3***	0.046 4***	0.053 0***
	(0.003 6)	(0.005 8)	(0.004 4)	(0.003 5)	(0.005 8)	(0.004 0)
家庭规模	0.006 2***	0.005 6**	0.006 4***	0.003 6**	0.005 8**	-0.000 2
	(0.001 7)	(0.002 4)	(0.001 6)	(0.001 6)	(0.002 3)	(0.001 4)
小孩占比	-0.160 9***	-0.228 3***	-0.108 7***	-0.114 4***	-0.223 8***	0.002 7
	(0.014 1)	(0.018 5)	(0.016 6)	(0.012 4)	(0.018 1)	(0.013 5)
家庭收入	0.011 5***	0.016 1***	0.008 0***	0.015 5***	0.017 4***	0.015 4***
	(0.001 1)	(0.001 9)	(0.001 0)	(0.001 6)	(0.002 4)	(0.002 6)
家庭债务	-0.000 7	-0.002 9	0.001 2	-0.000 4	-0.002 8	0.004 5**
	(0.001 3)	(0.002 3)	(0.000 9)	(0.001 5)	(0.002 3)	(0.002 2)
家庭财富	-0.000 2	-0.000 6*	0.000 1	-0.000 3	-0.000 6**	0.000 1
	(0.000 2)	(0.000 3)	(0.000 2)	(0.000 2)	(0.000 3)	(0.000 2)
常数项	控制	控制	控制	控制	控制	控制
省份固定效应	控制	控制	控制	控制	控制	控制
年份固定效应	控制	控制	控制	控制	控制	控制
R^2	0.310 1	0.235 0	0.329 2	0.279 1	0.186 2	0.331 9
观测值	88 697	44 531	44 166	88 697	44 531	44 166

注：***，**，*分别代表在1%，5%，10%的水平上显著。Probit模型估计结果为边际效应。

二、住房财富与其他劳动供给决策

本节进一步分析个体劳动供给决策的其他方面，包括提前退休和选择成为家庭主妇，回归结果汇总于表3.9。在表3.9中，被解释变量为两个虚拟变量，分别表示受访者是否选择提前退休或成为家庭主妇。结果显示，住房财富的增长显著提高了居民提前退休的可能性，并增加了女性选择成为家庭主妇的概率。具体而言，住房财富每增加10万元，居民提前退休的可能性上升 0.15 个百分点，其中，女性增加 0.18 个百分点，男性增加 0.12 个百分点。同时，住房财富每增加 10 万元，年轻女性选择成为家庭主妇的可能性提高 0.13 个百分点，该影响在 5%的水平上显著为正。此外，受教育水平的提高增加了居民选择提前退休的可能性，但降低了成为家庭主妇的概率。性别方面，女性比男性更倾向于提前退休。持有城镇户籍、已婚、家庭规模较小、小孩占比较高、家庭收入较低及家庭其他资产较少的居民，更可能选择提前退休。而持有农村户籍、已婚、家庭规模较大、小孩占比较高、家庭收入较低且家庭其他资产较高的女性，更倾向于成为家庭主妇。

表 3.9　住房财富对其他劳动供给决策的影响

变量	提前退休			家庭主妇	
	全样本	女性样本	男性样本	女性样本	女性样本
	(1)	(2)	(3)	(4)	(5)
住房财富增值	0.001 5*** (0.000 2)	0.001 8*** (0.000 2)	0.001 2*** (0.000 2)	0.000 5 (0.000 5)	0.001 3** (0.000 6)
受教育水平	0.006 9*** (0.000 6)	0.010 3*** (0.000 8)	0.003 5*** (0.000 6)	−0.013 1*** (0.000 8)	−0.016 1*** (0.001 1)
年龄	−0.044 5*** (0.002 9)	−0.037 6*** (0.002 3)	−0.056 4*** (0.004 1)	−0.006 8*** (0.001 9)	−0.039 3*** (0.004 6)
年龄平方	0.000 6*** (0.000 0)	0.000 6*** (0.000 0)	0.000 7*** (0.000 1)	0.000 1** (0.000 0)	0.000 5*** (0.000 1)
男性	−0.081 8*** (0.007 8)	—	—	—	—
城镇户籍	0.083 3*** (0.007 3)	0.100 0*** (0.009 4)	0.066 1*** (0.005 7)	−0.026 4*** (0.006 8)	−0.000 8 (0.006 2)
已婚	0.016 1*** (0.004 8)	0.025 0*** (0.007 6)	0.046 1*** (0.004 2)	0.060 0*** (0.007 8)	0.103 1*** (0.009 4)
健康状况	−0.001 9 (0.002 6)	0.003 2 (0.003 1)	−0.007 0** (0.003 3)	−0.005 9 (0.004 3)	−0.009 0 (0.005 7)
家庭规模	−0.013 5*** (0.001 5)	−0.015 2*** (0.001 7)	−0.011 3*** (0.001 6)	0.011 9*** (0.002 4)	0.002 0 (0.002 5)
小孩占比	0.031 6*** (0.010 1)	−0.006 3 (0.010 9)	0.075 7*** (0.013 7)	0.258 7*** (0.015 9)	0.332 9*** (0.019 4)

续表

变量	提前退休			家庭主妇	
	全样本	女性样本	男性样本	女性样本	女性样本
	(1)	(2)	(3)	(4)	(5)
家庭收入	-0.002 2* (0.001 1)	-0.003 3** (0.001 5)	-0.001 3 (0.000 9)	-0.010 7*** (0.001 6)	-0.011 2*** (0.002 1)
家庭债务	-0.000 2 (0.000 5)	-0.000 5 (0.000 8)	0.000 2 (0.000 5)	0.002 6 (0.001 6)	0.002 5 (0.001 8)
家庭财富	-0.000 4*** (0.000 1)	-0.000 4** (0.000 2)	-0.000 3** (0.000 1)	0.001 2*** (0.000 2)	0.001 3*** (0.000 2)
常数项	控制	控制	控制	控制	控制
省份固定效应	控制	控制	控制	控制	控制
年份固定效应	控制	控制	控制	控制	控制
R^2	0.303 0	0.324 0	0.292 7	0.067 4	0.069 1
观测值	88 697	44 531	44 166	44 531	24 522

注：***，**，*分别代表在1%，5%，10%的水平上显著。

三、异质性分析

（一）按年龄分组

表3.10显示了住房财富增值对不同年龄段居民劳动参与率的影响。结果表明，对于47岁以下的居民，住房财富每增加10万元，劳动参与率下降0.10个百分点，其中女性下降0.13个百分点，男性下降0.09个百分点。而对于47岁以上的居民，住房财富每增加10万元，劳动参与率下降0.18个百分点，其中，女性下降0.25个百分点，男性下降0.15个百分点。整体而言，与较年轻群体相比，高年龄段居民的劳动参与率受住房财富增值的负向影响更为明显。

表3.10　住房财富和劳动参与率：按年龄分组

变量	全样本	女性样本	男性样本
	(1)	(2)	(3)
Panel A：age ≤ 47			
住房财富增值	-0.001 0*** (0.000 3)	-0.001 3** (0.000 6)	-0.000 9*** (0.000 2)

续表

变量	全样本	女性样本	男性样本
	(1)	(2)	(3)
其他控制变量、年份和省份固定效应	控制	控制	控制
R^2	0. 111 2	0. 071 8	0. 036 6
观测值	44 494	23 095	21 399
Panel B：age > 47			
住房财富增值	-0. 001 8 *** (0. 000 5)	-0. 002 5 *** (0. 000 8)	-0. 001 5 *** (0. 000 5)
其他控制变量、年份和省份固定效应	控制	控制	控制
R^2	0. 298 3	0. 206 1	0. 298 4
观测值	44 203	21 436	22 767

注：***，**，* 分别代表在 1%，5%，10%的水平上显著。

（二）按受教育水平分组

表 3. 11 汇总了住房财富增值对不同受教育程度居民劳动参与率的影响。结果显示，住房财富增长显著降低了各受教育水平群体的劳动参与率，其中，受教育水平较低的居民受影响更为显著。具体而言，在控制其他变量、年份和省份固定效应后，住房财富每增加 10 万元，受教育水平较低的居民劳动参与率下降 0. 31 个百分点，其中，女性下降 0. 35 个百分点，男性下降 0. 27 个百分点，且上述影响均在 1%水平上显著。同时，对于受教育水平较高的居民，住房财富每增加 10 万元，劳动参与率下降 0. 11 个百分点，其中，女性下降 0. 13 个百分点，男性下降 0. 07 个百分点。

表 3. 11　住房财富和劳动参与率：按受教育水平分组

变量	全样本	女性样本	男性样本
	(1)	(2)	(3)
Panel A：受教育水平较低			
住房财富增值	-0. 003 1 *** (0. 000 6)	-0. 003 5 *** (0. 000 8)	-0. 002 7 *** (0. 000 5)

续表

变量	全样本	女性样本	男性样本
	(1)	(2)	(3)
其他控制变量、年份和省份固定效应	控制	控制	控制
R^2	0.280 0	0.198 8	0.302 8
观测值	45 638	24 177	21 461
Panel B：受教育水平较高			
住房财富增值	-0.001 1*** (0.000 3)	-0.001 3** (0.000 6)	-0.000 7** (0.000 3)
其他控制变量、年份和省份固定效应	控制	控制	控制
R^2	0.365 0	0.334 8	0.372 5
观测值	43 059	20 354	22 705

注：***，**，*分别代表在1%，5%，10%的水平上显著。

（三）按户籍分组

表3.12展示了住房财富增长对不同户籍居民劳动参与率的影响。结果表明，在控制其他控制变量、年份和省份固定效应之后，住房财富增值每上升10万元，城镇户籍居民的劳动参与率下降0.07个百分点。相比之下，农村户籍居民的劳动参与率下降幅度更大。住房财富增值每上升10万元，其劳动参与率降低0.39个百分点，其中，女性下降0.42个百分点，男性下降0.36个百分点。总体上，住房财富增长对农村户籍居民的劳动力市场参与的抑制作用更强。

表3.12 住房财富和劳动参与率：按户籍分组

变量	全样本	女性样本	男性样本
	(1)	(2)	(3)
Panel A：城镇户籍居民			
住房财富增值	-0.000 7* (0.000 4)	-0.001 0 (0.000 6)	-0.000 3 (0.000 3)
其他控制变量、年份和省份固定效应	控制	控制	控制

续表

变量	全样本	女性样本	男性样本
	(1)	(2)	(3)
R^2	0.414 6	0.357 8	0.434 1
观测值	48 704	24 532	24 172
Panel B：农村户籍居民			
住房财富增值	−0.003 9*** (0.000 4)	−0.004 2*** (0.000 6)	−0.003 6*** (0.000 5)
其他控制变量、年份和省份固定效应	控制	控制	控制
R^2	0.196 4	0.116 8	0.196 5
观测值	39 993	19 999	19 994

注：***，**，*分别代表在1%，5%，10%的水平上显著。

（四）按家庭财富水平分组

表3.13展示了住房财富增长对不同财富水平居民劳动参与率的影响。根据家庭财富中位数，本章将家庭划分为财富水平较低（67万元及以下）和财富水平较高（67万元以上）两组。结果显示，住房财富增值每上升10万元，财富水平较低居民的劳动参与率下降1.54个百分点，其中，女性下降1.79个百分点，男性下降1.27个百分点，且上述影响均在1%水平上显著。相比之下，在财富水平较高的群体中，住房财富增值每上升10万元，其劳动参与率下降0.11个百分点，其中，女性下降0.14个百分点，男性下降0.08个百分点。整体而言，住房财富增长对财富水平较低的居民劳动市场参与抑制作用更强。

表3.13　住房财富和劳动参与率：按家庭财富水平分组

变量	全样本	女性样本	男性样本
	(1)	(2)	(3)
Panel A：家庭财富水平较低			
住房财富增值	−0.015 4*** (0.002 3)	−0.017 9*** (0.002 6)	−0.012 7*** (0.002 4)

续表

变量	全样本	女性样本	男性样本
	(1)	(2)	(3)
其他控制变量、年份和省份固定效应	控制	控制	控制
R^2	0.268 9	0.186 6	0.286 2
观测值	45 344	22 822	22 522
Panel B：家庭财富水平较高			
住房财富增值	-0.001 1*** (0.000 3)	-0.001 4*** (0.000 5)	-0.000 8*** (0.000 3)
其他控制变量、年份和省份固定效应	控制	控制	控制
R^2	0.372 9	0.313 5	0.392 6
观测值	43 353	21 709	21 644

注：***，**，*分别代表在1%，5%，10%的水平上显著。

（五）按地区分组

表3.14展示了住房财富增值对不同地区居民劳动参与率的影响。结果表明，在一线、二线城市，住房财富增值每上升10万元，居民劳动参与率下降0.20个百分点，其中，女性下降0.25个百分点，男性下降0.21个百分点，且上述影响均在1%的水平上显著为负。相比之下，在其他城市，住房财富增值同样对居民劳动参与率产生抑制作用，但该影响在统计上不具显著性。总体上，由于一线、二线城市房价上涨速度更快，住房财富的增长对这些城市居民劳动参与率的负向影响更为明显。

表3.14　住房财富和劳动参与率：按地区分组

变量	全样本	女性样本	男性样本
	(1)	(2)	(3)
Panel A：一线、二线城市			
住房财富增值	-0.002 0*** (0.000 3)	-0.002 5*** (0.000 6)	-0.002 1*** (0.000 5)
其他控制变量、年份和省份固定效应	控制	控制	控制

续表

变量	全样本	女性样本	男性样本
	(1)	(2)	(3)
R^2	0.365 3	0.296 8	0.299 2
观测值	16 385	14 418	14 406
Panel B：其他城市			
住房财富增值	-0.002 9 (0.001 7)	-0.003 4 (0.002 5)	-0.002 3 (0.001 4)
其他控制变量、年份和省份固定效应	控制	控制	控制
R^2	0.256 2	0.174 7	0.276 4
观测值	12 419	6 195	6 224

注：***，**，*分别代表在1%，5%，10%的水平上显著。

第五节　稳健性检验

一、控制社区特征

在模型（3.1）的估计中，存在未观察到的特征同时影响住房价值和劳动参与率，从而导致关键估计系数β存在偏误。为控制社区层面不可观测因素的影响，本章在模型（3.1）中进一步纳入一系列社区特征变量，包括社区区位虚拟变量（大中城市城区、大中城市郊区、大城镇、小城镇）、社区内银行数量、是否设有小学和医院、社区流动人口占比、60周岁以上人口占比以及社区家庭的平均收入。表3.15的回归结果显示，在控制上述社区层面特征后，住房财富增值仍然显著降低女性的劳动参与率，但对男性的劳动参与率影响不显著。

表3.15　控制社区特征

变量	全样本	女性样本	男性样本
	(1)	(2)	(3)
住房财富增值	-0.001 6*** (0.000 5)	-0.002 0** (0.000 9)	-0.001 0 (0.000 8)

续表

变量	全样本	女性样本	男性样本
	(1)	(2)	(3)
其他控制变量	控制	控制	控制
年份和省份固定效应	控制	控制	控制
R^2	0. 371 8	0. 301 4	0. 399 9
观测值	18 922	9527	9395

注：***，**，*分别代表在1%，5%，10%的水平上显著。

二、工具变量估计

在表3. 16中，本研究采用工具变量法解决模型潜在的内生性问题。所选工具变量为小区内其他家庭的平均住房财富增值，理由如下：首先，由于受到当地房价的影响，同一小区内其他家庭的平均住房财富增值与单个受访者住房财富增值高度相关。其次，在控制一系列个人和家庭层面特征后，其他家庭的平均住房财富增值与单个受访者劳动参与率之间不存在直接联系，满足外生性条件。表3. 16的结果表明，住房财富每增加10万元，居民劳动参与率下降0. 24个百分点，其中，女性下降0. 30个百分点，男性下降0. 18个百分点，且上述影响均在1%的水平上显著。表3. 1数据显示，城镇地区的平均住房财富增值为5. 05万元，标准差为8. 35万元。这意味着当住房财富增值上升一个标准差时，居民劳动参与率总体下降约2个百分点，其中，女性下降2. 51个百分点，男性下降1. 50个百分点。

表3. 16　工具变量估计结果（1）

变量	全样本	女性样本	男性样本
	(1)	(2)	(3)
住房财富增值	−0. 002 4*** (0. 000 6)	−0. 003 0*** (0. 000 9)	−0. 001 8*** (0. 000 4)
其他控制变量	控制	控制	控制
年份和省份固定效应	控制	控制	控制
小区其他家庭财富增值	0. 086 2*** (0. 001 4)	−0. 003 0*** (0. 000 9)	0. 086 1*** (0. 001 3)

续表

变量	全样本	女性样本	男性样本
	(1)	(2)	(3)
一阶段 *F* 统计量	3 729. 839	3 205. 326	4 140. 545
R^2	0. 310 7	0. 239 0	0. 326 5
观测值	75 281	37 972	37 309

注：***，**，*分别代表在1%，5%，10%的水平上显著。

本章还借鉴了现有文献中从住房供应角度为城市房价寻找工具变量的方法（陆铭等，2015；康传坤等，2020），采用2008年城市国有建设用地出让成交价款作为另一工具变量，以重新估计模型（3.1），检验模型估计结果的稳健性。城市国有建设用地出让成交价款受城市建设用地出让面积和土地价格水平的共同影响。本章选取该工具变量的理由如下：首先，2008年，中国房地产开发处于较高水平，当年的建设用地供应量及土地价格势必对后续房价增长产生影响，进而影响居民住房财富增值。其次，城市国有建设用地供应量受政府规划决定，而土地价格受政府调控和市场因素共同影响，两者与个体劳动参与率无直接关联，且不受模型遗漏变量的干扰。本章基于该工具变量重新估计模型（3.1），结果见表3.17。工具变量估计结果表明，住房财富增值显著降低居民劳动参与率，且该影响在男性和女性样本中均为显著负向。

表 3.17 工具变量估计结果（2）

变量	全样本	女性样本	男性样本
	(1)	(2)	(3)
住房财富增值	-0. 023 9**	-0. 037 9***	-0. 011 3*
	(0. 009 6)	(0. 014 6)	(0. 005 9)
其他控制变量	控制	控制	控制
年份和省份固定效应	控制	控制	控制
国有建设用地出让成交价款	0. 465 6***	0. 445 2***	0. 485 5***
	(0. 112 8)	(0. 110 7)	(0. 115 6)
一阶段 *F* 统计量	518. 941	238. 673	279. 768
R^2	0. 258 6	0. 094 3	0. 334 5
观测值	50 578	25 370	25 208

注：***，**，*分别代表在1%，5%，10%的水平上显著。

三、检验金融市场财富效应

除了住房资产外，家庭可能还持有金融资产，并从中获得收益。因此，本节进一步检验居民劳动参与率是否受金融资产价值增值的影响。表 3.18 的第（1）至（3）列，控制了家庭所有金融资产的市场价值，包括股票、债券、基金等。回归结果显示，金融资产每增加 10 万元，居民劳动参与率下降 0.14 个百分点，且该影响主要体现在男性群体中。同时，即便在控制金融资产价值后，住房财富增值仍然显著降低居民劳动参与率，该负向影响在男性和女性样本中均显著存在。表 3.18 第（4）至（6）列，进一步控制家庭股票财富增值（即股票现有价值与购买价值之差）。结果表明，家庭股票财富增值对居民劳动参与率无显著影响，而在控制股票财富增值后，住房财富增值依然对居民劳动参与率产生显著的负向影响。总体上，表 3.18 的结果表明，即使考虑金融资产财富效应，住房财富的上升仍然显著降低居民的劳动参与率，进一步验证了模型估计结果的稳健性。

表 3.18　检验金融市场财富效应

变量	全样本	女性样本	男性样本	全样本	女性样本	男性样本
	2SLS	2SLS	2SLS	2SLS	2SLS	2SLS
	（1）	（2）	（3）	（4）	（5）	（6）
住房财富增值	−0.002 3*** （0.000 6）	−0.002 9*** （0.001 0）	−0.001 6*** （0.000 5）	−0.001 7** （0.000 7）	−0.004 2*** （0.001 5）	0.000 9 （0.000 8）
金融资产	−0.001 4* （0.000 8）	−0.000 6 （0.001 2）	−0.002 1*** （0.000 7）	—	—	—
股票资产增值	—	—	—	−0.000 2 （0.000 2）	0.000 1 （0.000 4）	−0.000 4* （0.000 2）
其他控制变量	控制	控制	控制	控制	控制	控制
省份固定效应	控制	控制	控制	控制	控制	控制
年份固定效应	控制	控制	控制	控制	控制	控制
小区其他家庭财富增值	0.086 6*** （0.001 5）	0.086 7*** （0.001 6）	0.086 5*** （0.001 4）	0.082 6*** （0.001 0）	0.082 8*** （0.001 1）	0.082 3*** （0.001 0）

续表

变量	全样本	女性样本	男性样本	全样本	女性样本	男性样本
	2SLS	2SLS	2SLS	2SLS	2SLS	2SLS
	（1）	（2）	（3）	（4）	（5）	（6）
一阶段 F 统计量	3 327. 312	2 920. 080	3 624. 651	6 474. 958	5 335. 791	7 115. 382
R^2	0. 310 9	0. 239 1	0. 326 9	0. 456 1	0. 404 8	0. 504 1
观测值	75 233	37 949	37 284	6789	3430	3359

注：***，**，*分别代表在 1%，5%，10%的水平上显著。

第六节　本章小结

本章利用 2011—2019 年中国家庭金融调查数据，考察住房价值变化对居民劳动参与率的影响。本章采用居住在同一小区其他家庭的平均住房财富增值作为单个家庭住房财富增值的工具变量。研究结果表明，住房价值上升对男性和女性的劳动参与率均产生显著的负向影响。具体而言，住房价值每增加 10 万元，女性劳动参与率下降 0. 30 个百分点，男性下降 0. 18 个百分点。此外，住房价值每增加 10 万元，居民提前退休的可能性降低 0. 15 个百分点，而女性选择成为家庭主妇的概率上升 0. 13 个百分点。这些结果与以往研究结论一致，表明财富增长后，女性更倾向于回归家庭。本章的发现为中国城市房价变动对劳动力市场的影响提供了初步的实证证据。

本章研究结论对于政府调控住房市场、提升女性劳动参与率，以及促进社会经济可持续发展具有重要政策价值。首先，由于住房市场与劳动力市场密切相关，政府应加强对住房价格的调控，以促进居民更积极地参与劳动。政府应坚持“房住不炒”原则，采取有效措施稳定房价，防范炒房行为，维护房地产市场的健康发展。政府可考虑适时征收房地产税，以缓解住房财富增长对劳动市场参与的抑制作用。其次，女性劳动参与率低于男性的重要原因在于生育成本较高。因此，政府应加大对儿童照护服务的投入，以满足家庭对“幼有所育”的需求，提高女性劳动参与率。

第四章　住房财富与居民养老行为

第一节　概述

伴随着近30年来的高速经济发展，中国人口结构逐渐发生了变化，老龄化趋势日渐明显。历次人口普查的年龄构成数据显示（见表4.1），0~14岁人口比例从1953年的36.28%下降至2020年的17.95%，减少了18.33个百分点。15~59岁人口比例从56.40%上升至63.35%，增加了6.95个百分点。而60岁及以上人口占比则从7.32%增至18.70%，上升了11.38个百分点。其中，65岁及以上人口从4.41%增长至13.50%，增加了9.09个百分点。表4.1显示，中国人口结构正经历深刻调整，呈现青少年人口比重下降、老年人口比重上升的趋势，家庭结构逐步向"少子化"和"老龄化"方向演变。预计在"十四五"期间，中国将迈入中度老龄化社会（蔡昉，2020；于也雯和龚六堂，2021）。

表4.1　历次人口普查年龄构成　　%

年份	0~14岁	15~59岁	60岁以上	65岁以上
1953	36.28	56.40	7.32	4.41
1964	40.69	53.18	6.13	3.56
1982	33.59	58.79	7.62	4.91
1990	27.69	63.74	8.57	5.57
2000	22.89	66.78	10.33	6.96
2010	16.60	70.14	13.26	8.87
2020	17.95	63.35	18.70	13.50

数据来源：国家统计局《第七次人口普查主要数据》。

随着中国步入老龄化社会，养老问题日益成为家庭、学界和政策制定者关注的焦点。研究表明，中国居民在养老计划方面意识不足，且养老方式较为单一。仅有不足20%的老年人制订了养老计划，且现金储蓄仍是主要的经济准备手段（张文娟和纪竞垚，2018）。为进一步了解国人养老准备情况，2020 年，清华大学老龄社会研究中心开展了一项全国性调查，通过互联网平台发放问卷，样本覆盖 34 个省份。结果显示，尽管 64.4%的受访者具备养老规划意识，但制订具体养老计划的仅占 15.9%，居民养老准备明显不足。此外，该调查询问了居民养老的主要资金来源：79.1%的受访者依赖社会养老保险，30.4%依靠房产，28.1%依赖储蓄和国债，25.1%依靠企业年金，19.7%依靠银行理财产品，19.2%依赖投资股票，19.1%依赖商业养老保险，7.7%选择养老目标基金。从养老保障体系看，中国居民养老保障包括政府提供的社会基本养老保险（第一支柱），企业提供的退休计划（第二支柱）和个人养老准备（第三支柱）。调查结果表明，中国居民的养老保障主要依赖第一支柱和第二支柱，第三支柱发展严重不足，体现了加强个人养老意识培养和多元化养老方式探索的必要性。

在中国传统文化中，"养儿防老"是主要的养老方式。然而，随着过去 30 年经济的快速发展，中国的生育率持续下降。"养儿防老"的传统养老模式面临严峻挑战。数据显示，从 1990 年到 2019 年，中国生育率从 74.77‰下降至 42.80‰（廖毓等，2022）。与此同时，平均家庭规模不断缩小，从 1953 年的 4.33 人缩减至 2020 年的 2.62 人（见表 4.2）。在核心家庭规模缩小与老年抚养比上升的背景下，依靠"养儿防老"的传统家庭养老模式难以支撑老年人的养老需求。

表 4.2　历次人口普查家户规模　　人/户

普查年份	1953	1964	1982	1990	2000	2010	2020
平均家户规模	4.33	4.43	4.41	3.96	3.44	3.10	2.62

数据来源：国家统计局《第七次人口普查主要数据》。

随着人口老龄化程度的加剧，中国的社会保障体系面临着日益增长的压力，难以充分满足居民的养老需求。蔡昉（2021）指出，中国养老金支出占 GDP 的比重较低，2019 年仅为 5.3%。随着人口老龄化的加速发展，养老金支出将持续攀升，面临较大的资金缺口。此外，劳动年龄人口的减少进一步加重了养老金支付的负担，使得单纯依靠第一支柱的养老保障困难重重。针对养老问题，党的二十大报告明确提出，要"实施积极应对人口老龄化国家战略，发展养老事业和养老产业"。此战略的有效实施需要居民、政府和市场等主体的协同努力。从居民的角度看，合理规划养老计划是应对老龄化挑战的首要任务。

过去20年，中国城镇地区的住房价格持续上涨。表4.3的数据显示，全国住宅商品房平均销售价格从2011年的4 993.17元/平方米上升至2019年的9 980元/平方米，涨幅高达99.87%。同一时期，中国城镇地区家庭的平均住房资产由58.56万元增至121.39万元，平均总资产则从78.97万元增长至155.34万元，分别上升了107.29%和96.71%。住房价值的提升不仅反映了家庭财富水平的增长，也意味着居民的养老储备有所增加，从而对其养老行为产生深远影响。现有研究表明，随着住房财富的增加，居民的消费水平上升，创业的可能性增加，幸福感提升，劳动供给水平下降，预期退休年龄降低，制订养老计划的可能性增加（Fu et al.，2016；Cheng et al.，2020；Zhao and Burge，2021；Guren et al.，2021；Liu and Zhang，2021；廖毓等，2022）。

表4.3　城镇地区商品房价格和住房价值

年份	住宅商品房平均销售价格（元/平方米）	平均住房价值（万元）	家庭平均资产（万元）
2011	4 993.17	58.56	78.97
2019	9 980.00	121.39	155.34

数据来源：国家统计局和中国家庭金融调查（CHFS）数据。

本章分析住房财富的增长是否对居民制订养老计划产生影响。受儒家文化的影响，“百善孝为先”的观念深入人心，子女要孝敬并赡养老人。过去，由于经济发展水平较低，政府和社会提供的养老资源有限，子女承担了老年人的养老责任，“养儿防老”为主要的养老方式。随着经济的发展，居民住房财富不断增长，家庭整体财富水平随之提升。同时，社会提供的市场化养老资源日益丰富，居民可以通过购买养老储蓄产品、理财产品、保险等方式提高养老保障。在此背景下，居民的养老观念逐步发生转变，从传统的“养儿防老”模式向更加多元化的养老方式转变，依靠子女养老的可能性逐渐降低。养老责任从单一依赖子女，逐步演变为由老人自身、子女及政府共同承担。具体而言，老年人可以通过储蓄和投资增强养老保障，子女履行部分赡养义务，政府提供社会基本养老保险，形成多层次的养老保障体系。使用2015年中国家庭金融调查数据，廖毓等（2022）研究了住房财富增值对居民养老计划的影响。在此基础上，本章进一步扩展研究样本，采用2013年和2015年两期中国家庭金融调查数据，全面探讨住房财富与居民养老计划的关系，为养老政策的制定提供更为丰富的实证依据。

第二节　文献综述

对于养老行为的文献，本节主要从两个方面进行回顾：一方面是分析影响养老计划制订的因素，另一方面是探讨制订养老计划对家庭的影响。

一、养老计划的影响因素

研究表明，个人和家庭层面的因素都会对养老计划的制订产生影响。其中，金融知识与养老计划的关系受到了广泛关注。基于美国健康与退休调查（Health and Retirement Study），卢萨迪和米切尔（Lusardi and Mitchell，2007）发现，金融知识水平越高，个人制订退休计划的可能性越大。吴雨等（2017）利用 2013 年中国家庭金融调查数据，发现随着居民金融知识水平的提升，制订养老计划的可能性显著增加。同时，居民更倾向于选择子女赡养养老、社会养老保险养老和商业保险养老。徐佳和龚六堂（2019）同样使用 2013 年中国家庭金融调查数据，研究了金融知识对家庭退休安排的影响。研究发现，随着金融知识水平的提升，家庭为退休进行储蓄安排的可能性上升。此外，家庭收入、风险偏好和受教育水平也对家庭退休储蓄安排起到了促进作用。庄新田和汪天棋（2022）基于 2015 年中国家庭金融调查数据，发现金融知识可以通过推动居民参与金融市场，从而影响其养老计划的制订。随着居民金融知识水平的提高，他们更倾向于依靠自身积累和社会养老，而对子女养老的依赖程度有所降低，此结论与吴雨等（2017）的研究结果一致。此外，研究还发现，金融知识对养老计划的影响在城镇和农村居民之间并无显著差异。

此外，现有研究表明，户籍、受教育水平、收入等个人和家庭层面的特征对居民养老计划的制订产生影响。例如，王吉元等（2019）利用 2011 年中国老年健康与养老调查数据，并采用 Mixed-Logit 模型分析户籍对居民养老方式的影响，发现相较于农村户籍居民，城镇户籍居民选择子女养老的可能性降低了 27.3%，而选择养老金养老的可能性提高了 31%。此外，受教育水平较低、年龄较大、身体健康状况较好，且为女性的居民更倾向于依靠子女养老，而年龄较小、健康状况良好、受教育程度较高且已婚的居民，则更可能选择依靠储蓄和商业保险养老。基于 2015 年美国国家金融水平研究（US National Financial Capability Study），有学者发现，受教育水平和收入较高的居民更倾向于制订财务计划（Xiao and O'Neill，2018）。此外，制订养老计划可能性更大的居民有一系列共同特征，包括拥有婚姻、工作、住房、金融资产、健康保险、个人退休账户及年龄和债务水平较低。张文娟和纪竞垚（2018）利用2014年中国老年社会追踪调查（CLASS）数据，发现出生较早的老年人更倾向于采用现金储蓄方式养老，而较晚出生的老年群体则更偏好通过购买商业保险、理财产品和房产等新型方式进行养老。此外，农村居民更倾向于通过购买或转让土地使用权养老，而城镇居民则更可能依靠商业保险和理财产品养老。孙瑞婷等（2020）基于中国养老金融50人论坛调查数据的研究表明，城乡居民收入水平与养老准备呈现N形关系，总体上对养老准备具有促进作用。李荣彬（2021）利用2015年中国家庭金融调查数据，发现受教育程度较高的居民，其金融知识水平也相对较高，因此更有可能制订养老计划。此外，受教育水平对养老计划的促进作用在不同风险偏好的群体中存在差异，对养老计划的促进作用在风险规避型居民中相对较小。

二、养老计划的重要性

卢萨迪和米切尔（Lusardi and Mitchell，2007）发现，与未制订退休计划的人相比，制订退休计划的个人平均总资产高出13%，平均非住房资产高出19%。梅耶等（Mayer et al.，2011）发现，退休计划的制订可显著提升家庭为退休所做的储蓄准备。具体地，年轻人因制订退休计划，其退休储蓄平均增加4 580美元，老年人的退休储蓄则增加16 619美元。基于参与者财务调查（Survey of Participant Finances）和金融态度与行为调查（Survey of Financial Attitudes and Behavior），阿梅里克斯等（Ameriks et al.，2003）探讨了财务计划倾向与家庭财富之间的关系。结果表明，财务计划倾向每提高一个标准差，家庭净资产增加39%，金融资产增加48%。另有研究表明，制订财务计划的人在处理日常金融事务方面具备更高的能力，其对个人资产、债务和储蓄水平的满意度更高（Xiao and O'Neill，2018）。尤格斯特（Eugster，2019）基于2011年和2013年新西兰金融知识调查，发现有财务计划倾向的家庭更有可能参与金融市场投资，并加入工作场所退休储蓄计划。邹小芃等（2019）利用中国家庭追踪调查数据，发现有养老计划的居民比无养老计划者参加商业保险的可能性高出3.4个百分点，商业保险支出占家庭收入的比重提高了1.7个百分点。

综上所述，现有研究从多个角度探讨了影响居民养老计划的因素，但关于住房对养老计划影响的研究较为有限。本章研究住房财富对居民养老计划的影响，补充和完善了现有研究。

第三节　数据和实证设计

本章基于 2013 年和 2015 年中国家庭金融调查数据，探讨住房财富对城镇居民养老计划的影响。这两轮调查收集了受访者养老计划的详细信息，为本研究提供了较好的数据支持。本章实证模型设定如下：

$$Y_{it} = \alpha + \beta \cdot HousingWealthChange_{it} + \gamma \cdot X_{it} + e_{it} \quad (4.1)$$

模型（4.1）的被解释变量包括两类。一是受访者是否制订了养老计划。本章构建了一个虚拟变量，以衡量受访者是否有养老计划。问卷询问了受访者是否计划过养老，若受访者回答“有”，则该变量取值为 1，否则为 0。二是受访者具体的养老方式。如果受访者有养老计划，问卷进一步询问受访者计划的主要养老方式是什么（多选题）。选项包括自己储蓄和投资、子女赡养、社会养老保险、离退休工资、商业养老保险以及配偶或亲属支持。基于此，本章构造了四个虚拟变量，依次表示受访者选择依靠自己储蓄和投资、子女赡养、社会养老保险以及商业养老保险养老。

模型（4.1）的解释变量是家庭住房财富增值（Housing Wealth Change），即家庭所有住房市场价值与购房价值之差。单套住房财富增值等于其市场价值减去购房价值，而家庭住房财富增值则是所有住房财富增值的总和。本章预计，随着住房财富的增长，家庭制订养老计划的可能性将提高，同时养老方式也会发生变化。此外，模型（4.1）控制了一系列个人和家庭层面的变量，包括受访者年龄、性别、受教育程度、婚姻状况、户籍类型（是否为城镇户籍）、就业情况（是否有工作、是否在政府部门或国企工作）、家庭规模、16 岁以下子女占比、家庭总收入及总负债。由于农村地区缺乏成熟的商品房市场，本章将样本限定为城镇居民，且仅保留有住房的家庭，并将户主年龄限制为 18~65 岁。e_{it} 为随机误差项，本章将标准误聚类在省份层面。

表 4.4 统计了城镇居民的养老计划制订情况。2013 年，城镇地区 38.15%的居民制订了养老计划。其中，52.22% 的居民选择通过自身储蓄和投资养老，21.51% 的居民依赖子女赡养，43.09% 的居民依靠社会养老保险，仅有 8.06%的居民选择商业养老保险。2015 年，制订养老计划的居民比例下降至 36.38%。其中，选择储蓄和投资养老的居民比例升至 56.02%，较 2013 年增长约 4 个百分点；选择子女赡养养老的比例上升至 24.30%，增

长 3 个百分点；选择社会养老保险的比例提升至 46. 14%，增加 3 个百分点；而商业养老保险的选择比例为 8. 13%，与 2013 年持平。总体而言，数据显示，在 2013 年和 2015 年，城镇地区约 60% 的居民未对未来养老做出规划，养老意识不足。此外，约一半的居民依靠自身储蓄和投资养老，约 1/4 依赖子女赡养，近一半依托政府提供的社会养老保险，而选择商业养老保险的居民不足 1/10，表明居民利用金融工具进行养老的意识较薄弱。

表 4.4　城镇居民养老计划制订情况　　%

变量	2013 年	2015 年
是否有养老计划	38. 15	36. 38
自己储蓄、投资养老	52. 22	56. 02
子女赡养养老	21. 51	24. 30
社会养老保险养老	43. 09	46. 14
商业养老保险养老	8. 06	8. 13

表 4. 5 总结了城镇地区不同年龄段居民养老计划制订情况。数据显示，在 18~35 岁年龄段，27. 90%的居民制订了养老计划。其中，71. 03%的居民选择通过自己储蓄和投资养老，20. 25%的居民依靠子女赡养，46. 14%的居民依赖社会养老保险，16. 67%的居民依靠商业养老保险。在 35~45 岁年龄段，有养老计划的居民占比提高至 38. 21%。其中，60. 76%的居民选择自己储蓄和投资养老，19. 29%的居民依靠子女赡养，51. 13%依靠社会养老保险，12. 13%的居民选择商业养老保险。与 18~35 岁群体相比，35~45 岁年龄段居民制订养老计划的比例上升，但选择自己储蓄和投资以及商业养老保险养老的比例有所下降，而依赖社会养老保险的比例增加。在 45~55 岁年龄段，有养老计划的居民占比上升至 40. 09%，较 35~45 岁年龄段增加约 2 个百分点。其中，选择自己储蓄和投资、子女赡养、社会养老保险和商业养老保险养老的比例分别为 50. 74%、23. 58%、45. 81%和 5. 87%。相比 35~45 岁群体，该年龄段居民选择自己储蓄和投资、社会养老保险以及商业养老保险养老的比例有所下降，而选择子女赡养养老的比例有所上升。

总体而言，随着居民年龄的增长，制订养老计划的比例呈上升趋势，表明养老计划的意识与年龄相关。同时，年龄增长还伴随着养老方式的选择变化。选择通过自身储蓄和投资养老以及商业养老保险的居民比例逐渐下降，而依赖子女赡养养老的比例则稳步上升，表明投资理财和商业保险养老模式更受年轻群体青睐，而年龄较高的居民仍倾向于传统的“养儿防老”观念，对利用金融工具进行养老的接受度较低。

表 4.5 城镇居民年龄与养老计划 %

变量	18~35 岁	35~45 岁	45~55 岁	55~65 岁
是否有养老计划	27.90	38.21	40.09	39.89
自己储蓄、投资养老	71.03	60.76	50.74	43.89
子女赡养养老	20.25	19.29	23.58	27.24
社会养老保险养老	46.14	51.13	45.81	37.48
商业养老保险养老	16.67	12.13	5.87	2.52

表 4.6 展示了城镇家庭子女性别与养老计划之间的关系。数据显示，在育有男孩的家庭中，35.45%的居民制订了养老计划，其中，62.67%的居民选择自身储蓄和投资养老，19.45%的居民依赖子女赡养，51.84%的居民依靠社会养老保险，12.46%的居民选择商业养老保险。相比之下，未育有男孩的家庭中，36.10%的居民有养老计划。其中，54.78%的居民选择自身储蓄和投资养老，26.05%的居民依赖子女赡养，44.40%的居民依靠社会养老保险，8.65%的居民选择商业养老保险。整体而言，相较于未育有男孩的居民，育有男孩的居民更倾向于依靠自身储蓄、社会养老保险和商业养老保险进行养老，而依赖子女赡养的比例较低，表明子女性别对养老方式选择产生一定影响。

表 4.6 城镇居民家庭子女性别与养老计划 %

变量	有男孩	没有男孩
是否有养老计划	35.45	36.10
自己储蓄、投资养老	62.67	54.78
子女赡养养老	19.45	26.05
社会养老保险养老	51.84	44.40
商业养老保险养老	12.46	8.65

表 4.7 展示了城镇地区不同户籍居民的养老计划情况。数据显示，城镇户籍居民中，38.33%的居民制订了养老计划。其中，选择自身储蓄和投资、子女赡养、社会养老保险及商业养老保险养老的比例分别为 52.93%、

17.09%、45.97%和8.80%。相比之下，农村户籍居民中，有养老计划的比例为35.52%，较城镇户籍居民低约3个百分点。农村居民选择自身储蓄和投资及子女赡养养老的比例分别为56.38%和31.85%，较城镇居民分别高出约3个百分点和15个百分点；而依靠社会养老保险和商业养老保险养老的比例分别为43.02%和7.07%，较城镇居民分别低约3个百分点和2个百分点。整体而言，城镇户籍居民养老意识较强，更倾向于依赖社会养老保险和商业养老保险，而农村户籍居民则更偏向于传统养老方式，如储蓄和子女赡养，反映出不同户籍群体在养老方式上的显著差异。

表4.7 不同户籍居民养老计划制订情况 %

变量	城镇户籍	农村户籍
是否有养老计划	38.33	35.52
自己储蓄、投资养老	52.93	56.38
子女赡养养老	17.09	31.85
社会养老保险养老	45.97	43.02
商业养老保险养老	8.80	7.07

表4.8展示了城镇居民工作性质与养老计划的关系。数据显示，在政府或国企部门工作的居民中，有35.06%制订了养老计划。其中，选择自身储蓄和投资、子女赡养、社会养老保险和商业养老保险养老的比例分别为56.13%、17.85%、48.42%和8.90%。相比之下，从事其他类型工作的居民中，养老计划的覆盖率为38.07%，略高于政府或国企部门居民。其中，选择自身储蓄和投资、子女赡养、社会养老保险和商业养老保险养老的比例分别为59.08%、25.73%、46.69%和9.84%。总体而言，由于其他类型工作的稳定性较低，从事这些工作的居民养老意识相对更强，更倾向于依靠自身储蓄、子女赡养和商业保险养老。而政府或国企部门工作的居民因享有较高的社会保障水平，更倾向于依赖社会养老保险，体现了不同职业群体在养老方式选择上的差异。

表4.8 城镇居民工作性质与养老计划 %

变量	政府或国企部门工作	其他类型工作
是否有养老计划	35.06	38.07
自己储蓄、投资养老	56.13	59.08

续表

变量	政府或国企部门工作	其他类型工作
子女赡养养老	17.85	25.73
社会养老保险养老	48.42	46.69
商业养老保险养老	8.90	9.84

表4.9按城镇居民家庭总收入将居民分为五组，分析不同收入分位数下的养老计划情况。数据显示，在收入处于0~25分位数的居民中，33.40%的居民制订了养老计划。其中，48.07%的居民选择自身储蓄和投资养老，29.85%的居民依赖子女赡养，42.28%的居民依靠社会养老保险，5.90%的居民选择商业养老保险。相比之下，在75~100分位数收入水平的城镇居民中，39.27%的居民有养老计划，较低收入群体有所提高。其中，65.97%的居民选择自身储蓄和投资养老，18.51%的居民依赖子女赡养，45.77%的居民依靠社会养老保险，13.49%的居民选择商业养老保险。总体上，随着收入水平上升，居民制订养老计划的比例增加，并更倾向于依靠自身储蓄、社会养老保险和商业养老保险进行养老。

表4.9　城镇居民家庭总收入与养老计划　　%

变量	0~25分位数	25~50分位数	50~75分位数	75~100分位数
是否有养老计划	33.40	36.94	38.35	39.27
自己储蓄、投资养老	48.07	48.88	53.04	65.97
子女赡养养老	29.85	23.73	21.11	18.51
社会养老保险养老	42.28	44.73	46.02	45.77
商业养老保险养老	5.90	5.51	6.95	13.49

表4.10按城镇居民住房财富水平将家庭分为五组，分析不同住房财富水平下的养老计划情况。数据显示，对于住房财富平衡点位于0~25分位数、25~50分位数、50~75分位数以及75~100分位数的家庭，居民有养老计划的比例分别为35.26%、36.84%、37.85%和38.45%，呈现上升趋势。选择自身储蓄和投资养老的比例依次为47.51%、49.74%、55.59%和62.54%，逐步增加；选择子女赡养养老的比例分别为31.03%、22.26%、21.82%和18.44%，呈下降趋势；选择社会养老保险养老的比例依次为42.88%、44.94%、47.65%和43.72%，呈现先上升后下降的趋势；选择商

业养老保险养老的比例分别为3.82%、6.18%、8.98%和12.38%，逐步上升。总体而言，住房财富水平越高，居民制订养老计划的可能性越大，并更倾向于依靠自身储蓄和商业养老保险养老，而依赖子女养老的比例逐渐降低。

表4.10 城镇居民住房财富与养老计划

变量	0~25分位数	25~50分位数	50~75分位数	75~100分位数
是否有养老计划	35.26	36.84	37.85	38.45
自己储蓄、投资养老	47.51	49.74	55.59	62.54
子女赡养养老	31.03	22.26	21.82	18.44
社会养老保险养老	42.88	44.94	47.65	43.72
商业养老保险养老	3.82	6.18	8.98	12.38

表4.11分析了不同地区城镇居民的养老计划情况。数据显示，东部地区居民中，36.03%的居民制订了养老计划，其中，55.90%的居民选择自身储蓄和投资养老，24.45%的居民依赖子女赡养，44.18%的居民依靠社会养老保险，9.15%的居民选择商业养老保险。中部地区居民养老计划覆盖率为38.52%，其中，51.72%的居民选择自身储蓄和投资养老，20.25%的居民依赖子女赡养，43.90%的居民依靠社会养老保险，7.07%的居民选择商业养老保险。西部地区居民养老计划覆盖率为38.36%，其中，53.64%的居民选择自身储蓄和投资养老，23.04%的居民依赖子女赡养，47.23%的居民依靠社会养老保险，6.79%的居民选择商业养老保险。整体而言，中部、西部地区居民制订养老计划的比例略高于东部地区。在养老方式选择上，东部地区居民更倾向于自身储蓄和投资及商业养老保险养老，而西部地区居民更依赖社会养老保险。

表4.11 城镇居民不同居住地区与养老计划 %

变量	东部地区	中部地区	西部地区
是否有养老计划	36.03	38.52	38.36
自己储蓄、投资养老	55.90	51.72	53.64
子女赡养养老	24.45	20.25	23.04
社会养老保险养老	44.18	43.90	47.23
商业养老保险养老	9.15	7.07	6.79

第四节　主要实证结果

一、住房财富对养老计划的影响

表 4.12 报告了模型（4.1）的回归结果。表 4.12 中，被解释变量为一个虚拟变量，取值为 1 代表受访者有养老计划。第（1）列结果显示，住房财富的增加显著提高了居民制订养老计划的可能性。具体地，住房财富增值每上升 10 万元，受访者有养老计划的可能性增加 0.13 个百分点，该影响在 1%的水平上显著为正。第（1）列中其他控制变量的系数和预期一致。受教育水平每增加一年，居民有养老计划的可能性增加 0.82 个百分点。随着年龄的增加，居民制订养老计划的可能性呈现先上升后下降趋势。男性比女性有养老计划的可能性低 4.41 个百分点。控制其他因素后，户籍和婚姻状态对居民养老计划的影响在统计上不具有显著性。健康状况较好的居民有养老计划的可能性更大。有工作的居民比没有工作的居民有养老计划的可能性高 4.15 个百分点。控制其他因素后，在政府部门或国企工作的居民比从事其他类型工作的居民有养老计划的可能性低 6.29 个百分点。随着家庭规模的增加，居民有养老计划的可能性降低。随着家庭收入的增加，居民有养老计划的可能性增加。第（2）列汇报了 Probit 模型估计结果，控制变量的边际效应和第（1）列类似。总体上，表 4.12 的结果显示住房财富的增加提高了居民制订养老计划的可能性。

表 4.12　住房财富和养老计划

变量	是否有养老计划	
	LPM	Probit
	（1）	（2）
住房财富增值	0.001 3*** （0.000 5）	0.001 3*** （0.000 5）
受教育水平	0.008 2*** （0.001 1）	0.008 2*** （0.001 1）
年龄	0.019 5*** （0.002 9）	0.020 7*** （0.003 0）

续表

变量	是否有养老计划	
	LPM	Probit
	(1)	(2)
年龄平方	-0.000 2*** (0.000 0)	-0.000 2*** (0.000 0)
男性	-0.044 1*** (0.005 7)	-0.044 2*** (0.005 7)
城镇户籍	0.008 1 (0.008 9)	0.008 6 (0.008 9)
已婚	0.009 6 (0.011 8)	0.011 1 (0.012 0)
健康状况	0.009 9* (0.005 3)	0.009 8* (0.005 3)
拥有工作	0.041 5*** (0.008 1)	0.041 8*** (0.008 0)
在政府部门或国企工作	-0.062 9*** (0.010 6)	-0.061 9*** (0.010 2)
家庭规模	-0.005 0* (0.002 5)	-0.005 2** (0.002 5)
子女占比	0.011 3 (0.018 8)	0.015 4 (0.018 5)
家庭收入	0.000 9*** (0.000 2)	0.000 9*** (0.000 2)
常数项	控制	控制
省份固定效应	控制	控制
年份固定效应	控制	控制
R^2	0.023 4	0.018 2
观测值	29 005	29 005

注：***，**，*分别代表在1%，5%，10%的水平上显著。

表4.13估计了住房财富增值对居民养老方式选择的影响。被解释变量为四个虚拟变量，分别对应居民选择通过个人储蓄与投资、子女赡养、社会养老保险以及商业养老保险进行养老的可能性。

表4.13　住房财富和养老方式选择

变量	自己储蓄、投资	子女赡养	社会养老保险	商业养老保险
	Probit	Probit	Probit	Probit
	(1)	(2)	(3)	(4)
住房财富增值	0.003 5*** (0.000 7)	−0.001 5** (0.000 8)	−0.001 2 (0.000 9)	0.001 8*** (0.000 6)
受教育水平	0.011 9*** (0.001 7)	−0.014 0*** (0.001 2)	0.007 3*** (0.001 6)	0.007 0*** (0.000 9)
年龄	−0.015 5*** (0.003 5)	−0.008 8*** (0.003 2)	0.012 8*** (0.003 2)	0.005 0** (0.002 3)
年龄平方	0.000 1*** (0.000 0)	0.000 1*** (0.000 0)	−0.000 2*** (0.000 0)	−0.000 1*** (0.000 0)
男性	−0.000 2 (0.010 7)	−0.010 2 (0.008 7)	−0.026 1*** (0.008 0)	−0.008 9** (0.003 6)
城镇户籍	−0.060 2*** (0.012 4)	−0.084 8*** (0.009 4)	0.039 0*** (0.011 4)	0.002 2 (0.005 3)
已婚	0.031 7** (0.014 1)	−0.030 9** (0.012 1)	0.047 6*** (0.015 2)	−0.013 4 (0.010 1)
健康状况	0.033 7*** (0.010 1)	−0.004 4 (0.006 8)	−0.009 5 (0.007 1)	0.008 0 (0.005 4)
拥有工作	0.051 0*** (0.012 5)	0.026 5** (0.010 6)	0.037 1*** (0.011 8)	0.009 0 (0.006 0)
在政府部门或国企工作	−0.068 8*** (0.017 9)	0.019 0 (0.013 4)	−0.009 2 (0.012 5)	−0.032 0*** (0.006 7)
家庭规模	−0.004 7* (0.002 6)	0.023 6*** (0.003 3)	−0.004 9 (0.003 8)	−0.001 5 (0.002 3)
子女占比	0.047 8 (0.032 3)	−0.043 4 (0.037 4)	0.065 8* (0.036 3)	0.035 5** (0.014 9)

续表

变量	自己储蓄、投资	子女赡养	社会养老保险	商业养老保险
	Probit	Probit	Probit	Probit
	(1)	(2)	(3)	(4)
家庭收入	0.003 0*** (0.000 4)	-0.000 5** (0.000 2)	-0.001 1*** (0.000 4)	0.000 4** (0.000 2)
常数项	控制	控制	控制	控制
省份固定效应	控制	控制	控制	控制
年份固定效应	控制	控制	控制	控制
R^2	0.052 7	0.069 3	0.020 0	0.107 2
观测值	10 874	10 874	10 874	10 874

注：***，**，*分别代表在1%，5%，10%的水平上显著。

第（1）列结果显示，住房财富的增长显著提高了居民选择通过储蓄与投资养老的可能性。此外，控制其他因素，受教育水平的提升、健康状况的改善和家庭收入的增加均提高了居民采取此类养老方式的倾向，而年龄更高、拥有城镇户籍、在政府部门或国企工作的居民选择依靠储蓄和投资养老的可能性更低，家庭规模的扩大同样降低了其可能性。已婚居民较未婚居民选择此类养老方式的可能性高3.17个百分点。与无业者相比，就业居民选择通过个人储蓄与投资养老的可能性高5.10个百分点。

第（2）列结果显示，住房财富增值每增加10万元，居民选择通过子女赡养养老的可能性减少0.15个百分点。同时，随着受教育水平的增加，居民选择通过子女赡养养老的可能性降低。随着年龄的增加，居民选择通过子女赡养养老的可能性呈现先下降后上升趋势。城镇户籍居民比农村户籍居民选择子女赡养养老的可能性低8.48个百分点。已婚户籍居民比未婚户籍居民选择子女赡养养老的可能性低3.09个百分点。有工作的居民比没有工作的居民选择子女赡养养老的可能性高2.65个百分点。家庭规模每增加一人，居民选择子女赡养养老的可能性增加2.36个百分点。随着家庭收入的增加，居民选择子女赡养养老的可能性降低。

第（3）列结果表明，住房财富增值对居民选择社会养老保险养老的可能性无显著影响。同时，受教育水平的提升促进了该养老方式的选择，而年龄的影响呈现先上升后下降的趋势。性别差异显著，男性较女性更不倾向于依赖社会养老保险养老。户籍因素显示，城镇户籍居民较农村户籍居民更倾向于选择社会养老保险养老。婚姻状况亦产生影响，已婚居民比未婚居民更倾向于依靠社会养老保险养老。就业情况方面，有工作的居民比无业者更可能选择该养老方式。此外，随着子女占家庭成员比例的增加，居民选择社会养老保险养老的可能性上升，而家庭收入的增长则降低了其选择该方式的可能性。

第（4）列结果表明，住房财富每增加 10 万元，居民选择依靠商业养老保险养老的可能性提高 0. 18 个百分点，该影响在 1%水平上显著。受教育水平的提升同样增加了居民选择该养老方式的倾向。年龄的影响呈现非线性趋势，即随年龄增长，该选择可能性先增加后下降。性别差异明显，女性较男性更倾向于选择商业养老保险养老。职业因素显示，政府部门或国企工作的居民相比其他职业群体，该选择可能性低 3. 20 个百分点。此外，子女占比与家庭收入的增加均显著提升了居民依靠商业养老保险养老的可能性。

表 4. 14 进一步估计了住房财富增值对居民商业保险购买行为的影响。2013 年与 2015 年中国家庭金融调查问卷均调查了受访者持有的商业保险类别，包括商业人寿保险、商业健康保险、商业养老保险、商业财产保险及其他商业保险。基于此，本章构建了一个虚拟变量，表示受访者是否持有商业保险。同时，本章还生成了三个虚拟变量，分别表示受访者是否持有商业人寿保险、商业健康保险以及商业养老保险。回归结果表明，住房财富每增加 10 万元，居民购买商业保险的可能性提高 0. 42 个百分点。其中，购买商业人寿保险、商业健康保险和商业养老保险的可能性分别上升 0. 28、0. 18 和 0. 14 个百分点，且均在 1%水平上显著。

表 4. 14 住房财富和商业保险购买

变量	有商业保险	商业人寿保险	商业健康保险	商业养老保险
	(1)	(2)	(3)	(4)
住房财富增值	0. 004 2*** (0. 000 5)	0. 002 8*** (0. 000 3)	0. 001 8*** (0. 000 5)	0. 001 4*** (0. 000 3)
其他控制变量	控制	控制	控制	控制
年份固定效应	控制	控制	控制	控制
省份固定效应	控制	控制	控制	控制
观测值	0. 061 8	0. 037 6	0. 032 3	0. 020 3
R^2	28 956	28 956	28 956	12 916

注：***，**，* 分别代表在 1%，5%，10%的水平上显著。

二、异质性分析

（一）按年龄分组

表 4.5 显示，不同年龄段居民在养老方式选择上存在一定差异。本节进一步探讨住房财富增值对不同年龄群体养老方式选择的影响。样本平均年龄为 47 岁，本节依此将样本划分为低年龄段和高年龄段两组居民，并分别估计住房财富对两组群体养老方式选择的影响差异。表 4.15 的回归结果表明，对于低年龄段居民，住房财富每增加 10 万元，选择通过储蓄与投资养老的可能性提高 0.27 个百分点，选择商业养老保险养老的可能性提高 0.35 个百分点，两项影响分别在 10%和 5%的水平上显著。对于高年龄段居民，住房财富每增加 10 万元，选择储蓄与投资养老的可能性提高 0.39 个百分点，而选择子女赡养和社会养老保险养老的可能性分别下降 0.21 和 0.26 个百分点，同时选择商业养老保险养老的可能性增加 0.14 个百分点，所有影响均具有统计显著性。总体而言，表 4.15 的结果表明，住房财富的增长对不同年龄群体的养老方式选择具有差异化影响。低年龄段居民更倾向于通过商业养老保险养老，而高年龄段居民则更可能依赖个人储蓄与投资养老。

表 4.15　按年龄分组

变量	个人储蓄、投资	子女赡养	社会养老保险	商业养老保险
	（1）	（2）	（3）	（4）
Panel A：低年龄组				
住房财富增值	0.002 7* （0.001 3）	−0.000 6 （0.001 5）	0.001 0 （0.001 5）	0.003 5** （0.001 4）
其他控制变量、年份和省份固定效应	控制	控制	控制	控制
R^2	0.072 4	0.039 9	0.034 6	0.046 3
观测值	4 364	4 364	4 364	4 364
Panel B：高年龄组				
住房财富增值	0.003 9*** （0.000 9）	−0.002 1** （0.000 9）	−0.002 6** （0.001 0）	0.001 4** （0.000 7）
其他控制变量、年份和省份固定效应	控制	控制	控制	控制

续表

变量	个人储蓄、投资	子女赡养	社会养老保险	商业养老保险
	(1)	(2)	(3)	(4)
R^2	0.035 4	0.105 3	0.025 9	0.027 1
观测值	6 510	6 510	6 510	6 510

注：***，**，*分别代表在1%，5%，10%的水平上显著。

（二）按受教育水平分组

表4.16分析了住房财富增值对不同受教育水平居民养老方式选择的影响。样本中居民平均受教育年限为10.7年，故以10年为界，将居民分为受教育水平较低和较高两组，分别估计住房财富增值对其养老方式选择的影响。结果显示，对于受教育水平较低的居民，住房财富每增加10万元，选择通过储蓄和投资养老的可能性提高0.42个百分点，选择通过子女赡养养老的可能性降低0.35个百分点；而对于受教育水平较高的居民，住房财富每增加10万元，选择通过储蓄和投资养老的可能性提高0.28个百分点，选择通过商业养老保险养老的可能性提高0.29个百分点。上述结果表明，住房财富的增加显著降低了受教育水平较低居民对子女赡养养老的依赖。与此同时，受教育水平较高的居民由于对金融工具了解更多，更倾向于利用商业养老保险进行养老。

表4.16 按受教育水平分组

变量	个人储蓄、投资	子女赡养	社会养老保险	商业养老保险
	(1)	(2)	(3)	(4)
Panel A：受教育水平较低				
住房财富增值	0.004 2** (0.001 5)	−0.003 5*** (0.000 9)	−0.001 0 (0.001 4)	0.000 8 (0.000 6)
其他控制变量、年份和省份固定效应	控制	控制	控制	控制
R^2	0.046 1	0.080 9	0.025 2	0.027 5
观测值	5 209	5 209	5 209	5 209
Panel B：受教育水平较高				
住房财富增值	0.002 8*** (0.001 0)	−0.000 6 (0.000 9)	−0.001 3 (0.001 1)	0.002 9** (0.001 1)

续表

变量	个人储蓄、投资	子女赡养	社会养老保险	商业养老保险
	(1)	(2)	(3)	(4)
其他控制变量、年份和省份固定效应	控制	控制	控制	控制
R^2	0.079 7	0.035 5	0.036 1	0.060 2
观测值	5 665	5 665	5 665	5 665

注：***，**，*分别代表在1%，5%，10%的水平上显著。

（三）按户籍分组

表4.17探讨了住房财富增值对不同户籍居民养老方式选择的影响差异。A部分的结果显示，住房财富每增加10万元，城镇户籍居民选择通过储蓄和投资养老的可能性提高0.29个百分点，选择商业养老保险养老的可能性提高0.18个百分点，且这些影响在统计上显著。B部分的结果显示，住房财富每增加10万元，农村户籍居民选择通过储蓄和投资养老的可能性提高0.39个百分点，选择子女赡养养老的可能性降低0.29个百分点，选择商业养老保险养老的可能性提高0.31个百分点，均具有统计显著性。上述结果表明，住房财富的增加显著降低了农村居民对子女赡养养老的依赖。同时，住房财富增值对农村户籍居民在选择储蓄、投资养老和商业养老保险养老方面的促进作用大于城镇户籍居民，说明住房财富增值对农村户籍居民养老方式选择的优化作用更为显著。

表4.17　按户籍分组

变量	个人储蓄、投资	子女赡养	社会养老保险	商业养老保险
	(1)	(2)	(3)	(4)
Panel A：城镇户籍				
住房财富增值	0.002 9** (0.001 2)	−0.001 1 (0.000 8)	−0.000 7 (0.000 9)	0.001 8* (0.001 0)
其他控制变量、年份和省份固定效应	控制	控制	控制	控制
R^2	0.083 9	0.037 6	0.036 0	0.065 7
观测值	6 497	6 497	6 497	6 497

续表

变量	个人储蓄、投资	子女赡养	社会养老保险	商业养老保险
	(1)	(2)	(3)	(4)
Panel B：农村户籍				
住房财富增值	0.003 9*** (0.001 3)	-0.002 9** (0.001 3)	-0.001 5 (0.001 2)	0.003 1*** (0.000 9)
其他控制变量、年份和省份固定效应	控制	控制	控制	控制
R^2	0.058 6	0.068 3	0.032 5	0.055 4
观测值	4 377	4 377	4 377	4 377

注：***，**，*分别代表在1%，5%，10%的水平上显著。

（四）按资产水平分组

表4.18检验了住房财富增值对不同资产水平家庭养老方式选择的影响差异。样本中家庭资产的中位数为61.85万元，因此，本节将家庭按资产水平分为低于和高于62万元两组。结果显示，住房财富增值显著降低了资产水平较低居民依赖子女赡养养老的可能性，同时增加了其依靠社会养老保险养老的可能性。对于资产水平较高的家庭，住房财富每增加10万元，居民选择通过个人储蓄、投资养老和商业保险养老的可能性各增加0.17个百分点。上述结果表明，资产水平较高的居民更倾向于通过储蓄、投资和购买保险实现养老目标。

表4.18　按资产水平分组

变量	个人储蓄、投资	子女赡养	社会养老保险	商业养老保险
	(1)	(2)	(3)	(4)
Panel A：资产水平较低				
住房财富增值	-0.001 8 (0.005 6)	-0.013 0*** (0.004 4)	0.008 3* (0.004 6)	0.000 5 (0.001 9)
其他控制变量、年份和省份固定效应	控制	控制	控制	控制
R^2	0.052 3	0.109 6	0.032 0	0.036 3
观测值	5 118	5 118	5 118	5 118

续表

变量	个人储蓄、投资	子女赡养	社会养老保险	商业养老保险
	(1)	(2)	(3)	(4)
Panel B：资产水平较高				
住房财富增值	0.001 7** (0.000 8)	-0.000 6 (0.000 5)	-0.001 5 (0.001 0)	0.001 7** (0.000 8)
其他控制变量、年份和省份固定效应	控制	控制	控制	控制
R^2	0.067 2	0.045 1	0.031 1	0.064 2
观测值	5 756	5 756	5 756	5 756

注：***，**，*分别代表在1%，5%，10%的水平上显著。

（五）按收入水平分组

表4.19分析了住房财富增值对不同收入水平家庭养老方式选择的影响。样本中家庭平均年收入为9.19万元，本节依此将家庭分为低收入（年收入小于10万元）和高收入（年收入大于10万元）两组。结果显示，住房财富每增加10万元，低收入家庭选择通过储蓄和投资养老的可能性提高0.46个百分点，依赖子女赡养养老的可能性降低0.24个百分点，选择商业养老保险养老的可能性提高0.14个百分点。对于高收入家庭，住房财富每增加10万元，选择个人储蓄和投资养老的可能性提高0.15个百分点，选择商业养老保险养老的可能性提高0.25个百分点。总体而言，住房财富的增加使低收入家庭更倾向于通过个人储蓄和投资养老，而高收入家庭则更倾向于通过购买商业养老保险养老。

表4.19 按收入水平分组

变量	个人储蓄、投资	子女赡养	社会养老保险	商业养老保险
	(1)	(2)	(3)	(4)
Panel A：收入水平较低				
住房财富增值	0.004 6*** (0.001 2)	-0.002 4** (0.001 0)	-0.001 6 (0.001 4)	0.001 4* (0.000 7)
其他控制变量、年份和省份固定效应	控制	控制	控制	控制

续表

变量	个人储蓄、投资	子女赡养	社会养老保险	商业养老保险
	(1)	(2)	(3)	(4)
R^2	0.055 7	0.082 2	0.032 3	0.045 6
观测值	7 338	7 338	7 338	7 338
Panel B：收入水平较高				
住房财富增值	0.001 5** (0.000 7)	-0.000 8 (0.001 0)	-0.000 8 (0.001 0)	0.002 5** (0.000 9)
其他控制变量、年份和省份固定效应	控制	控制	控制	控制
R^2	0.064 1	0.059 0	0.030 0	0.067 7
观测值	3 536	3 536	3 536	3 536

注：***，**，*分别代表在1%，5%，10%的水平上显著。

（六）按城市类型分组

表4.20分析了住房财富增值对不同城市居民养老方式选择的影响差异。鉴于一线、二线城市的住房价格涨幅显著高于其他城市，本节按城市类型分类，检验住房财富增值对不同城市居民养老方式选择的影响。结果显示，对于一线、二线城市居民，住房财富每增加10万元，选择通过储蓄和投资养老的可能性提高0.24个百分点，选择商业养老保险养老的可能性提高0.18个百分点，且均具有统计显著性。而在其他城市，住房财富每增加10万元，居民选择储蓄和投资养老的可能性提高0.53个百分点，选择子女赡养养老的可能性降低0.40个百分点。结果表明，一线、二线城市金融市场发展较快，居民更倾向于选择商业养老保险养老。同时，住房财富增值显著降低了其他城市居民对子女赡养养老的依赖，体现了住房财富增值对居民养老方式选择的优化作用。

表4.20　按城市类型分组

变量	个人储蓄、投资	子女赡养	社会养老保险	商业养老保险
	(1)	(2)	(3)	(4)
Panel A：一、二线城市				
住房财富增值	0.002 4*** (0.000 5)	-0.000 1 (0.000 6)	-0.001 1 (0.000 9)	0.001 8* (0.000 9)

续表

变量	个人储蓄、投资	子女赡养	社会养老保险	商业养老保险
	(1)	(2)	(3)	(4)
其他控制变量、年份和省份固定效应	控制	控制	控制	控制
R^2	0.076 9	0.044 8	0.034 8	0.071 8
观测值	6 123	6 123	6 123	6 123
Panel B：其他城市				
住房财富增值	0.005 3*** (0.001 3)	-0.004 0** (0.001 5)	-0.001 1 (0.001 9)	0.001 9 (0.001 3)
其他控制变量、年份和省份固定效应	控制	控制	控制	控制
R^2	0.065 2	0.105 7	0.029 2	0.044 9
观测值	4 751	4 751	4 751	4 751

注：***，**，*分别代表在1%，5%，10%的水平上显著。

第五节　机制分析和稳健性检验

一、机制分析

在前一节的分析中，结果显示，随着家庭住房财富的增加，居民更倾向于采用市场化的养老方式，如投资和购买保险等，同时对子女养老的依赖有所降低。本节进一步探讨住房财富增值如何通过影响居民的养老责任观念、养儿育女观念、孝顺观念、家庭功能观念、家庭投资行为，以及对商业保险的信任度，从而影响其养老计划的制订。

（一）住房财富对居民养老责任观的影响

本部分探讨住房财富对居民养老责任观念的影响。在中国传统文化中，老年人的养老主要由子女承担。然而，随着居民资产水平的提升，此观念是否发生了变化？2013年和2015年中国家庭金融调查询问受访者："您认为有子女的老人的养老应该主要由谁负责？"选项包括：①主要由政府负责；②主要由子女负责；③主要由老年人自己负责；④政府/子女/老年人责任均摊。基于此问题，本节生成四个虚拟变量，分别代表上述四种不同的养老责任观念，并将其依次作为模型（4.1）的被解释变量进行估计。表4.21的结果显示，住房财富每增加10万元，居民认为养老应主要由政府负责的可能性上升0.09个百分点，认为养老主要由子女负责的可能性下降0.19个百分点，表明随着住房财富的增加，居民的养老责任观念发生了转变，对子女赡养的依赖有所降低。

表4.21　住房财富和养老责任观

变量	主要由政府负责	主要由子女负责	主要由老年人自己负责	政府/子女/老年人责任均摊
	(1)	(2)	(3)	(4)
住房财富增值	0.000 9** (0.000 4)	−0.001 9*** (0.000 5)	0.000 7 (0.000 6)	0.000 4 (0.000 3)
其他控制变量	控制	控制	控制	控制
年份和省份固定效应	控制	控制	控制	控制
R^2	0.026 0	0.105 2	0.029 1	0.046 4
观测值	29 010	29 010	29 010	29 010

注：***，**，*分别代表在1%，5%，10%的水平上显著。

（二）住房财富对居民养儿育女观念的影响

本节探讨住房财富增值对居民养儿育女观念的影响。受传统文化影响，中国居民普遍持有“养儿防老”的观念，尤其在经济发展水平较低的时期，父母对子女养老的依赖性更强。然而，随着居民财富水平的增加，居民可能更倾向于通过市场化方式养老，从而降低对子女的依赖。根据中国家庭金融调查问卷，受访者被问及“您认为养儿育女的主要原因是什么?”选项包括：①传宗接代；②喜欢小孩，基于感情的考虑；③养儿防老；④维持婚姻稳定。基于此问题，本节生成四个虚拟变量，分别代表受访者的四种不同养儿育女观念。表4.22的结果显示，居民住房财富每增加10万元，认为养儿育女主要原因是“养儿防老”的可能性降低0.27个百分点，表明住房财富的上升改变了居民的养儿育女观念。

表 4.22 住房财富和养儿育女观念

变量	传宗接代	喜欢小孩，基于感情的考虑	养儿防老	维持婚姻稳定
	(1)	(2)	(3)	(4)
住房财富增值	-0.000 3 (0.000 8)	-0.000 2 (0.000 7)	-0.002 7*** (0.000 7)	0.000 3 (0.000 7)
其他控制变量	控制	控制	控制	控制
年份和省份固定效应	控制	控制	控制	控制
R^2	0.043 9	0.077 5	0.084 4	0.030 8
观测值	28 887	28 887	28 887	28 887

注：***，**，*分别代表在 1%，5%，10%的水平上显著。

（三）住房财富对居民孝顺观念的影响

本节探讨住房财富增值对居民孝顺观念的影响。孝敬长辈、尊老爱幼是中国的优良文化传统。孔子曾言："父母之所爱，亦爱之；父母之所敬，亦敬之"，体现了古人对孝道的理解。在当代，随着经济的发展和社会的进步，孝道的内涵可能发生变化。中国家庭金融调查询问了受访者："您觉得平时我们说子女应该对父母孝顺主要是指下列哪种情况？"答案包括：①父母年老时给钱给父母；②父母年老时感情上关心父母；③未成年之前听父母的话。本节据此生成三个虚拟变量，分别代表三种不同的孝顺观念，并依次估计住房财富增值对这三类孝顺观念的影响。表 4.23 的结果显示，住房财富每增加 10 万元，居民认为孝顺是"给钱给父母"的可能性下降 0.03 个百分点，认为是"感情上关心父母"的可能性上升 0.08 个百分点，认为是"未成年之前听父母的话"的可能性下降 0.05 个百分点。研究结果表明，随着居民住房财富的增加，居民更倾向于认为孝顺体现在情感上关心父母，而非仅给予经济支持或服从父母意愿，这意味着住房财富增值改变了居民的孝顺观念。

表 4.23 住房财富和孝顺观念

变量	给钱给父母	感情上关心父母	未成年之前听父母的话
	(1)	(2)	(3)
住房财富增值	-0.000 3** (0.000 1)	0.000 8** (0.000 3)	-0.000 5* (0.000 3)

续表

变量	给钱给父母	感情上关心父母	未成年之前听父母的话
	（1）	（2）	（3）
其他控制变量	控制	控制	控制
年份和省份固定效应	控制	控制	控制
R^2	0.012 1	0.040 2	0.031 1
观测值	28 986	28 986	28 986

注：***，**，*分别代表在1%，5%，10%的水平上显著。

（四）住房财富对居民家庭功能观念的影响

本节检验住房财富增值对居民家庭功能观念的影响。不同居民对家庭功能的理解各异。根据中国家庭金融调查数据，受访者被问及“您认为家庭的主要功能是什么?”选项包括：①生产单位；②生老病残等生活保障单位；③情感交流。据此，本节生成三个虚拟变量，分别代表受访者对家庭功能的三种不同观念，并估计住房财富增值对三种观念的影响。表4.24的结果显示，居民住房财富每增加10万元，认为家庭主要功能是“生产单位”的可能性下降0.14个百分点，认为家庭主要功能是“生活保障单位”的可能性下降0.13个百分点，认为家庭主要功能是“情感交流”的可能性上升0.16个百分点，且这些影响在统计上显著，表明住房财富增值对居民家庭功能观念具有积极的改善作用。

表4.24　住房财富和家庭功能观念

变量	生产单位	生活保障单位	情感交流
	（1）	（2）	（3）
住房财富增值	$-0.001\ 4^{**}$ （0.000 7）	$-0.001\ 3^{**}$ （0.000 5）	$0.001\ 6^{***}$ （0.000 4）
其他控制变量	控制	控制	控制
年份和省份固定效应	控制	控制	控制
R^2	0.026 4	0.024 0	0.056 1
观测值	23 003	23 003	23 003

注：***，**，*分别代表在1%，5%，10%的水平上显著。

（五）住房财富对家庭投资行为的影响

表 4. 13 的结果显示，随着住房财富的上升，居民更倾向于通过个人储蓄和投资进行养老。为探讨该现象的机制，本节检验住房财富增值对居民投资行为的影响，重点关注其对金融市场参与和创业活动的作用。现有研究表明，住房财富的增加可能降低家庭面临的信贷约束，并提升其风险偏好（尹志超等，2021），从而提高家庭创业的可能性（Liu and Zhang，2021）。在本节中，如果家庭持有股票、债券、基金、金融衍生品或金融理财产品等资产，则家庭被视为参与金融市场；若家庭从事工商业生产项目（包括个体户、租赁、运输、网店、经营企业等），则被视为有创业行为。表 4. 25 的结果显示，在控制其他因素的情况下，住房财富每增加 10 万元，家庭参与金融市场的可能性提高 0. 15 个百分点，创业的可能性提高 0. 8 个百分点。这些发现表明，住房财富增值促进了家庭投资活动，进而使居民更倾向于通过个人储蓄和投资养老。

表 4. 25　住房财富和家庭投资行为

变量	金融市场参与	创业
	（1）	（2）
住房财富增值	0. 001 5* （0. 000 8）	0. 008 0*** （0. 000 6）
其他控制变量	控制	控制
年份和省份固定效应	控制	控制
R^2	0. 133 1	0. 215 0
观测值	29 053	29 053

注：***，**，*分别代表在 1%，5%，10%的水平上显著。

二、稳健性检验

（一）控制金融知识水平

制订养老计划需要具备一定的财务知识和资产管理能力。研究表明，提高个体金融知识水平能够增加居民制订养老计划的概率（吴雨等，2017）。本节在模型 4. 1 中进一步控制了受访者的金融知识水平，以检验在控制个体金融知识水平后，住房财富是否仍然对居民养老计划产生显著影响。

参照尹志超等（2014）的研究方法，本节采用因子分析法构建了衡量居民金融知识水平的指标。该指标数值越大，表示受访者的金融知识水平越高。具体而言，本节利用中国家庭金融调查问卷中的三个问题构建该指标。第一个问题是："假设银行的年利率是4%，如果把100元钱存1年定期，1年后获得的本金和利息为多少?"选项为：①小于104元；②等于104元；③大于104元；④算不出来。第二个问题是："假设银行的年利率是5%，通货膨胀率每年是3%，把100元钱存银行一年之后能够买到的东西将会如何?"选项为：①比一年前多；②跟一年前一样多；③比一年前少；④算不出来。第三个问题是："您认为一般而言，股票和基金哪个风险更大?"选项为：①股票；②基金；③没有听说过股票；④没有听说过基金；⑤两者都没有听说过。基于上述问题，本节首先生成六个变量，分别表示受访者对每个问题的正确回答情况，以及是否直接作答（即未选择"算不出来"或"没有听说过"）。随后，对六个变量进行因子分析，提取一个因子作为受访者金融知识水平的衡量指标。数据显示，城镇地区受访者的平均金融知识水平为0.232，最低值为-1.416，最高值为1.979，标准差为1.011。在样本中，该指标的中位数为0.285。

在本节中，我们将生成的金融知识指标纳入模型（4.1）的控制变量。表4.26的回归结果显示，随着金融知识水平的提升，居民制订养老计划的可能性显著增加。具体而言，金融知识水平的提高显著增加了居民通过储蓄和投资、社会养老保险，以及商业养老保险进行养老的可能性，同时显著降低了通过子女赡养养老的可能性。这些发现与吴雨等（2017）的研究结论一致。此外，在控制金融知识水平的情况下，住房财富对居民养老计划仍具有显著的促进作用。具体而言，住房财富每增加10万元，居民制订养老计划的可能性提高0.09个百分点，选择通过储蓄和投资养老的可能性增加0.33个百分点，通过子女赡养养老的可能性降低0.13个百分点，通过商业养老保险养老的可能性增加0.21个百分点，这些影响在统计上均具有显著性。

表4.26　控制金融知识水平

变量	是否有养老计划	个人储蓄、投资	子女赡养	社会养老保险	商业养老保险
	(1)	(2)	(3)	(4)	(5)
住房财富增值	0.000 9*	0.003 3***	-0.001 3*	-0.001 4	0.002 1**
	(0.000 5)	(0.000 7)	(0.000 7)	(0.000 8)	(0.000 8)

续表

变量	是否有养老计划	个人储蓄、投资	子女赡养	社会养老保险	商业养老保险
	(1)	(2)	(3)	(4)	(5)
金融知识水平	0.041 2*** (0.004 3)	0.030 2*** (0.006 6)	-0.029 2*** (0.005 4)	0.023 0*** (0.006 8)	0.016 0*** (0.002 8)
其他控制变量	控制	控制	控制	控制	控制
年份和省份固定效应	控制	控制	控制	控制	控制
R^2	0.028 7	0.072 1	0.079 4	0.028 7	0.060 7
观测值	28 820	10 807	10 807	10 807	10 807

注：***，**，*分别代表在1%，5%，10%的水平上显著。

（二）控制家庭债务的影响

本部分利用中国家庭金融调查数据中关于负债的统计信息，包括农业经营欠款、工商业经营欠款、住房贷款、车辆贷款以及股票等金融资产欠款，计算了家庭总负债，并在模型（4.1）中进一步控制家庭负债水平。表4.27的结果显示，控制家庭负债后，住房财富增值仍然对受访者的养老计划产生显著影响，体现了模型估计的稳健性。具体而言，住房财富每增加10万元，受访者制订养老计划的可能性提高0.13个百分点，选择通过个人储蓄和投资养老的可能性增加0.35个百分点，选择通过子女赡养养老的可能性降低0.16个百分点，选择通过商业养老保险养老的可能性增加0.22个百分点。这些影响在统计上均具有显著性。

表4.27　控制家庭债务的影响

变量	是否有养老计划	个人储蓄、投资	子女赡养	社会养老保险	商业养老保险
	(1)	(2)	(3)	(4)	(5)
住房财富增值	0.001 3*** (0.000 5)	0.003 5*** (0.000 7)	-0.001 6** (0.000 7)	-0.001 2 (0.000 9)	0.002 2** (0.000 8)
家庭债务	控制	控制	控制	控制	控制
其他控制变量	控制	控制	控制	控制	控制
年份和省份固定效应	控制	控制	控制	控制	控制

续表

变量	是否有养老计划	个人储蓄、投资	子女赡养	社会养老保险	商业养老保险
	(1)	(2)	(3)	(4)	(5)
R^2	0.023 4	0.069 0	0.076 0	0.027 2	0.058 5
观测值	29 005	10 874	10 874	10 874	10 874

注：***，**，*分别代表在1%，5%，10%的水平上显著。

（三）关于模型内生性问题的讨论

在模型（4.1）中，可能存在一些不可观测的个人或家庭层面的因素同时影响家庭住房财富和养老计划。为检验模型估计结果的稳健性，本节借鉴现有文献中为城市房价寻找工具变量的方法（陆铭等，2015），从住房供应角度为居民住房财富增值寻找工具变量。本节选取2011年普通商品住房用地供应面积作为工具变量，数据来源于《中国国土资源统计年鉴》。选择该工具变量的原因如下：首先，2011年中国房地产开发处于较高水平，当年的土地供给量对城市后来的房价增长产生影响，进而影响居民的住房财富增值。其次，商品住房用地供给量取决于政府规划，与居民养老计划没有直接关联，且与模型中可能遗漏的变量无关，满足工具变量的排他性假设。采用该工具变量重新估计模型（4.1），结果汇总在表4.28中。工具变量估计结果显示，住房财富增值显著促进了居民制订养老计划的可能性，并显著提高了居民选择通过社会养老保险和商业养老保险养老的可能。

表4.28 工具变量估计结果

变量	是否有养老计划	个人储蓄、投资	子女赡养	社会养老保险	商业养老保险
	(1)	(2)	(3)	(4)	(5)
住房财富增值	0.016 0* (0.008 5)	0.039 5 (0.024 8)	-0.010 0 (0.011 7)	0.050 1** (0.023 1)	0.033 4*** (0.007 2)
其他控制变量	控制	控制	控制	控制	控制
年份和省份固定效应	控制	控制	控制	控制	控制
2011年普通商品住房用地供应面积	0.006 5*** (0.001 3)	0.005 4*** (0.001 4)	0.005 4*** (0.001 4)	0.005 4*** (0.001 4)	0.005 4*** (0.001 4)

续表

变量	是否有养老计划	个人储蓄、投资	子女赡养	社会养老保险	商业养老保险
	(1)	(2)	(3)	(4)	(5)
一阶段 F 统计量	25.429	14.387	14.387	14.387	14.387
观测值	28 623	10 730	10 730	10 730	10 730

注：***，**，*分别代表在 1%，5%，10%的水平上显著。

第六节　本章小结

本章利用 2013 年和 2015 年中国家庭金融调查数据，探讨了家庭住房财富增值对居民养老计划的影响。结果表明，住房财富的增加显著提升了居民制订养老计划的可能性。具体而言，随着住房财富的增长，居民更倾向于通过自身储蓄、投资以及购买商业养老保险来养老，而依赖子女赡养的倾向则显著降低。进一步分析显示，住房财富对养老方式选择的影响在不同年龄、教育水平、户籍、资产水平、收入水平，以及居住地区的个体中存在显著差异。稳健性检验结果表明，在控制了家庭负债、金融知识水平，并采用工具变量法进行估计后，回归结果依然稳健。机制分析发现，住房财富增值通过改变居民的养老责任观、养儿育女观、孝顺观、家庭功能观，以及促进家庭投资行为，进而影响其养老规划。

住房和养老之前存在关联（周小川，2020）。因此，在坚持“房住不炒”的前提下，住房市场的平稳和健康发展有利于提高居民养老计划意识以及改善居民养老方式。政府应积极推动养老第三支柱的发展，做好顶层设计，发挥住房在第三支柱中的积极作用。

具体而言，本章提出四个方面的政策建议：第一，鼓励金融机构开发养老金融产品，如养老目标基金、养老年金保险、养老储蓄产品，在保障产品安全性的前提下提供收益性，提高居民的养老保障。第二，鼓励金融机构开发基于住房的创新型养老金融工具，如住房反向抵押贷款和房地产信托投资基金。在接受监管并控制风险的前提下，这些金融工具将成为养老第三支柱的构成部分，加强家庭的养老准备，提高老年人的经济保障水平。第三，政府应加强普及居民的金融知识，提高居民运用金融工具养老的能力。第四，政府应关注住房租赁者的居住和养老问题，引导其合理开展养老计划。目前，中国还有部分家庭为住房租赁者，这些家庭不仅面临较高居住成本，也无法享受住房财富对改善养老计划的积极作用，面临较严峻的养老问题。故此，政府还应关注住房租赁者的养老储备情况，并引导其做好更充分的养老准备。

第五章　户籍与家庭资产配置

第一节　概述

过去 20 年，中国经济高速增长，城镇化进程迅速推进。这一进程呈现出两个显著特征。首先，城镇地区住房市场快速发展，房价持续上涨（见图 5.1），使得拥有住房的家庭财富显著增加。其次，经济的快速发展带来了大量就业机会，促使众多农民工从农村迁移至城市，从事制造业、建筑业和服务业等行业，以追求更高收入。如图 5.1 所示，外出农民工数量从 2008 年的 1.404 亿增加至 2021 年的 1.717 亿。图 5.2 将外出农民工进一步分为省内流动农民工和跨省流动农民工。可以看出，2012—2021 年，省内流动农民工数量持续增长，而跨省流动农民工数量则先上升后略有下降。现有研究表明，中国的户籍政策导致了城乡二元分割，对居民的教育水平、收入、消费、住房需求、劳动力流动和幸福感产生了深远影响。本章探讨户籍制度对家庭资产配置的影响。

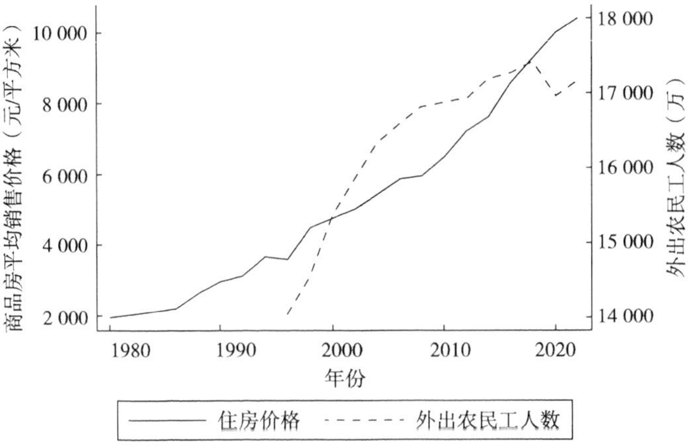

图 5.1　城市住宅商品房价格和外出农民工数量

数据来源：国家统计局网站和历年《全国农民工监测调查报告》。

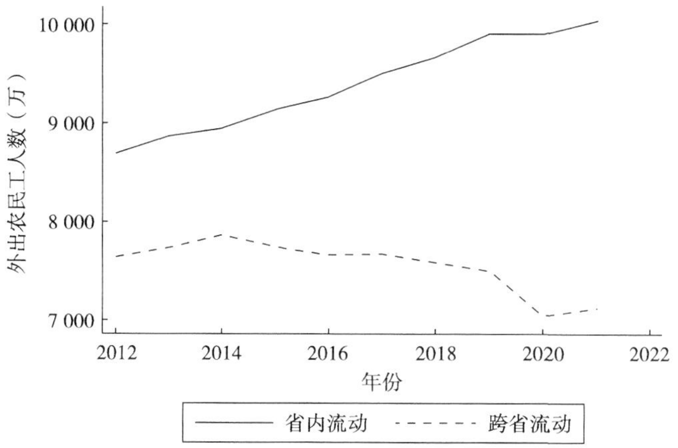

图 5.2　省内流动和跨省流动农民工数量

数据来源：历年《全国农民工监测调查报告》。

表 5.1 展示了 2011—2019 年居住在城镇地区，且拥有城镇户籍户主的资产配置情况。在此期间，城镇户籍户主在本地拥有住房的比例从 84.34% 增至 85.78%，总体变化不大。住房资产从 68.33 万元增长至 119.96 万元，增幅达 75.56%。金融资产则从 8.59 万元提升至 13.20 万元，增长了 53.67%。其他非金融资产的价值基本保持在 11 万元左右。总资产从 86.14 万元增加至 165.83 万元，增幅为 92.51%。这些数据表明，过去 10 年城镇户籍户主的住房资产和总资产均显著增长。

表 5.1　城镇户籍户主资产配置情况

年份	本地住房拥有率（%）	住房资产（万元）	金融资产（万元）	其他非金融资产（万元）	总资产（万元）
2011	84.34	68.331 0	8.591 3	11.249 2	86.137 1
2013	83.31	86.405 2	9.119 6	19.645 4	122.797 5
2015	86.51	105.712 8	15.385 1	8.435 6	145.473 4
2017	86.54	141.293 9	15.244 1	18.548 8	138.505 8
2019	85.78	119.958 2	13.202 2	11.787 7	165.826 5

注：其他非金融资产包括农业资产、工商业经营资产、土地资产、车辆和耐用品。

表 5.2 展示了居住在城镇地区，但持有农村户籍户主的资产配置情况。2011—2019 年，农村户籍户主在本地拥有住房的比例从 76.15% 上升至

81.36%，增幅为5.21%。同期，住房资产从36.95万元增加到56.44万元，增长了52.75%；金融资产从4.15万元增至6.39万元，增幅为53.98%；其他非金融资产从15.83万元略增至16.94万元。总资产则从50.70万元提升至84.97万元，增长了67.59%。与表5.1中的城镇户籍户主相比，农村户籍户主的住房拥有率略低，且其持有的住房资产、金融资产和总资产显著低于城镇户籍户主，但持有的其他非金融资产高于城镇户籍户主。

表5.2　农村户籍户主资产配置情况

年份	本地住房拥有率（%）	住房资产（万元）	金融资产（万元）	其他非金融资产（万元）	总资产（万元）
2011	76.15	36.950 7	4.146 7	15.829 4	50.695 4
2013	71.71	38.343 0	4.418 3	30.316 5	68.979 1
2015	77.31	46.446 8	6.832 9	12.132 8	79.010 5
2017	76.70	60.049 1	7.013 3	20.901 7	72.359 5
2019	81.36	56.438 6	6.394 4	16.941 3	84.972 7

表5.3进一步将农村户籍户主分为本地农村户籍户主和外地农村户籍户主（农民工）。数据显示，2011—2019年，本地农村户籍户主的住房拥有率在90%左右，住房资产从37.54万元增至53.98万元，金融资产从3.75万元增至5.69万元，其他非金融资产保持在15万元左右，总资产从50.04万元增至79.56万元。同期，农民工在本地的住房拥有率从24.69%增至50.56%，住房资产从35.04万元增至62.39万元，金融资产从5.52万元增至8.19万元，其他非金融资产保持在19万元左右，总资产从52.95万元增至98.86万元。

由此可见，农民工的住房拥有率显著低于本地农村户籍户主，其持有的住房资产、金融资产和总资产也显著低于本地农村户籍户主，但持有的其他非金融资产略高于本地农村户籍户户主。

表5.3　农村户籍户主资产配置情况

年份	本地住房拥有率（%）	住房资产（万元）	金融资产（万元）	其他非金融资产（万元）	总资产（万元）
Panel A：本地农村户籍户主					
2011	91.28	37.536 3	3.747 5	14.890 5	50.037 9

续表

年份	本地住房拥有率（%）	住房资产（万元）	金融资产（万元）	其他非金融资产（万元）	总资产（万元）
2019	93.37	53.975 6	5.693 1	15.841 4	79.558 2
PanelB：农民工					
2011	24.69	35.041 7	5.518 1	18.897 4	52.945 1
2019	50.56	62.393 7	8.192 8	19.597 5	98.864 3

本章认为，农民工在城镇地区住房拥有率较低的现象可归因于三方面。首先，农村户籍劳动者在城市面临更多的不确定性，包括工作不稳定、教育资源的获取受限以及社会保障水平较低。由于户籍制度的限制，大部分农民工难以获得城镇户籍，无法享受与城镇户籍居民同等的社会福利和公共服务，就业也受到一定限制（Song，2014）。其次，农村户籍劳动者在城市拥有住房公积金的概率较低。由于无法使用住房公积金贷款，购房时只能完全依赖商业银行贷款，而商业贷款利率高于公积金贷款利率，导致购房成本增加。在某些城市，限购政策甚至使外来移民无资格购买住房。再次，相比城市户籍劳动者，农村户籍劳动者获得政策性福利房（“房改房”、经济适用房等）的机会较少。由于上述原因，城镇地区的农村户籍户主拥有住房的可能性较低。在住房价格不断上涨的背景下，农村户籍户主持有的住房资产显著低于城镇户籍户主。

本章深入探讨了居民户籍状态对家庭资产配置的影响，其边际贡献主要有三个。

第一，扩展了关于户籍制度对社会经济影响的文献。现有文献发现，户籍制度对个体、企业和宏观经济产生了显著影响。在微观层面，户籍制度的约束影响了居民的受教育程度（Liu，2005）、认知水平（Afridi et al.，2015）、收入（Meng and Zhang，2001）、劳动力流动（刘欢和席鹏辉，2019）、消费（Chen，2018）、住房需求（Huang and Clark，2002）和幸福感（陈钊等，2012b）。同时，户籍制度显著影响企业的创新水平。在宏观层面，户籍制度对收入不平等（Whalley and Zhang，2007）、城市规模（梁琦等，2013）和劳动生产率（Au and Henderson，2006）也产生了显著影响。与以往研究不同，本章从新的视角探讨了户籍政策如何影响家庭的资产配置。

第二，本章扩展了对家庭资产配置的研究。自 1978 年改革开放以来，中国家庭的财富水平不断提升，家庭资产配置发生了显著变化。已有文献从多个角度研究了家庭资产配置问题，包括金融知识（尹志超等，2014）、房产预期回报率（赵乃宝等，2023）、外地生活经历（杨碧云等，2022）、健康水平（吴卫星等，2011）、上山下乡经历（周广肃等，2020）、数字金融发展（吴雨等，2021）、住房需求（张吉鹏等，2021）、子女性别（梁斌和陈茹，2022）和心理特征（高楠等，2019）等。然而，关于户籍对家庭资产配置影响的研究相对较少，本研究旨在填补这个空白。

第三，本章拓展了对住房需求的研究。大量文献关注收入不确定性如何影响住房拥有率和住房需求。在文献中，德赛沃和艾克霍特（Desalvo and Eeckhoudt，1982）以及特恩布尔等（Turnbull et al.，1991）使用理论模型证明，收入不确定性的增加会降低住房需求。与理论预测一致，随后大量实证研究发现，收入不确定性的增加会降低住房需求和住房拥有率（Haurin and Gill，1987；Haurin，1991；Robst et al.，1999；Diaz-Serrano，2005a；Diaz-Serrano，2005b；Shore and Sinai，2010；Gathergood，2011）。现有文献采用多种方法衡量收入不确定性，包括妻子收入在家庭总收入中的比重（Haurin and Gill，1987），从收入方程中估计的残差（Haurin，1991；Robst et al.，1999；Diaz - Serrano，2005a；Diaz - Serrano，2005b），失业的可能性（Gathergood，2011），以及夫妻双方是否从事同种类型的职业（Shore and Sinai，2010）。不同于以往文献，本章利用中国的户籍制度衡量不确定性。由于户籍状态与工作稳定性、可获得的教育资源以及享有的社会福利密切相关，农村户籍户主在城镇地区面临的收入不确定性水平更高，将显著影响他们的住房需求和资产配置。

第二节　中国户籍制度发展历程

一、中国户籍制度的演变历史

从新中国成立到现在，中国户籍制度的演变大致可以分为五个阶段：人口自由流动阶段（1949—1958 年）、人口流动严格控制阶段（1958—1978 年）、人口流动逐步放松阶段（1978—1996 年）、小城镇户籍改革全面推进阶段（1997—2001 年）、大城市户籍改革启动阶段（2002—2014 年）和户籍制度深入改革阶段（2014 年至今）。表 5.4 总结了每个阶段相应的户籍政策。

表 5.4　户籍制度改革历程

年份	月份	户籍政策
第一阶段：人口自由流动阶段（1949—1958 年）		
1951	7	公安部颁布了《城市户口管理暂行条例》，规定公安部统一管理城市户籍登记工作，标志着户籍管理制度初步形成
1953	4	《为准备普选进行全国人口调查登记的指示》和《全国人口调查登记办法》，在农村建立初步的户口登记制度
1955	6	国务院公布《关于建立经常户口登记制度的指示》，规定要在全国建立经常的户口登记制度，以掌握人口变动情况
1956	3	公安部召开首次户口工作会议，明确户口管理的功能为证明公民身份、统计人口数字以及发现与防止犯罪活动
1956	12	国务院公布《关于防止农村人口盲目外流的指示》，随后在 1957 年公布《关于防止农村人口盲目外流的补充指示》和《关于制止农村人口盲目外流的指示》，要求户籍部门严格管理户籍，制止农业人口盲目外流
第二阶段：人口流动严格控制阶段（1958—1978 年）		
1958	1	《中华人民共和国户口登记条例》颁布施行，规定公民应当履行户口登记义务，将居民区分为“农业户口”和“非农业户口”，并在经常居住的地方登记为常住人口，公民由农村迁往城市需符合相关规定，标志着城乡二元户籍制度的确定
1959	2	《中共中央关于制止农村劳动力流动的指示》，进一步制止农村人口盲目流动到城镇地区，规定“在城市和工矿区，必须严格执行粮食计划供应制度和户口管理制度，没有迁移证件不准报户口，没有户口不供应粮食”
1961	6	中共中央公布《关于减少城镇人口和压缩城镇粮销量的九条办法》，公安部转发《关于当前户口工作情况的报告》
1962	12	公安部出台《关于加强户口管理工作的意见》，再一次要求严格限制农村人口迁往城市。该意见指出，“对农村迁往城市的，必须严格控制；城市迁往农村的，应一律准予落户，不要控制；城市之间必要的正常迁移，应当准许。但中、小城市迁入大城市的，特别是迁入北京、上海、天津、武汉、广州等五大城市的，要适当控制”
1977	11	国务院批准并转发《公安部关于处理户口迁移的规定》，提出要严格控制由农业人口转为非农业人口，“从农村迁往市、镇（含矿区、林区等），由农业人口转为非农业人口，从其他市迁往北京、上海、天津三市的，要严加控制”
第三阶段：人口流动逐步放松阶段（1979—1996 年）		
1979	6	国务院出台《国务院批转公安部、粮食部关于严格控制农业人口转为非农业人口的意见的报告》，指出“粮食部门要坚决制止不按政策规定把集体所有制单位的农业人口就地转为非农业人口”

续表

年份	月份	户籍政策
1980	9	公安部、粮食部、国家人力资源局联合颁布《关于解决部分农村专业技术干部家庭由国家转移到城镇供粮问题的规定》一定程度上放松了“农转非”政策
1981	12	国务院出台《国务院关于严格控制农村劳动力进城做工和农村人口转为非农村人口的通知》，指出“粮食部门要按照政策规定严格控制农业人口转为非农业人口。不符合规定的，不供应商品粮”
1984	10	国务院颁发了《国务院关于农民进入集镇落户问题的通知》，允许符合条件的农民自理口粮落户集镇，意味着城乡人口流动成为可能
1985	7	公安部出台《关于城镇暂住人口管理的暂行规定》，居民可申请《暂住证》或《寄住证》暂住城镇地区，规定“暂住拟超过三个月的十六周岁的人，须申领《暂住证》”
1985	9	《中华人民共和国居民身份证条例》颁布，规定16岁以上的公民需领身份证，开始实施居民身份证制度
1992	8	公安部公布《关于实行当地有效城镇居民户口的通知》，在小城镇、经济特区、经济开发区、高新技术产业开发区实行当地有效城镇户口制度，允许外商亲属、投资办厂人员、被征地的农民以“蓝印户口”形式在城镇入户
1993	11	中共中央《关于建立社会主义市场经济体制若干问题的决定》提出，“鼓励和引导农村剩余劳动力逐步向非农产业转移和地区间的有序流动”
1995	9	中央社会管理综合治理委员会公布《关于加强流动人口管理工作的意见》提出，“加强疏导，促进农村剩余劳动力就地就近转移”“允许农民工进城务工经商，兴办企业，并根据一定条件，允许农民在小城镇落户”
1995	6	公安部颁布《暂住证申领办法》，加强流动人口管理
第四阶段：小城镇户籍改革全面推进阶段（1997—2001年）		
1997	6	国务院批准《小城镇户籍管理制度改革试点方案》，指出“允许已经在小城镇就业、居住并符合一定条件的农村人口在小城镇办理城镇常住户口，以促进农村剩余劳动力就近、有序地向小城镇转移，促进小城镇和农村的全面发展，维护社会稳定。同时，继续严格控制大中城市特别是北京、天津、上海等特大城市人口的机械增长”
1998	6	国务院转发公安部《关于解决当前户口管理工作中几个突出问题的意见》，对当前户籍管理存在的问题提出四点意见：①实行婴儿落户随父随母自愿的政策；②放宽解决夫妻分居问题的户口政策；③父母进城投靠子女落户政策；④在城市投资、兴办实业、购房的公民及随其共同居住的直系亲属，符合条件准予落户
1998	10	党的十五届三中全会提出要制定和完善促进小城镇健康发展的政策措施

续表

年份	月份	户籍政策
2000	6	国务院公布《关于促进小城镇健康发展的若干意见》，指出要改革小城镇户籍管理制度，“为鼓励农民进入小城镇，从2000年起，凡在县级市市区、县人民政府驻地镇及县以下小城镇有合法固定住所、稳定职业或生活来源的农民，均可根据本人意愿转为城镇户口，并在子女入学、参军、就业等方面享受与城镇居民同等待遇，不得实行歧视性政策”
2001	3	国务院批转公安部《关于推进小城镇户籍管理制度改革的意见》，指出“通过改革小城镇户籍管理制度，引导农村人口向小城镇有序转移，促进小城镇健康发展，加快中国城镇化进程”
第五阶段：大城市户籍改革启动阶段（2002—2014年）		
2008	—	深圳市颁布《居住证暂行办法》，规定“在深圳市内居住三十日以上、已满十六周岁未满六十周岁的非深圳市户籍人员应当申办居住证”
2009	—	重庆市出台《统筹城乡综合配套改革试验总体方案》，提出要深化户籍制度改革，“以县城和小城镇为重点，放宽入户条件”“鼓励在城镇稳定就业的农民工家庭自愿退出宅基地使用权、土地承包经营权，进入城镇安家落户，享有城镇居民社会保障和公共服务”
2010	—	广东省提出积分落户方案；成都市出台《关于全域成都城乡统一户籍实现居民自由迁徙的意见》，提出“在全域成都范围内统一户籍，实现自由迁徙”
2011	2	国务院出台《国务院办公厅关于积极稳妥推进户籍管理制度改革的通知》，提出“引导非农产业和农村人口有序向中小城市和建制镇转移，逐步满足符合条件的农村人口落户需求，逐步实现城乡基本公共服务均等化”
2013	11	通过《中共中央关于全面深化改革若干重大问题的决定》，提出要“推进农业转移人口市民化，逐步把符合条件的农业转移人口转为城镇居民。创新人口管理，加快户籍制度改革，全面放开建制镇和小城市落户限制，有序放开中等城市落户限制，合理确定大城市落户条件，严格控制特大城市人口规模”。同年，上海市开始实施积分落户制度
第六阶段：户籍制度深入改革阶段（2014年至今）		
2014	3	中共中央、国务院印发《国家新型城镇化规划（2014—2020年）》，指出要有序推进农业转移人口市民化，推动大中小城市和小城镇协调发展
2014	7	国务院出台《关于进一步推进户籍制度改革的意见》，提出进一步调整户口迁移政策。具体措施包括全面放开建制镇和小城市落户限制、有序放开中等城市落户限制、合理确定大城市落户条件、严格控制特大城市人口规模、建立居住证制度等

续表

年份	月份	户籍政策
2015	5	国务院批转国家发展改革委《关于2015年深化经济体制改革重点工作意见》，提出“要抓紧实施户籍制度改革，落实放宽户口迁移政策，完善配套措施，建立城乡统一的户口登记制度”
2015	11	国务院通过《居住证暂行条例》，指出“公民离开常住户口所在地，到其他城市居住半年以上，凡符合有合法稳定就业、合法稳定住所或连续就读条件之一的，可以依照本条例申领居住证”
2016	2	国务院出台《国务院关于深入推进新型城镇化建设的若干意见》，提出加快落实户籍制度改革政策，要“促进有能力在城镇稳定就业和生活的农业转移人口举家进城落户，并与城镇居民享有同等权利、履行同等义务。鼓励各地区进一步放宽落户条件，除极少数超大城市外，允许农业转移人口在就业地落户”
2016	9	《国务院办公厅关于印发推动1亿非户籍人口在城市落户方案的通知》，要求“除极少数超大城市外，全面放宽农业转移人口落户条件”
2020	4	国务院出台《关于构建更加完善的要素市场化配置体制机制的意见》，提出要“深化户籍制度改革，引导劳动力要素合理畅通有序流动”“放开放宽除个别超大城市外的城市落户限制，试行以经常居住地登记户口制度。建立城镇教育、就业创业、医疗卫生等基本公共服务与常住人口挂钩机制，推动公共资源按常住人口规模配置”
2022	6	国家发展改革委印发《“十四五”新型城镇化实施方案》，提出“全面取消城区常住人口300万以下的城市落户限制；全面放宽城区常住人口300万至500万的Ⅰ型大城市落户条件；完善城区常住人口500万以上的超大特大城市积分落户政策”

资料来源：段成荣，王文录，王太元．户籍制度50年［J］．人口研究，2008（1）：43-50；国家发展和改革委员会．人口和社会发展报告2014：人口变动与公共服务［R］．https：//www. ndrc. gov. cn/fzggw/jgsj/shs/sjdt/201507/t20150731_1121641_ext. html，2014；孙文凯．中国的户籍制度现状、改革阻力与对策［J］．劳动经济研究，2017，5（3）：50-63；陈晶．人口流动、户籍制度与房价［M］．北京：经济科学出版社，2020。其他来源包括国务院等相关部门网站。

新中国成立初期，居民可自由迁徙。当时，中国实行计划经济，政府为城镇国有企业职工提供食物配给、工作分配、廉租房、医疗和养老保障等福利，而农村居民未享受这些社会福利，导致城乡生活水平存在差异。农村居民渴望前往城镇工作，部分人盲目涌入城市，形成“盲流”现象。然而，城镇地区资源有限，无法为所有农村居民提供就业机会，同时，城镇工业化发展需要农村提供生产资料（Chan，2009）。在此背景下，1958年，政府颁布了《中华人民共和国户口登记条例》，引入户籍制度，以管理和限制城乡人口流动。该制度在一定程度上维持了“既不能让城市劳动力盲目增加，又不能让农村劳动力盲目外流”的局面，促成了城乡二元经济格局的形成（朱江丽和李子联，2016；赵军洁和张晓旭，2021）。

1958—1978 年，中国对人口流动实行了严格的控制。户籍制度将居民分为农业（农村）户口和非农业（城镇）户口，每位居民的户籍需在特定地点注册，如村或街道。当时，农村户籍居民原则上仅被允许在农村地区从事农业生产工作。若需前往城镇就业，必须申请通行证。这一过程既烦琐又困难。此外，户籍制度规定居民继承母亲的户籍类型，农业户籍向非农业户籍的转变极为困难。因此，户籍制度在福利分配和限制城市人口增长方面发挥了重要作用（Cheng and Selden，1994；Chan and Zhang，1999）。

1978 年，党的十一届三中全会召开后，中国进入改革开放新时期，城镇地区经济迅速增长，就业机会逐渐增多，特别是在沿海地区，对劳动力的需求不断上升。与此同时，农业地区生产力提高，农村富余劳动力增加，这些居民渴望前往城市寻求更高收入的工作。在此背景下，政府启动了户籍制度改革，逐步放宽对人口流动的限制。1978—1996 年，中国处于人口流动逐步放宽阶段。在此期间，农民进城务工经商成为可能，“农转非”政策逐步放宽，“暂住证”和“蓝印户口”等制度相继出台。

1997—2001 年，中国进入了小城镇户籍改革全面推进阶段，国家放宽了小城镇的落户限制。自 2002 年起，中国的大城市开始全面推进户籍改革，重庆、成都、上海等城市相继出台了相关措施。目前，居民可以自由迁徙至任何城市工作和生活，获得城市户籍也变得相对容易。在一些城市，居民可以通过接受高等教育、在城市就业或购买住房获得当地户籍。然而，在特大城市如北京和上海，获取城市户籍仍然相对困难。2014 年，国务院发布了《关于进一步推进户籍制度改革的意见》，标志着中国户籍制度进入了深入改革阶段。该《意见》提出，要取消农业与非农业户口性质区分，建立城乡统一的户口登记制度，并扩大基本公共服务的覆盖面，促进基本公共服务均等化。2022 年，国家发展改革委发布了《“十四五”新型城镇化实施方案》，提出要完善城镇基本公共服务提供机制，包括“建立基本公共服务同常住人口挂钩、由常住地供给的机制，稳步提高非户籍常住人口在流入地享有的基本公共服务项目数量和水平，推动城镇基本公共服务常住人口全覆盖”。

二、不同户籍居民公共服务与社会福利的差异

尽管政府对户籍制度进行了一系列改革，但目前在城镇地区，农村户籍

居民（包括户籍注册地在城镇地区的农村户籍居民，以及户籍注册地在农村地区的农村户籍居民，即农民工群体）和本地城镇户籍居民之间仍然存在一定的差异。这些差异体现在就业、工作类型、工资、教育、社会保障等方面。表 5.5 总结了本地城镇户籍居民与农民工在公共服务和社会福利享受方面的差异。

表 5.5　不同户籍居民公共服务与社会福利的差异

变量	本地城镇户籍居民	农民工
就业	优先招本地城镇户籍员工	面临就业歧视，特别是公有部门
工作类型	长期、正式的工作	临时、非正式的工作
工资	工资待遇更好	工资较低
教育	享有当地公立学校教育资源	缴纳“借读费”“赞助费”“择校费”，就读私立学校
政治权利	完全享有	基本不能参与
社会保障	当地社会保障体系内	根据就业单位情况而定
保障性住房	完全享有	没有当地户籍，无法申请保障性住房
住房公积金	完全享有	根据就业单位情况而定

资料来源：张路：《“双重属性”下的中国家庭住房需求与住房市场》，经济科学出版社 2019 年版；陈晶：《人口流动、户籍制度与房价》，经济科学出版社 2020 年版。

本研究认为，农村户籍居民与本地城镇户籍居民在三个方面存在差异，这些差异影响了其在住房市场上的购房决策。

首先，农村户籍居民在城镇地区面临较高的不确定性。例如，他们在城市的就业稳定性较低，获得的教育资源和社会保障也相对有限。城镇地区许多高薪且稳定的工作（如国有企业职位）通常要求员工拥有城镇户籍。因此，农民工大多在非正式部门就业或选择自主创业。当经济受到冲击时，农村户籍员工被解雇的可能性更大。此外，农民工被城镇医疗保障体系覆盖的可能性较低，其子女就读当地公立学校的机会也较少（Song，2014）。因此，当子女达到入学年龄时，许多农民工选择辞去城市工作返回家乡，或将子女送回家乡由老年人照料，引发了“留守儿童”和“留守老人”等社会问题。由于上述不确定性，农民工通常只在城市短暂工作和生活，没有在城市长期定居的计划。

其次，城镇地区的农村户籍居民获得政策性住房的可能性较低。中国城镇地区直到20世纪90年代才建立统一的住房市场。在此之前，城镇居民大多不拥有住房，而是居住在单位提供的住房中，每月仅需支付少量租金。1994年，中国城镇地区启动住房私有化改革，企事业单位职工有机会以低于市场价的价格购买单位住房（Wang and Murie，1996）。这类住房通常被称为“房改房”或“福利房”，而农村户籍居民获得此类住房的可能性较低。与此同时，城镇地区经历了快速发展，政府重新规划和建设了许多地区，一些家庭因此经历拆迁，获得拆迁补偿，或以较低价格购买新建房屋。农村户籍居民获得这些机会的可能性也相对较低。此外，随着房价上涨，一些城市为本地中低收入居民提供廉租房或经济适用房，但通常只有本地城镇户籍居民才有资格申请这类住房。因此，由于难以获得政策性住房，城镇地区的农村户籍居民面临较高的住房成本。

再次，城镇地区的农村户籍居民面临更高的住房贷款利率。1994年，政府在全国范围内推行住房私有化改革，并在城镇地区引入了住房公积金制度。根据该制度，雇员每月按一定比例将工资存入个人住房公积金账户，雇主也按相同比例为雇员缴存，比例一般在5%～12%。通常情况下，政府部门和国有企业的缴存比例更高。作为一种强制性储蓄计划，雇员不仅可以从公积金账户中获得利息收入，还可以在购房时申请住房公积金贷款，享受低于商业银行贷款利率的优惠。例如，2019年，五年以上住房公积金贷款利率为3.25%，比同期商业银行贷款利率低约2个百分点。尽管政府要求城镇地区所有企事业单位为雇员提供住房公积金，但实际上，大多数农村户籍居民未能享受这个福利。这意味着他们在购房时只能申请商业银行贷款，承担更高的利息成本。

第三节　文献综述

一、户籍制度对个人和家庭的影响

现有研究表明，中国的户籍政策造成了城乡二元分割，对居民的受教育水平、收入、消费和住房需求等产生了显著影响。

（一）受教育水平

居民的户籍状态与其可获得的教育资源密切相关。由于城乡二元分割和经济发展水平的差异，中国城镇地区集中了优质的教育资源，而农村地区的教育资源相对匮乏。因此，拥有城镇户籍的居民更有机会接受高质量的教育，受教育水平也相对较高。研究表明，与15岁之前获得城镇户籍的劳动者相比，15岁之后才获得城镇户籍的劳动者受教育水平和收入均较低（Liu，2005）。此外，户籍状态不仅影响个体的受教育水平，还对其认知能力产生显著影响。一些学者通过随机实验比较了农村户籍和城镇户籍学生的认知能力差异。研究显示，当户籍身份被公开时，农村户籍学生的认知能力表现显著低于城镇户籍学生（Afridi et al.，2015）。另有学者利用2013—2014年中国教育追踪调查数据（CEPS）发现，那些认为自己有公平机会就读本地高中的农村户籍学生，在学业成绩和非认知能力（如自信心、学习动力等）方面表现更佳（Guo and Zhao，2019）。

此外，少数学者关注农民工随迁子女在城镇地区的入学问题。肖利平和刘点仪（2021）发现，与农村地区儿童相比，农民工随迁子女在城镇地区获得了更好的教育机会，取得了更优异的学业成绩，并对自身有更高的教育期望。同时，赵颖和石智雷（2017）利用2012年全国流动人口动态监测数据发现，在农民工集聚程度较高的城市，随迁子女面临的入学困难更为严重。

（二）收入水平

城镇劳动力市场中，农村户籍与城镇户籍劳动者的收入差异，既源于教育水平的差异，也源于劳动力市场中的户籍歧视。基于2007年中国居民家庭收入调查（CHIP）数据的研究发现，农民工的工资仅为城镇户籍劳动者的49%（Zhang et al.，2016）。该研究通过瓦哈卡-布林德（Oaxaca-Blinder）分解方法分析两类群体的工资差异，结果显示，17%的差异无法通过个体可观测特征（如教育程度、工作经验等）解释，证实了劳动力市场中存在户籍歧视。此外，研究表明，农民工与本地城镇户籍劳动者之间存在职业隔离现象。由于户籍歧视，一部分本应获得白领职位的农民工实际上从事蓝领工作，这一比例约为6%（Meng and Zhang，2001）。进一步分析发现，职业隔离现象可以解释约6%的工资差异。另有研究利用1993—2011年中国健康与营养调查（CHNS）数据检验户籍对居民收入的影响（Boffy-Ramirez and Moon，2018）。结果显示，城镇户籍劳动者的收入比农村户籍劳动者高30%，在控制个体固定效应后，该差异降至6%~8%。异质性分析表明，该差异主要存在于男性劳动者样本中。

（三）居民消费

自2000年以来，中国居民消费占国民收入的比重持续下降。现有文献从多个角度探讨其背后的原因，包括生命周期假说、流动性约束理论、文化因素、预防性储蓄理论、收入分配、性别比失衡以及户籍制度等。从户籍制度的视角，有学者（Chen，2018）指出，农村户籍居民消费水平较低主要有两方面原因：一方面，农村户籍居民在就业中面临歧视，享有较低水平的养老和医疗保障，因此承担着更高的财务风险；另一方面，农村户籍居民在城镇地区多为短期移民，其收入多为暂时性收入，因而更倾向于储蓄而非消费。基于 2002 年中国社会科学院经济研究所收入分配课题组的住户调查数据，陈斌开等（2010）发现，城镇居民的边际消费倾向显著高于农民工群体。此外，毛盛志等（2018）通过构建世代交叠模型以解释城镇地区农民工和农转非居民的储蓄率差异，该模型预测农民工储蓄率高于农转非居民。作者随后使用 2013 年中国家庭收入调查数据验证了该预测。王乙杰和孙文凯（2020）使用 2010 年、2012 年和 2014 年中国家庭追踪调查数据检验了户籍变换对居民储蓄率的影响。作者同时使用倾向得分匹配法与双重差分法解决模型面临的内生性问题，结果显示，户籍变化使得农民工家庭的人均消费在短期提高了 2 104～3 297 元，在中期提高了 3 604～3 780 元，这意味着降低户籍制度的约束可以显著增加农民工的消费水平。据德雷格等（Dreger et al.，2015）的估计，取消户籍制度的约束将使农民工的平均消费倾向增加 10%，家庭平均消费增加 2 500 元，经济体总的消费水平将上升 6 500 亿元。

（四）住房需求

现有研究表明，户籍制度对居民的住房需求具有显著影响。例如，有学者（Huang and Clark，2002）利用 1996 年的全国性住房调查数据，发现户籍身份显著影响居民的住房拥有率。张路等（2016）使用 2013 年中国家庭金融调查数据，研究了户籍对住房拥有率的影响，发现缺乏本地城市户籍会降低家庭的住房需求。还有学者（Liao and Zhang，2021）利用 2013 年中国家庭金融调查数据，探讨了户籍对居民住房拥有率和家庭财富的影响。通过工具变量估计，结果显示，相较于本地城镇户籍居民，农村户籍居民在城镇地区的住房拥有率较低，所拥有的住房财富和家庭财富水平也较低。此外，邹一南（2017）使用 2014 年国家卫计委流动人口动态监测数据和城市统计年鉴，考察了城市户籍管制放松对外来人口住房需求的影响。研究采用市辖区户籍人口与常住人口数量之比衡量城市的户籍管制强度，发现放松户籍管制对受教育水平高、有学龄子女、在城市居住五年以上的外来人口购房有更大的促进作用。现有研究（Cao et al.，2018）还发现，城镇户籍居民对住房面积的需求更大。

（五）劳动力流动

改革开放以来，中国流动人口数量迅速增长，大量居民实现了省内和跨省流动。由于户籍制度的限制，外来流动人口在迁入地城市落户面临诸多障碍，未获得本地户籍则无法享受相应的社会福利。因此，户籍制度的约束对劳动力迁徙产生了显著影响。刘欢和席鹏辉（2019）利用2016年流动人口动态监测数据发现，户籍管制显著降低了流动人口与老人、小孩等举家迁徙的可能性。刘军辉和张古（2016）基于新经济地理学中间投入品模型，构建了户籍制度演变模型，研究户籍制度和土地产权制度改革对中国农村劳动力流动的影响。模型预测，降低户籍制度的约束会提高农村劳动力流动水平，释放经济红利。同时，如果农民工能将土地租金带入城市，则更能促进地区经济发展。与以往文献不同，张吉鹏等（2020）关注了劳动力回流现象，即劳动力曾在户籍地外工作或居住一定时间但已返回户籍地。作者使用2017年和2019年中国家庭金融调查数据，估计了城市落户门槛对劳动力回流的影响。工具变量估计结果显示，外出地落户门槛越高，农民工选择回流的可能性越大。

（六）幸福感

现有研究表明，户籍制度对居民幸福感具有显著影响。陈钊等（2012b）指出，当较为富裕的邻居收入水平上升时，对城市中低技能群体所提供的服务需求增加，因此，受教育水平较低的移民幸福感显著提升，而受教育水平较高的移民幸福感没有显著变化。赵奉军（2016）利用2010年和2012年中国家庭追踪调查数据，研究了户籍变化对居民生活满意度的影响，结果显示，从农村户籍转为城镇户籍显著提升了居民的生活满意度。张诚等（2023）基于2010—2018年中国家庭追踪调查数据，同样发现户籍状态的改变显著增加了居民的生活满意度。异质性分析表明，户籍状态改变能提高年龄较高、收入水平较高、没有负债，以及没有房贷的居民的生活满意度。机制分析显示，户籍状态改变通过提高居民收入、促进创业、增强对未来生活的信心，从而提升生活满意度。此外，王术坤（2022）使用2014年中国劳动力动态调查（CLDS）数据，发现户籍状态的改变显著提升了居民的社会地位。

（七）其他影响

此外，现有文献还探讨了户籍制度对个体其他行为的影响。吴晓刚（2007）通过分析1996年当代中国生活史和社会变迁抽样调查数据，发现农村户籍居民中代际职业流动性较高，即子女从事与父母相同类型工作的可能性较大。邢春冰和聂海峰（2010）研究了户籍制度对婚姻市场的影响。使用2005年人口普查数据，作者发现，取消落户随母的规定使得城镇地区男性与农村地区女性结婚的可能性增加了5%。基于2006年和2007年在上海市展开的微观调查数据，陈钊等（2012a）发现，城市中存在基于户籍的居住分割现象。数据显示，非本地户籍居民的居住条件较差，对社区的评价较低，社会互动水平和信任感也较低。同时，陈钊等（2014）使用2010年中国社会综合调查数据，发现非本地居民的公共意识和公共参与水平较低。戴圣涛（2021）使用2015年中国社会统合调查数据，研究户籍变化对居民金融资产配置的影响。作者选择省级城镇化率和人均耕地面积作为户籍变化的工具变量。结果显示，户籍状态变化显著优化了进城农民工的金融资产配置。具体而言，随着户籍状态的改变，居民持有金融资产的比例增加，持有存款的比例下降。有研究（Shi and Yan，2018）探讨了城镇化进程中不同户籍居民之间风险偏好的差异。使用2013年中国社会综合调查数据，作者发现相比于农村地区的居民，城镇地区的农转非居民以及农村户籍居民的风险偏好程度更高，表现为投资风险金融资产的可能性更大。

二、户籍制度对企业创新的影响

劳动力流动对企业创新的影响在现有文献中尚未达成一致。有研究利用中国城市逐步放松户籍管制这一外生政策，探讨了劳动力流动对流入地城市企业创新的影响（Chen et al.，2020）。通过分析1997—2016年上市公司数据并采用交叠双重差分模型，作者发现，“农村-城市”的劳动力流动降低了流入地企业的创新水平。可能的解释是，户籍政策放松后，大量低技能工人流入城市，企业对研发的投入动机减弱。相反，戴蕙阳等（2021）使用1990—2014年中国上市公司数据发现，地区劳动力流动性越强，企业获得的专利数量越多。作者认为，这种促进作用源于劳动力成本上升对企业创新激励的增强。此外，马鑫（2022）利用2000—2013年中国工业企业数据和2000—2017年上市集团企业数据，研究了户籍限制对企业创新的影响。结果显示，随着城市落户门槛的提高，企业创新水平下降，但该负面影响在集团企业中不明显。总体而言，劳动力流动对企业创新的影响因研究方法、数据样本和具体情境的不同而有所差异。

三、户籍制度对宏观经济的影响

现有研究表明，户籍制度对中国宏观经济产生了显著影响。研究表明，户籍制度对劳动力流动的限制降低了地区经济集聚水平、最优城市规模以及产出水平（Au and Henderson，2006）。也有研究发现，取消户籍制度的约束可以降低全国层面的收入不平等程度，表现为基尼系数和泰尔指数的下降（Whalley and Zhang，2007）。梁琦等（2013）通过构建劳动力区位选择模型，研究了户籍制度对中国城市层级体系的影响，数值模拟结果显示，户籍制度改革可以促进劳动力流动，扩大城市规模，进而优化城市层级体系。朱江丽和李子联（2016）构建了包含异质性偏好的劳动力跨期流动模型，研究户籍改革对地区经济发展的影响，结果显示，户籍改革提升了城镇化水平、地区竞争力和市场需求，进而影响地区经济集聚水平。谭策天和何文（2019）通过构建两部门、两要素的新经济地理学模型，研究了户籍对城市体系演化的影响，结果表明，户籍制度阻碍了劳动力流动和中国城市化进程，并对城市体系演化产生了复杂影响。有学者基于两部门、多地区的一般均衡模型，研究了中国地区贸易成本和劳动力流动成本下降对贸易量、移民、劳动生产率和福利的影响，结果显示，随着劳动力流动成本的下降，省内和省外移民数量分别增加了15%和82%，劳动生产率提高了5%，经济总体福利水平增加了11%（Tombe and Zhu，2019）。曹芳芳等（2020）使用2000年和2010年人口普查数据，以及2005年和2015年1%全国人口抽样调查数据，发现劳动力迁徙推动了经济结构从农业向非农业转变，提高了第二产业和第三产业的生产率，并提升了非农产业的配置效率。

第四节　理论分析

经济学家指出，住房具有双重属性（Henderson and Ioannides，1983；Rothenberg，1983；Brueckner，1997；Arrondel and Lefebvre，2001）。一方面，住房为消费者提供居住场所，因此它是一种消费品；另一方面，住房又是家庭最重要的资产之一，具有投资属性。消费者的住房需求受消费需求和投资需求的相对大小影响（Henderson and Ioannides，1983；Fu，1991；Ioannides and Rosenthal，1994）。本部分采用“购房-租赁”选择模型（tenure choice model）对消费者的购房行为进行理论分析，并探讨户籍对家庭住房资产配置的影响。

亨德森和约尼德斯（Henderson and Ioannides，1983）最早提出住房具有双重属性的特征，并构建了“购房-租赁”选择模型解释消费者的住房选择。基于他们的研究，以及约尼德斯和罗森塔尔（Ioannides and Rosenthal，1994）的进一步分析，本部分通过图5.3展示消费者在不同情况下的住房选择。在图5.3中，纵轴表示消费者的住房消费需求和投资需求。为了简化分析，我们假设住房消费需求固定为 1，即每个家庭都会消费一单位住房。横轴则代表影响住房投资需求的因素，如受教育水平、父母购房资助、收入水平等。图 5.2 显示，随着横轴数值的增加（如不确定性降低），消费者的住房投资需求也随之上升。

在图 5.3 中，消费者的住房选择经历四个阶段。第一阶段，消费者几乎没有住房投资需求，只有住房消费需求。因此，他们选择租房，成为租房者。进入第二阶段，消费者的住房投资需求开始增加，但仍然低于消费需求。在这种情况下，消费者依然选择租房。不过，与第一阶段不同的是，他们开始投资一定数量的住房，并将购买的房屋出租给其他人，以收取租金。第三阶段，消费者的住房投资需求接近住房消费需求。这时，他们会选择购房，成为房主。第四阶段，消费者的住房投资需求远超住房消费需求。在这种情况下，他们会投资多套住房，自己居住其中的一部分，并将剩余的房屋出租给他人。

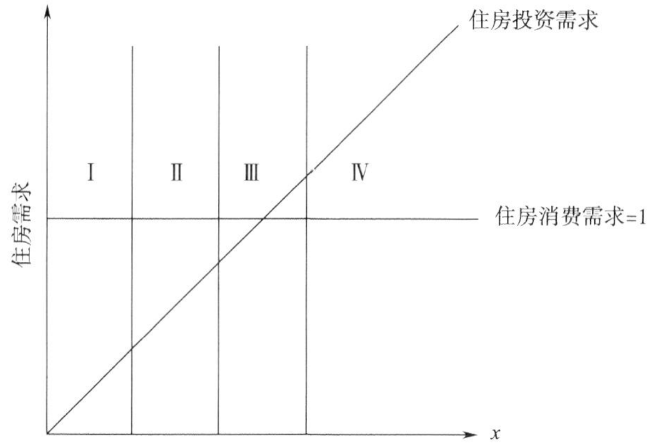

图 5.3　“购房–租赁”选择模型

借鉴德赛沃和艾克霍特（Desalvo and Eeckhoudt，1982）的研究，本章假设消费者的目标是最大化两期的效用函数，并假定该效用函数具有加法分离（additively separable）的特性。在第一期，消费者参加工作，但存在 π 的可能性会失业。如果不失业，收入为 y_H 。如果失业，收入为 y_L 。消费者的效用取决于对基准商品（numeraire goods）和住房的消费，假定住房消费固定为 1 个单位。消费者选择消费品 x ，储蓄 s 和投资性住房需求 h_I ，最大化两期效用函数。消费者以价格 P 购买 h_I 单位的住房，并以租金 R 将这些房屋出租给其他人。同时，消费者可以通过银行为每单位住房获得 L 单位的贷款。本章假定储蓄的回报率为存款利率 r，而住房资产的回报率 θ 是不确定的。进入第二期后，消费者退休，不再有劳动收入。此时，消费者的预期效用 $V(W)$ 取决于第二期期初的财富 W。在这一阶段，消费者需要偿还住房贷款，贷款利率等于存款利率 r。

消费者面临如下的最优化问题：

$$\max_{x,\ h_I,\ s}(1-\pi)U(x_H,\ h_c=1)+\pi U(x_L,\ h_c=1)+E[V(W)] \tag{5.1}$$

在（5.1）式中，当消费者就业时 $x_H=y_H-(P-L-R)h_I-s-R$，当消费者失业时 $x_L=y_L-(P-L-R)h_I-s-R$。消费者在第二期的财富 W 等于 $(1+r)s+P(1+\theta)h_I-L(1+r)h_I$。求解该模型可知，当消费者的绝对风险规避系数 $-V''/V'$ 随着财富的增加而减少时，不确定性水平 π 的增加会降低消费者的住房投资性需求（$\mathrm{d}h_I/\mathrm{d}\lambda<0$）和预期财富（$\mathrm{d}E(W)/\mathrm{d}\pi<0$）。由第二节的分析可知，农村户籍居民在城镇地区面临较高的不确定性。因此，该模型说明农村户籍居民在城镇地区有较低的可能性成为住房拥有者，拥有的财富水平也较低。本章的实证部分将对模型理论预测进行检验。

第五节　数据和实证设计

一、数据介绍

本章的实证分析使用了 2011—2019 年中国家庭金融调查数据。中国家庭金融调查数据详细考察了有关家庭金融行为的情况，包括金融资产、非金融资产、债务、保险和消费等信息，其中，家庭的金融资产涵盖存款、股票、债券、基金和金融衍生品，而非金融资产则包括农业生产资产、商业资产、住房和土地。调查问卷收集了每种资产的当前市场价值及相关债务信息，这些数据有助于计算家庭的净财富。同时，数据还记录了家庭最多三套住房的详细情况，包括房屋面积、数量、产权性质和市场价值。此外，中国家庭金融调查数据还收集了家庭成员的详细人口统计信息，比如，受访者及配偶的户籍信息、户口所在地，以及户籍是否发生变动和变动的具体年份。

本章使用的样本包括居住在城镇地区、年龄在 18~65 岁的户主，并对比了两类户主的资产配置情况。基准组是拥有城镇户籍的户主（共 50 091 个样本），对照组则是居住在城镇但户籍仍为农村的户主（共 27 910 个样本）。在城镇地区，农村户籍的户主可以分为两类：第一类是本地农村户籍居民，他们的户籍虽然是农村，但注册地就在当地（15 699 个样本）；第二类是外来农民工，他们同样是农村户籍，但户籍注册地位于更远的农村地区（12 211 个样本）。

二、模型设定

为了检验农村户籍和本地城镇户籍居民住房拥有率的差异，本章采用如下模型：

$$P(OwnHous_{it} = 1) = \alpha + \beta \cdot RuralHukou_{it} + \gamma \cdot X_{it} + \theta_t + \delta_p + \varepsilon_{it} \tag{5.2}$$

其中，$OwnHous_{it}$ 是一个虚拟变量，取值为 1 代表户主 i 在 t 期在本地拥有住房。$RuralHukou_{it}$ 为模型的核心解释变量，该变量为一个虚拟变量，取值为 1 代表户主拥有农村户籍，取值为 0 代表户主拥有城镇户籍。X_{it} 为代表一系列人口统计学变量，包括年龄、年龄的平方、受教育程度、婚姻状态、家庭收入，以及一个表示是否在政府部门或国企工作的虚拟变量。政府和国企的工作通常更稳定，福利水平也更高，因此会影响家庭的资产水平。δ_p 为省份固定效应，用于控制省级层面的一些不可观测因素。θ_t 代表时间固定效应，ε_{it} 是模型残差项，本章将标准误聚类在省份层面。

同时，本章使用模型（5.3）分析农村和城镇户籍户主在资产配置上的差异：

$$Wealth_{it} = \alpha + \beta \cdot RuralHukou_{it} + \gamma \cdot X_{it} + \theta_t + \delta_p + \varepsilon_{it} \tag{5.3}$$

$Wealth_{it}$ 是模型的核心被解释变量，包括净住房资产、住房财富增值、金融资产、其他非金融资产和净资产。其中，家庭的净住房资产等于住房总价值减去住房贷款等相关债务。住房财富增值指的是家庭所有住房的当前市场价值减去当初购买时的价格。金融资产包括存款、股票、基金、理财产品、债券、金融衍生品以及非人民币资产等。其他非金融资产则涵盖农业资产、工商业经营资产、土地资产、车辆和耐用消费品等。最后，家庭净资产是指家庭所有资产的总价值减去所有负债后的净值。

表 5.6 按照户主的户籍状态汇总了各变量的描述性统计。数据显示，农村户籍户主在本地拥有住房的比例为 79.01%，其平均净资产、金融资产、净住房资产和住房财富增值分别为 101.34 万元、9.74 万元、71.79 万元和 37.24 万元。此外，农村户籍户主拥有的其他非金融资产的平均价值为 24.43 万元，其中，农业资产平均 0.21 万元，工商业资产平均 9.06 万元，土地资产平均 14.70 万元，车辆资产平均 3.53 万元，耐用品资产平均 1.96

万元。相比之下，城镇户籍户主在本地拥有住房的比例为 85. 50%，比农村户籍户主高出约 6. 5 个百分点。城镇户籍户主的平均净资产、金融资产、净住房资产和住房财富增值分别为 138. 91 万元、14. 13 万元、103. 40 万元和 61. 21 万元，这些数值都高于农村户籍户主拥有的同类资产。城镇户籍户主的其他非金融资产平均为 18. 35 万元，其中，农业资产平均 0. 06 万元，工商业资产平均 7. 92 万元，土地资产平均 3. 23 万元，车辆资产平均 3. 97 万元，耐用品资产平均 3. 36 万元。总体而言，城镇户籍户主在车辆和耐用品上的资产价值更高，而农村户籍户主在农业资产、工商业资产和土地资产上的价值更高。此外，除了资产价值的差异，两类户主在其他个人特征上也存在明显不同。与城镇户籍户主相比，农村户籍户主平均年龄略低，受教育程度和收入较低，在政府部门工作的比例较低，但家庭规模更大，男性户主比例更高，就业比例更高。

表 5.6　描述性统计

变量	农村户籍户主			城镇户籍户主			T 统计量
	观测值	平均值	标准差	观测值	平均值	标准差	
净资产	37 192	101. 340 3	193. 344 8	40 662	138. 905 4	221. 962 8	−25. 076 7
金融资产	37 265	9. 739 6	53. 854 2	40 736	14. 128 1	44. 648 3	−12. 427 9
除住房外其他非金融资产	37 265	97. 448 9	1 125. 641 0	40 736	120. 899 8	417. 166 6	−3. 920 8
在本地至少有一套住房	37 265	0. 790 1	0. 407 2	40 736	0. 855 0	0. 352 1	−23. 859 2
净住房资产	33 607	71. 790 0	144. 577 3	38 457	103. 398 6	168. 984 6	−26. 779 0
住房财富增值	22 538	37. 237 1	77. 978 0	28 696	61. 214 9	94. 756 0	−30. 693 4
其他非金融资产	33 607	24. 433 8	258. 053 4	38 457	18. 352 0	383. 518 5	2. 460 8
农业资产	37 261	0. 206 7	5. 363 95	40 733	0. 062 5	3. 812 8	4. 355 8
工商业资产	35 058	9. 061 2	74. 501 6	39 082	7. 922 6	71. 090 0	2. 128 5
土地资产	36 882	14. 695 1	1 117. 797 0	40 646	3. 234 5	365. 062 2	1. 955 3
车辆	35 454	3. 525 4	10. 893 5	38 221	3. 974 4	12. 202 0	−5. 253 6
耐用品	37 257	1. 959 1	9. 608 1	40 724	3. 357 0	17. 201 6	−13. 835 0
受教育水平	37 228	9. 587 8	3. 611 2	40 675	11. 973 8	3. 419 4	−94. 706 5

续表

变量	农村户籍户主			城镇户籍户主			T统计量
	观测值	平均值	标准差	观测值	平均值	标准差	
年龄	37 265	46.663 5	11.429 8	40 736	47.770 1	10.913 6	-13.829 2
男性	37 265	0.770 8	0.420 3	40 736	0.677 3	0.467 5	29.253 9
已婚	37 265	0.874 1	0.331 8	40 736	0.861 9	0.345 0	5.004 4
健康状况	37 265	0.473 1	0.499 3	40 736	0.467 8	0.499 0	1.468 5
有工作	37 265	0.770 1	0.420 8	40 736	0.651 1	0.476 6	36.805 3
在政府部门工作	37 265	0.116 1	0.320 3	40 736	0.293 4	0.455 3	-62.388 3
家庭规模	37 227	3.527 0	1.542 1	40 728	3.070 738	1.207 2	46.196 3
家庭收入	37 156	8.777 1	15.846 5	40 609	10.634 1	16.089 4	-16.193 0

注：家庭资产和收入的单位为万元。

第六节　主要实证结果

一、户籍和住房拥有率

本节首先探讨了城镇地区的农村户籍居民是否拥有更低的住房拥有率。表5.7展示了模型（5.2）的估计结果。在第（1）列中，被解释变量是一个虚拟变量，表示家庭是否在本地拥有住房。结果显示，在控制其他因素不变的情况下，农村户籍户主相比城镇户籍户主，在本地拥有住房的可能性低6.86个百分点。这与本研究的预期一致，由于农村户籍户主在城镇地区面临更高的不确定性，其在本地购房的意愿相对较低。在第（2）至（4）列中，本节进一步分析了户籍对居住区位的影响。这里的被解释变量分别是三个虚拟变量，分别表示家庭所在的小区是否位于市中心、小区是否有物业管理，以及小区的住房是否为农村结构住房。估计结果显示，相比城镇户籍户主，农村户籍户主居住在市中心的可能性低17.57个百分点，居住在有物业管理的小区的可能性低16.08个百分点，而居住在农村结构住房的可能性则高17.69个百分点。这表明，农村户籍户主不仅在城镇地区拥有住房的可能性更低，其所居住的小区通常也更偏远，整体居住条件相对较差。

表5.7中的其他变量估计结果也符合预期。年龄越大、受教育程度越高、身体健康、已婚、在政府部门工作、家庭规模较大、家庭收入较高的户主，在本地拥有住房的可能性更高。同时，受教育水平较高的户主更倾向于居住在市中心，而家庭规模较大的户主住在市中心的可能性相对较低。此外，年龄较大或家庭规模较大的家庭，居住在有物业管理小区的可能性较低。最后，受教育程度越高、已婚、有工作、家庭收入较高的户主，居住在农村结构住房的可能性也更低。

表5.7　户籍和住房拥有率

变量	在本地拥有住房	小区位于市中心	小区有物业	农村结构住房
	Probit	Probit	Probit	Probit
	(1)	(2)	(3)	(4)
农村户籍	-0.068 6***	-0.175 7***	-0.160 8***	0.176 9***
	(0.014 1)	(0.048 6)	(0.035 0)	(0.036 6)
受教育水平	0.006 6***	0.009 5**	0.009 2	-0.011 8***
	(0.000 9)	(0.004 1)	(0.006 4)	(0.002 9)
年龄	0.028 6***	-0.008 6	-0.007 7*	0.005 4
	(0.002 2)	(0.005 4)	(0.003 9)	(0.004 0)
年龄平方	-0.000 2***	0.000 1	0.000 1	-0.000 0
	(0.000 0)	(0.000 1)	(0.000 0)	(0.000 0)
男性	0.004 5	-0.025 4	-0.042 6**	0.025 2**
	(0.004 3)	(0.018 3)	(0.019 8)	(0.009 3)
已婚	0.085 4***	-0.014 4	0.010 4	-0.033 2*
	(0.010 5)	(0.019 7)	(0.024 4)	(0.017 3)
健康状况	0.007 1**	0.009 4	0.014 4	-0.003 9
	(0.003 3)	(0.012 3)	(0.009 2)	(0.009 0)
有工作	0.008 4	-0.029 5	-0.023 2	0.060 6***
	(0.005 1)	(0.017 6)	(0.014 2)	(0.018 8)
在政府部门工作	0.043 8***	0.002 2	0.035 4	-0.038 1**
	(0.005 8)	(0.025 3)	(0.035 9)	(0.016 1)
家庭规模	0.039 7***	-0.034 1***	-0.033 7***	0.015 7***
	(0.004 3)	(0.009 9)	(0.007 5)	(0.005 3)

续表

变量	在本地拥有住房	小区位于市中心	小区有物业	农村结构住房
	Probit	Probit	Probit	Probit
	(1)	(2)	(3)	(4)
家庭收入	0.001 0*** (0.000 1)	0.001 3 (0.001 2)	0.001 9* (0.001 0)	-0.000 9*** (0.000 3)
常数项	控制	控制	控制	控制
省份固定效应	控制	控制	控制	控制
年份固定效应	控制	控制	控制	控制
R^2	0.143 9	0.386 6	0.313 8	0.256 6
观测值	77 621	4 451	4 451	4 451

注：***，**，*分别代表在1%，5%，10%的水平上显著。

二、户籍和家庭财富

在此部分，本节用模型（5.3）检验户籍对居民资产配置的影响，结果见表5.8。第（1）列的结果显示，在控制其他因素不变的情况下，农村户籍户主平均拥有的净住房资产比本地城镇户籍户主少28.61万元。根据表5.6，本地城市户籍户主的平均净住房资产为103.39万元，表明农村户籍户主的净住房资产比城镇户籍户主低约27.67%。结合表5.7的结果可知，农村户籍户主在本地拥有住房的可能性较低，而且更可能居住在郊区，没有物业管理的小区或农村自建房里，因此他们的净住房资产明显低于城镇户籍户主。此外，本节还预测，农村户籍户主的住房财富增值远低于本地城镇户籍户主。为了验证这一点，第（2）列将模型（5.3）的被解释变量换成了家庭住房财富增值，即家庭所有住房的当前市场价值与购买价格之差。结果显示，农村户籍户主的住房财富增值比城镇户籍户主低22.04万元，并且这种影响在1%的水平上显著。第（3）列的被解释变量是家庭所有金融资产的价值，结果表明，在控制其他因素的情况下，农村户籍户主的金融资产平均比城镇户籍户主少1.40万元。第（4）列估计了户籍对其他非金融资产持有价值的影响。结果发现，相比城镇户籍户主，农村户籍户主的其他非金融资产平均多出10.15万元。在第（5）列，我们将模型（5.3）的被解释变量换成了家庭的净资产，以分析农村户籍户主与城镇户籍户主在净资产方面的差异。结果表明，农村户籍户主的平均净资产比城镇户籍户主低 28.81 万元。

表 5.8　户籍和家庭资产选择

变量	净住房资产	住房财富增值	金融资产	其他非金融资产	净资产
	(1)	(2)	(3)	(4)	(5)
农村户籍	-28.605 1***	-22.039 7***	-1.402 8**	10.149 9**	-28.807 7***
	(6.342 1)	(4.361 4)	(0.565 7)	(3.877 4)	(6.398 3)
受教育水平	5.057 9***	2.386 5***	0.865 7***	0.263 4	6.933 3***
	(0.916 3)	(0.517 3)	(0.109 2)	(0.376 1)	(1.132 6)
年龄	3.973 9***	1.488 8***	0.940 5***	1.026 7*	5.806 7***
	(1.281 6)	(0.532 1)	(0.143 7)	(0.565 5)	(1.295 7)
年龄平方	-0.030 5**	-0.007 0	-0.008 9***	-0.012 9**	-0.049 5***
	(0.011 7)	(0.005 2)	(0.001 3)	(0.006 3)	(0.011 4)
男性	-9.087 1***	-4.482 2***	0.516 0	0.595 9	-6.479 4**
	(2.928 5)	(1.568 4)	(0.323 8)	(3.341 8)	(2.787 4)
已婚	10.683 6***	5.648 1***	-0.108 8	0.902 2	12.163 0***
	(3.432 6)	(1.783 8)	(0.390 5)	(2.113 5)	(3.381 6)
健康状况	6.241 8***	3.375 6***	1.120 7***	1.326 2	12.894 6***
	(1.389 7)	(0.987 9)	(0.209 6)	(2.351 2)	(1.758 8)
有工作	-5.436 4***	-3.359 5***	-1.162 6***	2.711 4	-1.086 7
	(1.480 2)	(1.047 3)	(0.384 9)	(3.500 0)	(1.241 8)
在政府部门工作	1.211 5	1.109 3	-1.726 5***	-12.643 7***	-10.600 7**
	(3.788 8)	(1.451 2)	(0.507 5)	(4.204 4)	(4.043 4)
家庭规模	5.414 6***	1.416 8*	-0.761 2***	0.887 5	4.790 2***
	(1.391 9)	(0.769 8)	(0.197 6)	(0.668 9)	(1.437 6)
家庭收入	2.575 7***	0.816 0***	0.896 6***	1.443 7***	5.017 5***
	(0.349 2)	(0.102 2)	(0.086 7)	(0.120 9)	(0.335 8)
常数项	控制	控制	控制	控制	控制
省份固定效应	控制	控制	控制	控制	控制
年份固定效应	控制	控制	控制	控制	控制
R^2	0.319 1	0.327 6	0.179 4	0.006 7	0.335 1
观测值	71 736	51 044	77 621	71 735	77 502

注：***，**，*分别代表在 1%，5%，10%的水平上显著。

表 5.8 中的其他控制变量系数与预期一致。受教育程度更高、年龄更大、健康状况更好、收入更高的户主，通常拥有更多的净住房资产、住房财富增值、金融资产和净资产。随着家庭规模的扩大，家庭的净住房资产、住房财富增值和净资产都会增加，但持有的金融资产反而会减少。已婚户主相比未婚户主，通常拥有更多的净住房资产、住房财富增值和净资产，不过两者在金融资产上的差异并不显著。在控制其他因素的情况下，男性户主比女性户主的净住房资产、住房财富增值和净资产要少，但在金融资产和其他非金融资产方面，男女户主之间并没有显著差异。此外，政府部门工作的户主持有的金融资产和净资产相对较少。

表 5.9 估算了农村户籍户主和城镇户籍户主在其他非金融资产上的差异。结果显示，在控制其他因素的情况下，农村户籍户主比城镇户籍户主拥有更多的农业经营资产、工商业经营资产和土地资产，但在车辆和耐用品资产方面则少于城镇户籍户主。其他变量的系数也符合预期。受教育水平越高，居民拥有的车辆和耐用品资产越多。随着年龄增长，居民的工商业经营资产增加，但持有的车辆资产减少。男性户主比女性户主拥有更多的农业和工商业经营资产。已婚户主比未婚户主持有的工商业经营资产更少，但拥有的车辆资产更多。有工作的户主比失业或未就业的户主，通常持有更多的工商业经营资产、土地资产和耐用品资产。相比其他职业的户主，政府部门工作的户主在农业经营资产、工商业经营资产和车辆资产方面持有量较少。此外，家庭规模越大，家庭持有的车辆资产越多，但工商业经营资产相对减少。随着家庭收入的增长，农业经营资产、工商业经营资产、车辆资产和耐用品资产的持有量也都显著增加。

表 5.9　户籍和其他非金融资产

变量	农业经营资产	工商业经营资产	土地	车辆	耐用品
	(1)	(2)	(3)	(4)	(5)
农村户籍	0.164 4***	1.565 4**	19.213 3**	−0.514 7***	−0.503 4**
	(0.041 5)	(0.759 2)	(9.359 8)	(0.178 2)	(0.184 5)
受教育水平	−0.020 2*	0.012 4	0.938 5	0.211 8***	0.187 4***
	(0.010 4)	(0.105 8)	(0.997 1)	(0.017 8)	(0.019 1)
年龄	0.024 6	0.736 7***	1.884 6	0.113 7***	−0.026 0
	(0.015 0)	(0.193 4)	(2.179 8)	(0.033 2)	(0.047 6)

续表

变量	农业经营资产	工商业经营资产	土地	车辆	耐用品
	(1)	(2)	(3)	(4)	(5)
年龄平方	-0.000 3 (0.000 2)	-0.009 5*** (0.002 0)	-0.020 3 (0.024 0)	-0.001 7*** (0.000 4)	0.000 4 (0.000 5)
男性	0.038 9** (0.018 7)	1.534 7*** (0.456 9)	1.473 5 (0.975 6)	-0.005 1 (0.106 5)	-0.143 9 (0.115 3)
已婚	-0.034 4 (0.020 6)	-1.278 5* (0.652 0)	3.442 9 (3.679 3)	0.354 4*** (0.119 3)	0.177 2 (0.116 9)
健康状况	0.035 6 (0.028 5)	1.614 9*** (0.468 2)	-7.562 5 (7.826 5)	0.852 1*** (0.058 1)	0.431 6*** (0.114 7)
有工作	0.057 1 (0.034 0)	2.838 5*** (0.639 9)	2.225 7** (1.058 8)	0.006 1 (0.141 7)	0.334 9** (0.135 2)
在政府部门工作	-0.129 9*** (0.045 7)	-13.127 9*** (1.471 7)	-5.440 6 (7.914 3)	-0.720 9*** (0.213 2)	-0.317 6 (0.200 2)
家庭规模	0.012 5 (0.014 0)	-0.706 1*** (0.247 7)	-0.458 5 (0.897 7)	0.450 9*** (0.061 1)	0.053 8 (0.037 3)
家庭收入	0.019 9** (0.008 7)	1.233 6*** (0.126 8)	-0.019 2 (0.048 9)	0.195 1*** (0.013 2)	0.100 9*** (0.011 8)
常数项	控制	控制	控制	控制	控制
省份固定效应	控制	控制	控制	控制	控制
年份固定效应	控制	控制	控制	控制	控制
R^2	0.006 1	0.093 4	0.001 2	0.147 7	0.041 6
观测值	77 614	73 788	77 151	73 309	77 610

注：***，**，*分别代表在1%，5%，10%的水平上显著。

三、异质性分析

（一）按城市类型分类

研究发现，2003—2013年，一线、二线和三线城市的平均房价年增长率分别为13.1%，10.5%和7.9%（Fang et al.，2016）。本节预测，在房价上涨更快的城市，住房拥有者会积累更多的住房财富，从而导致农村户籍户主和本地城镇户籍户主的资产差距更大。为了验证这个假设，表5.10按照受访者所在城市类型进行分组，分别分析户籍对不同城市家庭资产配置的影响。A部分展示了一线和二线城市的回归结果。数据显示，在这些城市，农村户籍户主的净住房资产、住房财富增值和净资产平均分别比城镇户籍户主少33.01万元、22.38万元和32.11万元，而且这些差异在1%的水平上显著。同时，相比城镇户籍户主，农村户籍户主平均持有的其他非金融资产高22.25万元。B部分展示了其他城市的回归结果。数据显示，在这些城市，农村户籍户主的净住房资产和住房财富增值比城镇户籍户主分别少6.55万元和6.39万元，同样在1%的水平上显著。不过，在这些城市，农村户籍户主比城镇户籍户主平均持有的其他非金融资产多11.91万元。此外，在控制其他因素后，农村户籍户主和城镇户籍户主的家庭净资产在这些城市并没有显著差异。总体而言，表5.10的结果表明，在一线、二线城市，农村户籍户主和城镇户籍户主的资产差距更大。

表5.10　按城市类型分类

变量	净住房资产	住房财富增值	金融资产	其他非金融资产	净资产
	(1)	(2)	(3)	(4)	(5)
Panel A：一线和二线城市					
农村户籍	−33.010 7***	−22.376 8***	−1.182 5	22.252 4**	−32.109 7***
	(8.148 5)	(4.924 0)	(0.958 3)	(9.846 8)	(8.805 3)
其他控制变量	控制	控制	控制	控制	控制
省份和年份固定效应	控制	控制	控制	控制	控制
R^2	0.304 6	0.314 8	0.192 7	0.010 8	0.330 4
观测值	20 847	17 357	21 173	20 847	21 145
Panel B：其他城市					
农村户籍	−6.549 5***	−6.391 9***	−0.614 7	11.910 1**	−3.979 4
	(2.063 3)	(1.162 0)	(0.910 1)	(5.326 9)	(3.985 4)
其他控制变量	控制	控制	控制	控制	控制
省份和年份固定效应	控制	控制	控制	控制	控制

续表

变量	净住房资产	住房财富增值	金融资产	其他非金融资产	净资产
	(1)	(2)	(3)	(4)	(5)
R^2	0. 178 6	0. 134 2	0. 114 8	0. 013 1	0. 201 4
观测值	14 951	13 405	15 274	14 951	15 264

注：***，**，*分别代表在 1%，5%，10%的水平上显著。

（二）按户籍管理严格程度分类

中国的户籍管理由当地政府负责，不同城市的户籍政策各不相同。过去20年里，许多城市推动了户籍制度改革，放宽了外来人口的落户限制。移民可以通过投资、购房、上学或就业等方式获得城市户口。不过，各地的落户条件并不一样，比如，北京、上海等一线城市的落户政策相对严格，而一些西部城市的落户条件则宽松得多。有研究分析了 120 个城市的落户政策，并制定了一套衡量各城市户籍管理严格程度的指数（Zhang et al.，2019）。本节采用2000—2013年户籍管理指数，该指数的最低值为 0. 13（广西防城港市），最高值为 2. 50（北京市）。指数值越高，意味着户籍管理越严格，外来人口获得本地城镇户籍的难度越大。本节预测，在户籍管理严格的城市，农村户籍户主由于更难获得本地城镇户籍，其在本地拥有住房的可能性更低，与本地城镇户籍户主在住房资产和总资产上的差距更大。为了验证该假设，本节构造了“农村户籍×户籍管理严格指数”的交乘项，并将其作为控制变量纳入模型（5. 3）。表 5. 11 展示了回归结果。结果表明，在户籍管理较为严格的城市，相较于农村户籍户主，城镇户籍户主拥有更高的净住房资产、住房财富增值、金融资产和净资产，该发现验证了本节的假设。

表 5. 11　按户籍管理严格程度分类

变量	净住房资产	住房财富增值	金融资产	其他非金融资产	净资产
	(1)	(2)	(3)	(4)	(5)
农村户籍	9. 805 6 (11. 093 7)	0. 876 4 (8. 232 5)	0. 994 4 (1. 460 5)	-10. 492 7** (4. 993 6)	7. 366 3 (13. 470 3)
农村户籍×户籍管理严格指数	-43. 811 0*** (6. 531 3)	-23. 663 1*** (5. 324 9)	-2. 129 9*** (0. 765 1)	34. 681 7*** (8. 737 4)	-39. 825 3*** (7. 575 0)
其他控制变量	控制	控制	控制	控制	控制

续表

变量	净住房资产	住房财富增值	金融资产	其他非金融资产	净资产
	(1)	(2)	(3)	(4)	(5)
省份和年份固定效应	控制	控制	控制	控制	控制
R^2	0. 295 1	0. 315 6	0. 175 9	0. 011 5	0. 319 1
观测值	27 526	23 325	28 122	27 526	28 082

注：***，**，*分别代表在1%，5%，10%的水平上显著。

（三）按年龄分类

表5. 12按照年龄分组，分析了户籍对不同年龄段居民资产配置的影响。A部分的样本是年龄在47岁及以下的居民。结果显示，对于该年龄段，农村户籍户主的平均净住房资产、住房财富增值、金融资产和净资产分别比城镇户籍户主少30. 62万元、21. 49万元、1. 76万元和31. 62万元，这些差异在统计上显著。同时，相比同年龄段的城镇户籍户主，农村户籍户主的其他非金融资产平均多出10. 63万元。B部分的样本是47岁以上的居民。结果显示，在较高年龄段，农村户籍户主的平均净住房资产、住房财富增值和净资产分别比城镇户籍户主少26. 33万元、21. 42万元和26. 78万元。不过，在这个年龄段，农村户籍户主和城镇户籍户主的金融资产并没有显著差异。同时，农村户籍户主仍然比城镇户籍户主持有更多的其他非金融资产。总体而言，表5. 12的结果说明，在较年轻的群体中，农村户籍户主与城镇户籍户主的资产差距更大。中国家庭金融调查数据显示，在城镇地区的低年龄段居民中，50. 91%是城镇户籍户主，20. 73%是农民工；而在较高年龄段，53. 54%是本地城镇户籍户主，农民工比例仅为11. 28%。因此，城镇地区的年轻群体中农民工占比更高，该现象是导致低年龄段居民中，农村户籍户主与城镇户籍户主资产差距更大的主要原因。

表5. 12　按年龄分类

变量	净住房资产	住房财富增值	金融资产	其他非金融资产	净资产
	(1)	(2)	(3)	(4)	(5)
Panel A：47岁及以下					
农村户籍	−30. 617 5***	−21. 489 7***	−1. 762 1***	10. 625 4**	−31. 621 3***
	(6. 260 6)	(4. 307 5)	(0. 527 8)	(4. 715 4)	(6. 274 2)

续表

变量	净住房资产	住房财富增值	金融资产	其他非金融资产	净资产
	(1)	(2)	(3)	(4)	(5)
其他控制变量	控制	控制	控制	控制	控制
省份和年份固定效应	控制	控制	控制	控制	控制
R^2	0.313 4	0.290 5	0.171 0	0.021 6	0.343 5
观测值	34 899	25 024	37 243	34 899	37 162
Panel B：47 岁以上					
农村户籍	-26.331 5*** (7.289 6)	-21.420 5*** (4.570 5)	-1.166 3 (0.701 7)	7.710 1* (4.019 6)	-26.781 9*** (7.398 8)
其他控制变量	控制	控制	控制	控制	控制
省份和年份固定效应	控制	控制	控制	控制	控制
R^2	0.334 0	0.363 3	0.195 2	0.003 6	0.336 1
观测值	36 837	26 020	40 378	36 836	40 340

注：***，**，* 分别代表在 1%，5%，10%的水平上显著。

（四）按农村户籍户主类别分类

在城镇地区，农村户籍户主可以分为两类：一类是本地农村户籍户主，他们虽然持有农村户籍，但户籍注册地在本地；另一类是农民工，他们同样持有农村户籍，但户籍注册地在其他地区。本节研究不同类型的农村户籍户主与城镇户籍户主在资产配置上的差异。为此，本研究构造了两个虚拟变量，分别代表本地农村户籍户主和农民工，并将其作为模型（5.3）的核心解释变量。表 5.13 的回归结果显示，与城镇户籍户主相比，本地农村户籍户主的平均净住房资产少 19.83 万元，住房财富增值少 16.09 万元，金融资产少 1.26 万元，净资产少 21.92 万元，这些差异在统计上均显著。不过，在其他非金融资产的持有上，本地农村户籍户主与城镇户籍户主没有明显差异。回归结果还表明，在城镇地区，城镇户籍户主和农民工的资产差距更大。比起城镇户籍户主，农民工的平均净住房资产少 39.73 万元，住房财富增值少 26.59 万元，金融资产少 2.20 万元，净资产少 40.10 万元，这些差异同样在统计上显著。同时，农民工的其他非金融资产比城镇户籍户主多

9.52 万元。总体而言，表 5.13 的结果说明，农民工与城镇户籍户主之间的资产差距比本地农村户籍户主与城镇户籍户主的资产差距更大。

表 5.13 按农村户籍户主类别分类

变量	净住房资产	住房财富增值	金融资产	其他非金融资产	净资产
	(1)	(2)	(3)	(4)	(5)
农民工	-39.726 6***	-26.589 5***	-2.201 6***	9.516 9**	-40.102 5***
	(8.243 3)	(5.440 2)	(0.571 0)	(3.487 2)	(8.452 4)
本地农村户籍户主	-19.829 2***	-16.091 8***	-1.260 3**	11.938 7	-21.924 7***
	(4.156 7)	(3.722 0)	(0.584 2)	(7.773 1)	(4.373 3)
其他控制变量	控制	控制	控制	控制	控制
省份固定效应	控制	控制	控制	控制	控制
年份固定效应	控制	控制	控制	控制	控制
R^2	0.314 8	0.291 9	0.171 0	0.021 6	0.344 2
观测值	34 899	25 024	37 243	34 899	37 162

注：***，**，*分别代表在 1%，5%，10%的水平上显著。

第七节 机制分析和稳健性检验

一、机制分析

（一）户籍与不确定性

本研究认为，由于农村户籍户主在城镇地区面临更高的不确定性（包括就业不稳定、教育和医疗资源获取的限制等因素），其在本地的购房意愿相对较低，进而导致其住房财富和家庭财富水平较低。在本部分，进一步探讨与城镇户籍户主在资产配置上的差异是否与农村户籍户主所面临的较高不确定性相关。在表 5.14 的分析中，本节采用户主在当前单位的工作年限作为衡量不确定性的指标，并将其作为模型（5.3）的被解释变量进行估计，研究样本限定为有工作的户主。在其他条件相同的情况下，若户主在当前单位的工作年限较短，则表明其就业不确定性较高。研究结果显示，在控制其他因素后，农村户籍户主在当前单位的平均工作年限比本地城镇户籍户主少 1.15 年，表明农村户籍户主在城镇地区的就业稳定性较低，面临更高的不确定性。因此，可以推测，正是由于这种较大的不确定性，农村户籍户主在本地购房的可能性更低。在房价持续上涨的背景下，此现象进一步导致农村户籍户主相较于城镇户籍户主拥有更少的住房资产和总体财富水平。

表 5.14　户籍与不确定性

变量	拥有目前工作的年限
农村户籍	-1.154 9*** （0.325 5）
其他控制变量	控制
省份固定效应	控制
年份固定效应	控制
R^2	0.344 2
观测值	18 307

注：***，**，*分别代表在1%，5%，10%的水平上显著。

（二）户籍与社会保障

本节研究农村户籍户主与城镇户籍户主在社会保障方面的差异。不同类型的户主享有的社会保障水平不同，而社会保障覆盖率的高低会影响他们的资产配置决策。通常情况下，社会保障水平较高、福利待遇较好的户主更有可能投资金融资产和住房资产，而社会保障水平较低、福利较少的户主在金融资产和住房资产上的投入相对较少。为了分析这个问题，本节构造了三个虚拟变量，分别表示户主是否拥有养老保险、住房公积金和政策性住房（如房改房、集资房、经济适用房等），并将它们作为模型（5.2）的被解释变量进行估计。表 5.15 的回归结果显示，在控制其他因素的情况下，农村户籍户主拥有养老保险的可能性比城镇户籍户主低 5.57 个百分点，拥有住房公积金的可能性低 12.14 个百分点，而拥有政策性住房的可能性低了 20.10 个百分点，这些差异都在 1%水平上显著。总体而言，表 5.15 的结果表明，农村户籍户主享有的社会保障水平明显低于城镇户籍户主，该现象可以解释为什么其持有的金融资产和住房资产水平较低。

表 5.15　户籍与社会保障

变量	有养老保险	有住房公积金	有政策性住房
	(1)	(2)	(3)
农村户籍	−0.055 7***	−0.121 4***	−0.201 0***
	(0.013 0)	(0.011 8)	(0.013 6)
其他控制变量	控制	控制	控制
省份固定效应	控制	控制	控制
年份固定效应	控制	控制	控制
R^2	0.173 3	0.467 1	0.134 5
观测值	77 621	60 473	77 621

注：***，**，*分别代表在1%，5%，10%的水平上显著。

二、稳健性检验

（一）考虑代际财富转移的影响

家庭的资产配置和财富积累不仅受户主自身因素的影响，还受到父母的影响。比如，父母可能会通过财富转移支持子女，进而影响子女的财富积累。城镇户籍户主的父母通常拥有更多财富，他们可能会通过直接的现金赠予或间接的住房资助帮助子女积累资产。为了剔除代际财富转移因素对子女资产配置的影响，本节在模型（5.3）中加入了两个控制变量，分别表示"继承父母的住房"和"父母资助购房"。如果户主继承了父母的住房或购房时获得了父母的资助，则这两个变量的取值为1，否则为0。表5.16的回归结果显示，在控制其他因素的情况下，如果户主继承了父母的房屋，其住房财富增值会显著增加。同时，如果购房时得到了父母的资助，户主的净住房资产和净资产会显著提升，但金融资产和其他非金融资产的持有量则相应减少。最后，即使考虑了代际财富转移的影响，农村户籍户主和城镇户籍户主在资产配置上仍然存在显著差异。

表 5.16　考虑代际财富转移的影响（1）

变量	净住房资产	住房财富增值	金融资产	其他非金融资产	净资产
	(1)	(2)	(3)	(4)	(5)
本地农村户籍	−29.901 5***	−23.396 0***	−1.462 0**	12.270 8**	−29.874 9***
	(6.540 2)	(4.830 7)	(0.562 9)	(5.271 8)	(6.624 0)

续表

变量	净住房资产	住房财富增值	金融资产	其他非金融资产	净资产
	(1)	(2)	(3)	(4)	(5)
继承父母的住房	16.029 3 (10.383 1)	11.382 1*** (3.656 5)	0.854 3 (0.580 9)	4.021 5 (6.922 7)	13.508 1 (9.525 7)
父母参与首付	22.709 8*** (5.987 6)	-1.419 0 (3.319 2)	-2.872 5*** (0.942 6)	-7.670 8** (2.946 5)	22.273 4*** (6.590 3)
其他控制变量	控制	控制	控制	控制	控制
父母特征	控制	控制	控制	控制	控制
省份固定效应	控制	控制	控制	控制	控制
年份固定效应	控制	控制	控制	控制	控制
R^2	0.329 1	0.328 6	0.185 4	0.005 8	0.338 7
观测值	51 597	35 085	57 122	51 612	57 019

注：***，**，*分别代表在1%，5%，10%的水平上显著。

在表5.17中，本节进一步剔除了继承父母住房或购房时获得父母资助的样本，并重新估计了模型（5.3）。结果显示，剔除了受到代际财富转移影响的样本后，农村户籍户主和城镇户籍户主的资产配置仍然存在显著差异。具体而言，相比城镇户籍户主，农村户籍户主的净住房资产少29.58万元，住房财富增值少23.39万元，金融资产少1.37万元。农村户籍户主持有的其他非金融资产比城镇户籍户主多9.48万元，而净资产则比城镇户籍户主低29.90万元。

表5.17　考虑代际财富转移的影响（2）

变量	净住房资产	住房财富增值	金融资产	其他非金融资产	净资产
	(1)	(2)	(3)	(4)	(5)
农村户籍	-29.581 0*** (6.543 8)	-23.386 8*** (4.934 8)	-1.371 8** (0.549 3)	9.478 2** (4.050 9)	-29.903 4*** (6.560 1)
其他控制变量	控制	控制	控制	控制	控制
省份固定效应	控制	控制	控制	控制	控制
年份固定效应	控制	控制	控制	控制	控制

续表

变量	净住房资产	住房财富增值	金融资产	其他非金融资产	净资产
	(1)	(2)	(3)	(4)	(5)
R^2	0. 322 2	0. 327 0	0. 183 7	0. 006 6	0. 331 6
观测值	47 460	32 150	52 573	66 542	52 490

注：***，**，*分别代表在1%，5%，10%的水平上显著。

（二）删除户籍变化的样本

在本节的样本中，有9 809名城镇户籍户主曾拥有农村户籍，这部分户主在经历户籍变更后获得了本地城镇户籍（即“农转非”）。例如，一些居民从农村迁移到城镇，并通过就业、购房等方式获得城镇户口。这些经历户籍变更的户主与其他城镇户籍户主有所不同。在此部分，删除了经历户籍变化的户主，并重新估计了模型（5.3）（见表5.18）。结果显示，农村户籍户主持有的净住房资产、住房财富增值、金融资产和净资产显著低于城镇户籍户主，而其持有的其他非金融资产则显著高于城镇户籍户主。这些结论和之前的估计结果类似，体现了模型估计的稳健性。

表5.18　删掉户籍变化的样本

变量	净住房资产	住房财富增值	金融资产	其他非金融资产	净资产
	(1)	(2)	(3)	(4)	(5)
农村户籍	-29. 567 5***	-22. 736 8***	-1. 722 5***	12. 382 1***	-29. 321 3***
	(6. 593 7)	(4. 575 4)	(0. 547 3)	(3. 634 2)	(6. 410 7)
其他控制变量	控制	控制	控制	控制	控制
省份固定效应	控制	控制	控制	控制	控制
年份固定效应	控制	控制	控制	控制	控制
R^2	0. 321 0	0. 333 4	0. 178 2	0. 018 7	0. 334 2
观测值	62 641	44 495	67 865	62 655	67 757

注：***，**，*分别代表在1%，5%，10%的水平上显著。

（三）住房拥有率对家庭资产的影响

在此部分，本节在模型（5.3）的控制变量中加入了一个虚拟变量，表示家庭是否在本地至少拥有一套住房，以分析住房拥有率对家庭资产的影响。表 5.19 的回归结果显示，在本地拥有住房对家庭资产水平有显著的正向影响。相比本地无房家庭，在本地至少拥有一套住房的家庭，其净住房资产平均多 90.85 万元，住房财富增值多 42.73 万元，净资产多 93.59 万元，这些差异均在 1%的水平上显著。此外，在控制住房拥有率这一因素后，农村户籍户主与城镇户籍户主的财富差距有所缩小。相比城镇户籍户主，农村户籍户主的净住房资产和住房财富增值分别少 22.56 万元和 18.43 万元，这两个差异依然在 1%的水平上显著。同时，农村户籍户主与城镇户籍户主的净资产差距缩小至 21.99 万元。总体而言，表 5.19 的结果表明，户籍状况影响居民在本地的住房拥有率，而住房拥有率又进一步影响家庭的资产配置。

表 5.19 住房拥有率对家庭财富的影响

变量	净住房资产	住房财富增值	净资产
	(1)	(2)	(3)
农村户籍	-22.560 7***	-18.427 9***	-21.991 5***
	(4.643 1)	(3.483 6)	(4.684 9)
在本地至少拥有一套住房	90.853 8***	42.726 4***	93.594 0***
	(19.288 4)	(10.006 5)	(18.122 7)
其他控制变量	控制	控制	控制
省份固定效应	控制	控制	控制
年份固定效应	控制	控制	控制
R^2	0.361 4	0.346 7	0.358 9
观测值	71 720	51 043	77 496

注：***，**，* 分别代表在 1%，5%，10%的水平上显著。

（四）使用工具变量估计

根据中国的户籍政策，居民可以通过多种方式变更户籍，比如，投资企业、在当地购房或通过就业落户。因此，一些难以直接观测的因素可能会同时影响户主的户籍状态和模型中的被解释变量，导致遗漏变量偏误。此外，为了促进房地产市场发展，一些城市推出了购房落户政策，这可能会带来逆向因果关系的问题。

本节使用工具变量法解决模型中的因果识别问题。本节选取的工具变量是户主母亲的户籍状态，即母亲是否持有农村户籍。选择该工具变量的理由是：首先，根据早期的户籍政策，子女出生时通常继承母亲的户籍，因此户主的户籍状态与母亲的户籍状态高度相关。2013 年，中国家庭金融调查数据显示，76.94%的户主与母亲的户籍类型相同。其次，户主母亲的户籍状态是一个先决变量（predetermined variable），即户主继承母亲户籍的事实很多年前就已存在。因此，在控制了一系列户主的个人特征和家庭背景后，母亲的户籍状态与模型（5.3）中的遗漏变量无关。此外，为了控制代际财富转移的影响，本节在模型（5.3）中纳入一系列父母相关的特征作为控制变量。中国家庭金融调查问卷调查了受访者父母的工作类型，选项包括：①务农；②受雇于他人或单位；③经营个体工商业；④从事家务劳动；⑤其他。基于此，本节在模型（5.3）中加入了四个变量作为父母财富水平的近似替代指标，分别是父亲的受教育水平、母亲的受教育水平、父亲是否曾经有工作或经营个体工商业、母亲是否曾有工作或经营个体工商业。

表 5.20 展示了工具变量估计的结果。数据显示，相比城镇户籍户主，农村户籍户主的净住房资产少 44.50 万元，住房财富增值少 30.02 万元，金融资产少 5.93 万元，而其他非金融资产多 26.08 万元，净资产多 43.46 万元，这些差异在 1%的水平上显著，表明户籍对家庭资产配置有显著影响。同时，工具变量的系数显著为正，并且一阶段 F 统计量较高，表明母亲的户籍状态与子女的户籍状态存在显著正相关关系，满足工具变量法所需的相关性假设。

表 5.20　工具变量估计

变量	净住房资产	住房财富增值	金融资产	其他非金融资产	净资产
	(1)	(2)	(3)	(4)	(5)
农村户籍	-44.500 5*** (9.806 6)	-30.015 1*** (5.000 6)	-5.932 0*** (1.235 8)	26.081 7*** (4.515 4)	-43.455 4*** (11.992 6)
父母特征	控制	控制	控制	控制	控制
其他控制变量	控制	控制	控制	控制	控制
省份固定效应	控制	控制	控制	控制	控制
年份固定效应	控制	控制	控制	控制	控制
母亲有农村户籍	0.488 6*** (0.014 2)	0.483 3*** (0.013 3)	0.488 0*** (0.014 0)	0.464 8*** (0.014 6)	0.488 0*** (0.014 0)

续表

变量	净住房资产	住房财富增值	金融资产	其他非金融资产	净资产
	(1)	(2)	(3)	(4)	(5)
一阶段 F 统计量	1 187.070	1 320.386	1 217.510	1 019.513	1 217.110
R^2	0.158 4	0.122 1	0.126 1	0.067 5	0.227 8
观测值	14 706	13 702	14 967	14 324	14 959

注：***，**，*分别代表在1%，5%，10%的水平上显著。

第八节　本章小结

户籍制度是中国一项重要的人口管理政策，影响着居民生活的各方面。本章的研究结果显示，户籍身份对家庭资产配置有显著影响。在城镇地区，农村户籍居民由于面临更高的不确定性、更高的住房贷款利率，以及更难获得政策性住房，因此在本地拥有住房的可能性更低。同时，相比城镇户籍居民，农村户籍居民的住房资产、金融资产和总资产较少，而其他非金融资产则较多。即使在考虑代际财富转移、剔除户籍变更的样本，以及使用工具变量估计后，农村户籍居民与城镇户籍居民的资产配置差异依然显著。此外，异质性分析表明，这种差异在一线和二线城市、户籍管理更严格的城市以及低年龄段群体中更加明显。

基于以上研究结论，本章从两个方面提出政策建议。

首先，应进一步深化户籍制度改革，以提升城镇化率。具体而言，应降低农业转移人口在城镇落户的门槛，放宽户籍迁移限制，减少户籍制度对劳动力流动的制度性障碍，以促进农村劳动力的自由流动，推动城乡融合发展，从而降低户籍因素对家庭经济生活的影响。自2014年国务院发布《关于进一步推进户籍制度改革的意见》以来，我国已在中小城市逐步放宽落户政策。然而，在部分经济发达的大城市，外来务工人员仍然面临较高的落户门槛，难以在城市长期定居并享受相应的公共服务，这在一定程度上影响了其职业发展和生活稳定性。因此，未来应进一步优化落户政策，降低超大城市和特大城市的落户门槛，以吸引高素质劳动力向这些地区集聚，促进人口与经济协调发展。

其次，应扩大城镇基本公共服务的覆盖范围，提高农业转移人口在城镇的教育、医疗、养老等社会保障水平，实现公共服务的均等化。例如，当前进城务工人员的子女在大城市仍面临入学难、优质教育资源获取受限等问题。因此，应进一步推动义务教育资源的公平配置，优化随迁子女入学政策，确保其在大城市也能享有公平、优质的教育资源，以促进社会流动性，提升城镇化发展质量。

第六章　住房公积金与家庭资产配置

第一节　概述

中国住房公积金制度是在20世纪90年代住房市场化改革的背景下逐步建立并不断完善的。作为我国住房制度的重要组成部分，该制度在推动住房市场化进程中发挥了关键作用，不仅为城镇居民购房提供了长期稳定的资金支持，还在优化住房金融体系、促进住房消费等方面产生了深远影响。在住房市场化改革推进后，中国逐步取消了“福利分房”制度，城镇地区形成了以市场为主导的住房供应体系。居民购房需求需通过商品房市场自行解决。1991年，上海市借鉴新加坡中央公积金制度（Central Provident Fund），率先在国内试点推行住房公积金制度，旨在缓解居民购房的资金压力。1994年，国务院发布《关于深化城镇住房制度改革的决定》，标志着住房公积金制度在全国范围内的全面推广。随着住房市场化改革的深入，住房公积金制度的功能逐步转型。从主要用于为政府和企业筹集住房建设资金，并为居民提供低价住房支持，逐渐转变为购房信贷支持计划，为居民提供更为市场化的住房金融服务（康书隆等，2017）。

根据现行住房公积金制度，缴存住房公积金的职工需按月缴纳一定比例的工资作为公积金，同时用人单位需按相同比例进行缴存，两者共同存入职工个人住房公积金账户，并归职工个人所有。职工在购房、建造、翻修或装修自住住房时，可申请住房公积金贷款。公积金贷款利率随基准利率调整，通常低于商业银行贷款利率，从而在一定程度上降低了居民购房成本。住房公积金制度具有强制性、普遍性、长期性、保障性、互助性和专用性等特点（王先柱，2020）。其中，强制性指城镇地区的所有职工均需缴存住房公积金；普遍性体现住房公积金的广泛覆盖，适用于各类职工群体；保障性意味着住房公积金是一项专门设立的定向资金，用于满足职工的住房需求；长期性指住房公积金作为长期性住房储备资金，职工自参加工作起即开始缴存，直至退休后可一次性领取，如在缴存期间有住房需求，可提前提取使用；互助性体现在住房公积金管理中心对缴存资金的集中管理，向有购房需求的职工提供公积金贷款支持；专用性则表明住房公积金的用途严格限定于住房相关支出，禁止挪作他用。

表 6.1 展示了 2014—2022 年中国住房公积金的缴存情况。数据来源于住房和城乡建设部、财政部以及中国人民银行联合发布的各年度《全国住房公积金年度报告》。2014—2022 年，住房公积金年度缴存额由 12 956.87 亿元增长至 31 935.05 亿元，累计增长 146.47%，年均增长率为 9.53%~13.84%。同期，住房公积金实缴单位数由 206.50 万个增至 452.72 万个，增长 119.23%。除 2016 年缴存单位增长率仅 2.98%外，其余大部分年份的增长率均保持在 10%以上。此外，住房公积金缴存职工人数从 2014 年的 11 877.39 万人增加至 2022 年的 16 979.57 万人，累计增长 42.96%，年均增长率在 3.00%~7.23%。总体而言，表 6.1 反映了中国住房公积金的缴存规模持续扩大，缴存单位数和缴存职工数均呈现稳步增长趋势。

表 6.1　住房公积金缴存情况

年份	全年缴存额（亿元）	缴存额增长率（%）	实缴单位数（万个）	缴存单位增长率（%）	实缴职工数（万人）	缴存职工增长率（%）
2014	12 956.87	—	206.50	—	11 877.39	—
2015	14 549.46	12.29	231.35	12.03	12 393.31	4.34
2016	16 562.88	13.84	238.25	2.98	13 064.50	5.42
2017	18 726.74	13.06	262.33	10.11	13 737.22	5.15
2018	21 054.65	12.43	291.59	11.15	14 436.41	5.09
2019	23 709.67	12.61	322.40	10.57	14 881.38	3.08
2020	26 210.83	10.55	365.38	13.33	15 327.70	3.00
2021	29 156.87	11.24	416.09	13.88	16 436.09	7.23
2022	31 935.05	9.53	452.72	8.80	16 979.57	3.31

资料来源：2014—2022 年《全国住房公积金年度报告》。

表 6.2 展示了不同单位类型的住房公积金实缴职工占比，该比例衡量各类单位的实缴职工人数占全国总职工人数的比重。数据显示，2014—2022 年，国家机关和事业单位的住房公积金实缴职工占比由 34.55%下降至 27.95%，国有企业的实缴职工占比由 25.77%降至 17.73%，城镇集体企业的实缴职工占比则由 2.65%下降至 1.40%。同期，外商投资企业的实缴职工占比从 6.08%小幅上升至 7.22%，增幅较为有限。而城镇私营企业及其他城

镇企业的住房公积金实缴职工占比由 12. 74%显著增长至 38. 13%，增幅接近 200%。此外，民办非企业单位和社会团体的实缴职工占比相对较低，2022 年仅为 1. 86%。整体而言，住房公积金制度最初主要覆盖政府机关、事业单位和国有企业，但随着政策的持续改革和制度的不断完善，城镇私营企业及其他城镇企业的住房公积金覆盖率显著提高，表明该制度的普惠性逐步增强。

表 6. 2　住房公积金实缴职工占比 %

单位类型	2014 年	2017 年	2018 年	2019 年	2020 年	2021 年	2022 年
国家机关和事业单位	34. 55	31. 96	30. 84	30. 01	29. 45	28. 33	27. 95
国有企业	25. 77	20. 88	20. 28	19. 44	18. 97	18. 06	17. 73
城镇集体企业	2. 65	1. 85	1. 77	1. 52	1. 54	1. 47	1. 40
外商投资企业	6. 08	9. 44	8. 47	8. 03	7. 66	7. 32	7. 22
城镇私营企业及其他城镇企业	12. 74	28. 64	30. 82	32. 96	34. 96	37. 01	38. 13
民办非企业单位和社会团体	1. 50	1. 6	1. 75	1. 73	1. 76	1. 81	1. 86
其他类型单位	16. 71	5. 63	6. 07	6. 31	5. 66	6. 00	5. 72

资料来源：2014—2022 年《全国住房公积金年度报告》。

表 6. 3 汇总了 2018—2022 年住房公积金的提取情况。表中数据反映了各类提取用途占当年住房公积金总提取金额的比例。数据显示，2018—2022 年，约 80%的住房公积金提取金额用于住房类消费，其余约 20%则用于非住房类用途。2018—2022 年，住房公积金用于购房和建造住房的比例由 28. 54%下降至 19. 46%，而用于偿还购房贷款本息的比例则由 44. 16%上升至 52. 09%，用于租赁住房的比例由 4. 96%增长至 7. 12%，约 0. 02%的住房公积金被用于老旧小区改造，表明住房公积金制度能够在一定程度上满足居民多样化的住房需求。此外，2018—2022 年，因离退休提取的住房公积金占总提取额的比例维持在 12%～15%；因出境定居或户口迁移提取的住房公积金比例从 0. 92%下降至 0. 41%；因居民去世提取的住房公积金比例稳定在约 0. 41%左右。总体而言，住房公积金的提取用途呈现一定结构性变化，反映了居民住房消费需求的调整和住房公积金政策对不同住房需求的支持。

表 6.3　住房公积金提取情况　　%

提取原因		2018 年	2019 年	2020 年	2021 年	2022 年
住房消费类	购买、建造、翻建、大修自住住房	28.54	28.31	27.59	25.56	19.46
	偿还购房贷款本息	44.16	46.57	46.82	49.88	52.09
	租赁住房	4.96	5.76	6.41	6.20	7.12
	老旧小区改造	—	—	—	0.02	0.02
	其他	1.84	1.03	0.74	0.56	0.49
	合计	79.50	81.67	81.56	82.22	79.18
非住房消费类	离退休	14.78	12.78	12.78	11.71	14.71
	丧失劳动能力，与单位终止劳动关系	1.63	1.81	1.75	1.73	1.62
	出境定居或户口迁移	0.92	0.57	0.36	0.40	0.41
	死亡或宣告死亡	0.41	0.45	0.41	0.42	0.40
	其他	2.76	2.72	3.14	3.52	3.67
	合计	20.5	18.33	18.44	17.78	20.81

资料来源：2014—2022 年《全国住房公积金年度报告》。

图 6.1 展示了 2013—2022 年中国住房公积金年度贷款发放额的变动趋势。受 2015 年房地产“去库存”政策的影响，住房公积金贷款发放额从 2014 年的 6 593.02 亿元增长至 2016 年的 12 701.71 亿元，增幅显著。自 2016 年起，为抑制房价过快上涨，政府出台了一系列限购限贷政策，住房公积金贷款发放额随之下降，至 2018 年降至 10 218.53 亿元。2020 年以来，受新冠疫情影响，中国经济面临一定的下行压力。住房公积金贷款发放额在 2019—2021 年呈增长趋势，从 12 139.06 亿元上升至 13 964.22 亿元，随后在 2022 年下降至 11 841.85 亿元。总体而言，图 6.1 表明住房公积金贷款发放额的变动趋势与宏观经济形势密切相关，受到政府调控政策、房地产市场波动及整体经济环境的影响。

图 6.2 展示了 2012—2022 年中国住房公积金个人住房贷款率的变动趋势。个人住房贷款率指年末个人住房贷款余额与年末住房公积金缴存余额的比值。2013 年，中国住房公积金个人住房贷款率为 68.56%。自 2014 年起，

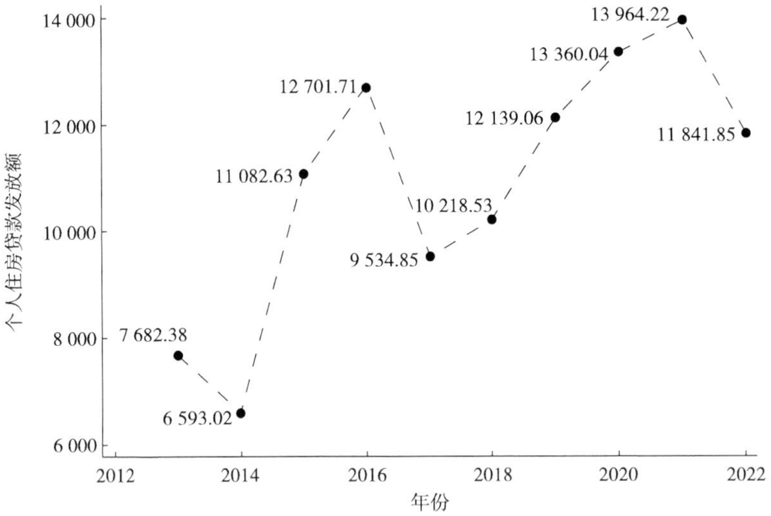

图 6.1　住房公积金贷款发放额（亿元）

资料来源：2014—2022 年《全国住房公积金全年度报告》。

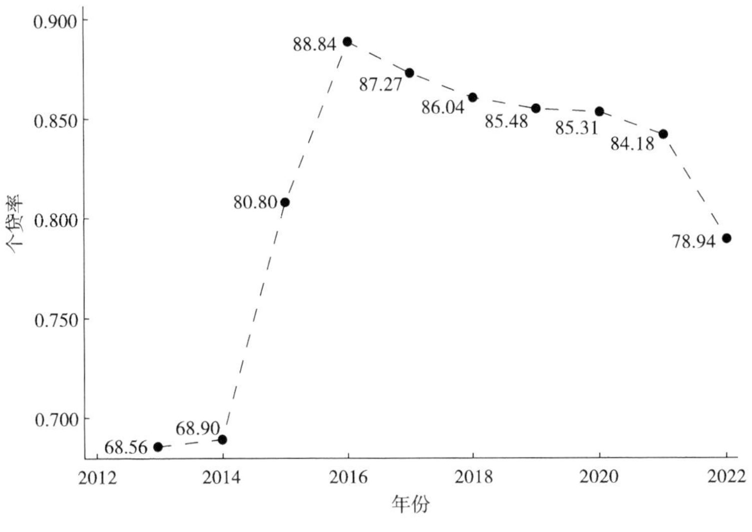

图 6.2　住房公积金个人住房贷款率（%）

资料来源：2014—2022 年《全国住房公积金全年度报告》。

受房地产“去库存”政策影响，该比例显著上升，并于 2016 年达到历史最高值 88.84%。随后，随着住房市场调控政策的实施，个人住房贷款率呈缓慢下降趋势。至 2022 年，该比例降至 78.94%，但仍维持在较高水平。总体而言，图 6.2 反映了住房公积金个人住房贷款率在政策调控和市场变化的影响下呈现周期性波动。

表 6.4 汇总了不同类型的住房公积金个人住房贷款发放情况，表中数据反映了各类贷款金额占当年住房公积金个人住房贷款总额的比例。从房屋类型看，住房公积金贷款主要用于支持居民购买新建商品房，占比约 67.24%，而用于二手房购置的贷款占比约 30.96%。从房屋建筑面积看，90~144 平方米的住房贷款占比最高，约 66%，表明该面积区间的住房需求较为旺盛。从购房套数看，首套住房贷款占比最高，达 80%以上，而二套及以上住房贷款占比相对较低，不到 20%，反映出住房公积金政策对首套购房需求的优先支持。从贷款职工类别看，住房公积金贷款的主要申请人群为单缴存职工和双缴存职工。从贷款人年龄看，40 岁以下职工占比达 81.48%，表明住房公积金贷款的主要受益群体为中青年职工。从贷款人收入水平看，中低收入居民占住房公积金贷款群体的 95%左右，进一步说明该制度在支持中低收入群体住房融资方面发挥了重要作用。

表 6.4　住房公积金个人住房贷款情况　%

变量		2017 年	2018 年	2019 年	2020 年	2021 年	2022 年
房屋类型	新房	67.24	61.51	67.25	67.82	68.82	68.31
	存量商品住房	30.96	36.98	31.87	31.16	30.03	30.11
	建造、翻建、大修自住住房	0.74	0.71	0.21	0.11	0.07	0.06
	其他	1.06	0.80	0.67	0.91	1.09	1.51
房屋建筑面积	90 平方米及以下	28.05	29.77	27.90	26.67	25.94	24.29
	90~144 平方米	59.21	58.67	62.10	63.69	64.88	66.44
	144 平方米以上	12.74	11.56	10.00	9.64	9.18	9.28
支持购房套数	首套	85.63	84.62	86.38	86.26	85.32	81.50
	二套及以上	14.37	15.38	13.62	13.74	14.68	18.50
贷款职工	单缴存职工	42.24	41.61	40.97	42.98	44.90	45.12
	双缴存职工	56.90	57.90	58.59	56.77	54.78	54.67
	三人及以上缴存职工	0.86	0.49	0.44	0.25	0.32	0.21

续表

变量		2017 年	2018 年	2019 年	2020 年	2021 年	2022 年
贷款人年龄	30 岁以下	33.31	32.63	32.48	32.14	30.89	33.69
	30~40 岁	40.82	43.01	44.08	45.14	46.66	47.79
	40~50 岁	20.43	19.38	18.82	18.25	18.05	15.15
	50 岁以上	5.44	4.98	4.62	4.47	4.39	3.37
收入水平	中低收入	95.33	94.86	93.88	94.11	94.77	94.96
	高收入	4.67	5.14	6.12	5.89	5.23	5.04

资料来源：2014—2022 年《全国住房公积金年度报告》。

第二节　中国住房公积金制发展历程

表 6.5 梳理了和住房公积金相关的政策。参考王先柱（2020）的研究本章将住房公积金政策的演变分为三个阶段。

表 6.5　住房公积金政策

年份	住房公积金政策
第一阶段：形成阶段（1991—1998 年）	
1991 年 3 月	上海市政府印发《上海市住房公积金制度改革实施方案》，具体要求包括“推行公积金，提租发补贴，配房买债券，买房给优惠，建立房委会”
1994 年 7 月	国务院出台《国务院关于深化城镇住房制度改革的决定》，提出要全面推行住房公积金制度
1994 年 11 月	财政部、国务院住房制度改革领导小组和中国人民银行发布《建立住房公积金制度的暂行规定》，对住房公积金的缴存、支付、使用和管理做出相关规定
1996 年 4 月	上海市第十届人民代表大会常务委员会第二十七次会议通过《上海市住房公积金条例》，就住房公积金的管理总则、管理组织、缴存、监督管理和法律责任做出相关规定
1997 年 9 月	党的十五大报告提出“建立城镇住房公积金，加快改革住房制度”
1998 年 7 月	国务院印发《关于进一步深化城镇住房制度改革加快住房建设的通知》，提出要全面推行和不断完善住房公积金制度。到 1999 年底，职工个人和单位住房公积金的缴存率应不低于 5%

续表

年份	住房公积金政策
第二阶段：确立阶段（1999—2014年）	
1999年4月	国务院发布《住房公积金管理条例》，对住房公积金管理的总则、机构及职责、缴存、提取和使用等事项制定了要求
2002年3月	国务院公布《国务院关于修改〈住房公积金管理条例〉的决定》，对《住房公积金管理条例》做出修改
2002年6月	建设部等发布《关于完善住房公积金决策制度的意见》
2003年8月	国务院发布《关于进一步深化城镇住房制度改革加快住房建设的通知》，指出要“加强住房公积金归集工作，大力发展住房公积金委托贷款，简化手续，取消不合理收费，改进服务，方便职工贷款”
2004年3月	建设部等印发《住房公积金行政监督办法》
2004年10月	建设部印发《全国住房公积金监督管理信息系统管理暂行办法》
2005年1月	建设部、财政部、中国人民银行发布《关于住房公积金管理若干具体问题的指导意见》
2005年5月	国务院公布《国务院关于进一步加强住房公积金管理的通知》
2006年6月	财政部和国家税务总局公布《关于基本养老保险费 基本医疗保险费 失业保险费 住房公积金有关个人所得税政策的通知》，指出个人按照规定缴付的基本养老保险费、基本医疗保险费和失业保险费，允许在个人应纳税所得额中扣除
2006年7月	国资委下发《关于中央企业严格执行国家住房改革政策有关问题的通知》
2008年12月	国务院办公厅下发《关于促进房地产市场健康发展的若干意见》，提出要开展住房公积金用于住房建设的试点，“将本地区部分住房公积金闲置资金补充用于经济适用住房等住房建设”
2009年10月	住房和城乡建设部等联合印发《关于利用住房公积金贷款支持保障性住房建设试点工作的实施意见》，确定北京、天津和重庆等28个城市为利用住房公积金贷款支持保障性住房建设试点城市
2011年1月	住房和城乡建设部等公布《关于加强和改进住房公积金服务工作的通知》
2013年11月	党的十八届三中全会通过《中共中央关于全面深化改革若干重大问题的决定》，指出“建立公开规范的住房公积金制度，改进住房公积金提取、使用、监管机制”
2014年10月	住房和城乡建设部、财政部、人民银行联合印发《关于发展住房公积金个人住房贷款业务的通知》，规定连续足额缴存6个月以上即可申请个人住房贷款

续表

年份	住房公积金政策
第三阶段：完善阶段（2015 年至今）	
2015 年 1 月	住房和城乡建设部、财政部、人民银行联合公布《关于放宽提取住房公积金支付房租条件的通知》，规定职工连续足额缴存住房公积金满 3 个月，本人及配偶在缴存城市无自有住房且租赁住房的，可提取夫妻双方住房公积金支付房租
2015 年 3 月	中国人民银行、住房和城乡建设部和中国银行业监督管理委员会联合公布《关于个人住房贷款政策有关问题的通知》，降低了使用住房公积金购房的最低首付比例
2015 年 12 月	国务院法制办公室公布《住房公积金管理条例（修订送审稿）》，放宽了住房公积金缴存范围和提取条件，并拓宽了住房公积金资金保值增值渠道
2016 年 2 月	中国人民银行、住房和城乡建设部、财政部联合发布《关于完善职工住房公积金账户存款利率形成机制的通知》，将职工住房公积金账户存款利率，由执行活期和三个月存款基准利率，调整为统一按一年期定期存款基准利率执行
2016 年 6 月	国务院办公厅公布《关于加快培育和发展住房租赁市场的若干意见》，提出“落实提取住房公积金支付房租政策，简化办理手续”
2017 年 7 月	住房和城乡建设部组织推出的全国住房公积金异地转移接续平台正式上线，住房公积金在全国范围内实现“账随人走，钱随账走”
2017 年 12 月	住房和城乡建设部等机构联合发布《关于维护住房公积金缴存职工购房贷款权益的通知》，就维护住房公积金缴存职工合法权益做出了相关规定
2017 年 12 月	住房和城乡建设部等机构联合发布《关于在内地（大陆）就业的港澳台同胞享有住房公积金待遇有关问题的意见》，规定在内地（大陆）就业的港澳台同胞，均可按照《住房公积金管理条例》和相关政策的规定缴存住房公积金
2018 年 4 月	住房和城乡建设部、财政部、人民银行联合公布《关于改进住房公积金缴存机制进一步降低企业成本的通知》，就降低实体经济成本，减轻企业非税负担做出了相关规定
2018 年 5 月	住房和城乡建设部等发布《关于开展治理违规提取住房公积金工作的通知》，提出“规范和改进提取政策，优化提取审核流程，实施失信联合惩戒措施，加强内部风险管理，推进部门信息共享，建立跨地协查机制，集中开展治理工作，以及广泛开展宣传引导”八大措施
2018 年 8 月	住房和城乡建设部发布国家标准《住房公积金归集业务标准》
2019 年 3 月	国务院公布的《国务院关于修改部分行政法规的决定》对《住房公积金管理条例》进行了部分修改
2019 年 8 月	住房和城乡建设部发布国家标准《住房公积金提取业务标准》，该标准就住房公积金相关术语、提取范围和提取金额、提取业务办理、服务要求、风险控制和档案管理做出了相关说明

续表

年份	住房公积金政策
2020 年 5 月	中共中央、国务院印发《关于新时代加快完善社会主义市场经济体制的意见》，强调要“改革住房公积金制度”
2021 年 12 月	国家发展改革委等部门联合印发《“十四五”公共服务规划》，指出要扩大住房公积金覆盖范围、优化住房公积金使用政策
2021 年 3 月	十三届全国人大四次会议通过《中华人民共和国国民经济和社会发展第十四个五年规划和二〇三五年远景目标纲要》，指出要“改革完善住房公积金制度，健全缴存、使用、管理和运行机制”
2022 年 4 月	国务院公布《关于进一步释放消费潜力促进消费持续恢复的意见》，提出“支持缴存人提取住房公积金用于租赁住房，继续支持城镇老旧小区居民提取住房公积金用于加装电梯等自住住房改造”
2022 年 5 月	住房和城乡建设部、财政部和人民银行颁布《关于实施住房公积金阶段性支持政策的通知》，为受疫情影响的企业和缴存人提供政策支持
2022 年 7 月	卫健委等发布《关于进一步完善和落实积极生育支持措施的指导意见》，支持多子女家庭使用住房公积金购房（首套）、租房
2022 年 10 月	中国人民银行下调首套个人住房公积金贷款利率 0. 15 个百分点，5 年以下（含 5 年）和 5 年以上利率分别调整为 2. 6%和 3. 1%。第二套个人住房公积金贷款利率政策保持不变，即 5 年以下（含 5 年）和 5 年以上利率分别不低于 3. 025%和 3. 575%
2022 年 12 月	国务院印发《扩大内需战略规划纲要（2022—2035 年）》，强调要“健全住房公积金制度”
2022 年 12 月	中国人民银行和中国银行保险监督管理委员会发布《关于建立新发放首套住房个人住房贷款利率政策动态调整长效机制的通知》，指出“新建商品住宅销售价格环比和同比连续 3 个月均下降的城市，可阶段性维持、下调或取消当地首套住房贷款利率政策下限”
2022 年 12 月	住房和城乡建设部发布《关于加快住房公积金数字化发展的指导意见》，提出要将数字技术广泛应用于住房公积金管理服务

资料来源：陈杰，吴义东：《中国住房公积金制度与经济社会发展的同步性与协调性分析》，https：//churd. sjtu. edu. cn/list. php？ lid=401&id=7673，2020；王先柱：《建立公开规范的住房公积金制度研究》，经济科学出版社 2020 年版；国务院、住房和城乡建设部等相关部门网站。

第一个阶段为制度形成阶段（1991—1998 年）。该时期的标志性政策是 1991 年 3 月上海市政府发布的《上海市住房公积金制度改革实施方案》，率先在全国推行住房公积金制度。随后，自 1992 年起，北京、天津、南京、武汉等城市相继启动住房公积金制度试点，推动该制度逐步向全国推广。截至 1993 年底，全国已有 131 个城市建立了住房公积金制度（王先柱，2020）。1994 年 7 月，国务院发布《国务院关于深化城镇住房制度改革的决定》，明确提出在全国范围内全面推行住房公积金制度，为该制度的规范化、制度化发展奠定了政策基础。

第二个阶段为制度确立阶段（1999—2014 年）。该时期的标志性政策包括《住房公积金管理条例》及《国务院关于修改〈住房公积金管理条例〉的决定》。《住房公积金管理条例》的颁布标志着住房公积金制度正式迈入法治化、规范化的发展轨道，为该制度的长期稳定运行提供了法律保障（王先柱，2020）。

第三个阶段为制度完善阶段（2015 年至今）。本阶段的代表性政策为《住房公积金管理条例（修订送审稿）》。该条例进一步扩大了住房公积金的覆盖范围，强化了缴存者权益保护，提升了住房公积金的管理水平和金融功能，标志着城镇住房制度的进一步完善。根据该条例，在确保住房公积金提取和贷款需求的前提下，住房公积金管理中心可将公积金资金用于购买国债、大额存单、地方政府债券和政策性金融债等金融产品，以提高资金运作效率。同时，自 2015 年以来，全国住房公积金异地转移接续平台正式上线，极大地便利了跨区域流动就业人员的公积金转移手续。同时，内地（大陆）就业的港澳台居民被纳入住房公积金缴存体系，进一步扩大了制度覆盖范围。与此同时，数字技术的广泛应用显著提升了住房公积金管理的效率和服务质量。这些政策调整与技术创新共同推动了住房公积金制度的持续优化和完善。

第三节　文献综述

研究发现，住房公积金制度对中国家庭的住房需求、资产配置、消费和居民幸福感产生了显著影响。

一、住房公积金与住房需求

基于 2011 年中国家庭金融调查数据，有学者研究发现，住房公积金的持有能够提高居民的住房拥有率，但同时会导致家庭购置住房的平均面积有所缩小（Tang and Coulson，2017）。另有学者利用 1989—2009 年中国健康与营养调查数据，研究住房公积金对家庭住房拥有率的影响（Xu，2017）。该研究发现，相较于未缴存住房公积金的家庭，夫妻双方均缴存住房公积金的家庭住房拥有率提高了 38 个百分点，而夫妻双方仅一方缴存住房公积金的家庭住房拥有率则提高了 14 个百分点。陈峰和张妍（2018）基于 2016 年三个城市的城镇住户调查问卷，发现住房公积金的主要作用体现在提高居住条件较差居民的购房可能性，即住房公积金对改善特定群体的住房条件发挥了积极作用。此外，有研究通过构建生命周期模型并进行数值模拟，发现住房公积金制度使住房拥有率提高了 8.7 个百分点，平均住房面积增加了 20%（Zhou，2020）。研究进一步指出，住房拥有率的上升主要归因于购房时间的提前，以及无购房计划的家庭转变为住房拥有者，反映住房公积金在促进居民住房消费方面的长期影响。

蒋佳琪和谢勇（2021）基于 2016 年全国流动人口动态监测调查数据，发现住房公积金的持有显著提高了农民工在流入地购房的可能性。王先柱等（2018）发现，住房公积金对三线和四线城市居民的购房意愿具有更显著的促进作用。陈杰和张燕燕（2021）研究了住房公积金对城镇家庭租房消费的影响。倾向得分匹配（PSM）估计结果显示，住房公积金的持有显著提升了租房家庭的住房消费水平，具体表现为每月支付租金的增加。李丁等（2020）研究了住房公积金对不同收入群体购房行为的影响，发现住房公积金主要促进了中等收入家庭的住房拥有率和购房计划，而对低收入和高收入家庭的影响不显著，反映出住房公积金制度在保障功能上的“纺锤效应”。还有研究发现，住房公积金的持有不仅增加了家庭购房的可能性，还提高了多套房拥有率，并降低了户主的平均首次购房年龄，且该影响在高收入家庭中更为明显（Chen et al.，2020）。此外，顾澄龙等（2016）基于 2005—2011 年中国 55 个大中城市的面板数据，发现住房公积金覆盖率较高的城市，其居民住房需求相对更强烈，进而推高了房价，表明住房公积金政策在促进住房消费的同时，也对房地产市场产生溢出效应。

现有研究在分析住房公积金影响时，多采用倾向得分匹配法（PSM）或工具变量法（IV）应对模型内生性问题。然而，与以往研究不同，李涵和张昕（2020）利用 2015 年住房公积金信贷宽松政策作为外生冲击，采用双重差分法（DID），系统评估住房公积金对家庭住房拥有率、住房财富及住房面积的影响。研究结果表明，在政策实施后，拥有住房公积金的家庭的住房拥有率、多套房拥有率以及住房资产规模均显著提升，进一步验证了住房公积金制度在促进家庭住房消费方面的积极作用。

二、住房公积金与家庭资产配置

陈选娟和林宏妹（2021）基于 2013 年中国家庭金融调查数据，研究了住房公积金对家庭风险金融资产配置的影响。工具变量估计结果表明，拥有住房公积金显著提高了有房家庭投资风险金融资产的可能性，并增加了其持有的风险金融资产比重，而对无房家庭的风险金融资产配置则未产生显著影响。周华东等（2022a）进一步研究发现，住房公积金通过提供低成本融资渠道和降低家庭预防性储蓄水平，进而影响家庭的金融资产选择。王亚柯和刘东亚（2023）则发现，住房公积金缴存额较高的家庭更倾向于参与风险金融市场，且风险金融资产的持有比重也更高。机制分析进一步表明，住房公积金通过提高家庭收入水平和改变风险偏好，影响家庭对风险金融资产的投资决策。

三、住房公积金的其他影响

研究表明，住房公积金制度不仅影响家庭住房选择，还对家庭消费、居民就业、收入分配、农民工留城意愿以及居民幸福感等方面产生深远影响。

第一，住房公积金对居民消费具有重要影响。康书隆等（2017）发现，拥有住房公积金显著提高了有房无贷家庭的消费水平，而对无房无贷家庭和有房有贷家庭的消费水平无显著影响。此外，康书隆等（2022）进一步研究发现，面临信贷约束的家庭更倾向于使用住房公积金贷款，而未能获得公积金贷款的家庭通常转向商业贷款，导致贷款成本上升，进而抑制家庭消费水平。

第二，住房公积金与居民就业也存在一定的关联。唐珏（2022）指出，较高的公积金缴费率加重了企业的财务负担，从而减少了企业的雇佣规模。这一效应在利润率较低、劳动密集型、资产流动性强、融资约束大，以及生产效率较低的企业中尤为显著。研究进一步表明，降低住房公积金缴费率有助于缓解企业用工成本压力，从而促进就业稳定。

第三，住房公积金在收入分配方面也产生一定影响。詹鹏等（2018）认为，住房公积金制度降低了家庭可支配收入，进而抑制居民整体消费水平，导致社会总产出下降，并最终影响居民收入水平。统计结果显示，该制度使得收入的基尼系数上升 2.06%，表明住房公积金在一定程度上加剧收入不平等。

第四，研究还关注住房公积金对农民工群体的影响。比如，祝仲坤（2017）研究了住房公积金缴存对新生代农民工留城意愿的影响，结果表明，住房公积金的缴存显著增强了农民工在流入地定居的意愿，其中，“80后”农民工、在当地居住超过五年的农民工，以及高收入农民工的留城倾向更为明显。祝仲坤（2018）进一步研究发现，农民工住房公积金的缴存比例整体较低，但新生代农民工的缴存比例高于老一代农民工。此外，加入工会组织、签订劳动合同以及较强的社会互动均有助于提高农民工的住房公积金缴存率。

第五，住房公积金对居民幸福感的影响也受到广泛关注。任娟娟（2022）发现，住房公积金的缴存显著提升了居民的主观幸福感，该影响在有房有贷家庭、中等收入家庭，以及政府部门、事业单位和国有企业职工中尤为明显。此外，周华东等（2022b）研究发现，住房公积金通过降低民间借款购房的可能性，并提高家庭使用公积金贷款购房的概率，从而进一步提升了居民的幸福感水平。

第四节　数据与实证设计

本章的实证分析基于 2011—2019 年中国家庭金融调查数据，研究样本涵盖城镇地区年龄介于 18~65 岁的户主。具体的实证模型设定如下：

$$Y_{it} = \alpha + \beta \cdot HPF_{it} + \gamma \cdot X_{it} + \theta_t + \delta_p + \varepsilon_{it} \tag{6.1}$$

模型（6.1）中，Y_{it} 表示家庭资产配置情况。本章从多个维度对家庭资产配置进行分析，包括住房拥有率、金融市场参与率、住房资产价值、金融资产价值、风险金融资产价值、住房资产占比和金融资产占比等。HPF_{it} 为一个虚拟变量，若家庭至少有一名成员在 t 期持有住房公积金，则取值为 1；若家庭所有成员均未持有住房公积金，则取值为 0。X_i 代表一系列人口统计学变量，包括年龄、受教育程度、婚姻状况、健康状况、就业状态以及家庭收入。δ_p 为省份固定效应，θ_t 为时间固定效应，ε_{it} 是模型残差项，本章将标准误聚类在省份层面。

中国家庭金融调查问卷对 16 岁及以上的所有家庭成员的住房公积金持有情况进行了详细调查，包括是否拥有住房公积金、每月缴纳金额、累计缴纳时长、公积金账户余额、过去一年是否提取公积金、提取金额以及提取用途等。表 6.6 数据显示，2011 年，28.64%的户主持有住房公积金，平均每月缴纳 436 元，累计缴纳时长为 9 年，账户余额平均为 2.18 万元。其中，19.78%的户主在上一年提取了住房公积金，平均提取金额为 1.79 万元。2013 年，住房公积金覆盖率上升至 35.68%，每月缴纳金额增至 567 元，账户余额增长至 2.90 万元，而上年平均提取的住房公积金金额也增加至 2.52 万元。2015 年，住房公积金的月均缴纳额度进一步提升至 640 元，账户余额达到3.73万元。上一年提取住房公积金的户主占比为18.53%，平均提取金额增至3.21万元。2017年，持有住房公积金的户主比例上升至32.67%，每月缴纳金额增至751元，账户余额提高至4.80万元。同时，提取住房公积金的户主比例增至21.03%，平均提取金额达4.20万元。2019年，住房公积金月均缴纳金额增至872元，累计缴纳时长达到10.85年，账户余额上升至4.51万元，22.03%的户主在上一年使用了住房公积金。

表6.6　2011—2019住房公积金缴纳情况

年份	有住房公积金（%）	每月缴纳额度（万元）	累计缴纳时长（年）	公积金账户余额（万元）	上年是否提取	上年平均提取金额（万元）
2011	28.64	0.043 6	8.911 6	2.177 7	0.197 8	1.786 8
2013	35.68	0.056 7	12.722 9	2.904 3	0.187 4	2.516 8
2015	23.26	0.064 0	11.862 1	3.729 8	0.185 3	3.208 9
2017	32.67	0.075 1	10.740 8	4.803 4	0.210 3	4.199 3
2019	28.14	0.087 2	10.851 4	4.510 7	0.220 3	3.991 1

总体而言，2011—2019年，拥有住房公积金的户主比例维持在30%左右，但每月缴纳金额持续增长，公积金账户余额稳步上升。与此同时，提取住房公积金的户主比例逐年增加，提取金额亦呈现持续上升趋势。

表6.7展示了户主提取住房公积金的主要用途。2011年，64.97%的户主提取住房公积金用于购房，5.08%的户主用于建造或翻修房屋，17.26%的户主用于偿还购房贷款本息，1.02%的户主用于支付房租，3.05%的户主因离退休提取，1.02%的户主因与单位解除劳动关系而提取住房公积金。2013年，提取住房公积金用于购房的户主占比下降至50.24%，而用于偿还购房贷款本息的比例上升至31.22%。此外，仅有少部分户主因支付房租、离退休、解除劳动关系或投资股票等原因提取住房公积金。2015年，住房公积金购房用途的占比进一步下降至48.38%，而用于偿还购房贷款本息的比例上升至32.87%，支付房租的比例增至3.47%。2019年，住房公积金用于购房的户主比例降至32.08%，但偿还购房贷款本息和支付房租的比例分别上升至40.36%和5.43%。总体而言，大多数户主仍主要将住房公积金用于购房相关支出。与此同时，随着房价上涨，用于偿还购房贷款本息和支付房租的比例逐年上升。此外，2019年部分户主还提取住房公积金用于缴纳物业费或因生活困难提取，表明住房公积金不仅发挥住房支持作用，还在一

定程度上具备社会保障功能，满足居民多元化的资金需求。

表 6.7　住房公积金提取原因　　%

年份	2011	2013	2015	2017	2019
买房	64.97	50.24	48.38	49.85	32.08
房屋建造、大修、翻建	5.08	5.86	4.98	5.50	7.24
偿还购房贷款本息	17.26	31.22	32.87	28.46	40.36
付房租	1.02	1.58	3.47	4.12	5.43
离退休	3.05	0.63	1.27	2.26	2.07
与单位解除劳动关系	1.02	1.58	1.16	0.69	0.13
投资股票	—	0.32	0.69	0.20	—
出境定居	—	—	0.12	—	—
家庭成员发生重大疾病造成生活严重困难	—	—	—	—	0.91
交物业费	—	—	—	—	2.98

除了调查家庭成员的住房公积金缴纳情况，2017 年中国家庭金融调查问卷还针对受访者设置了与住房公积金相关的专项问题，包括：①对住房公积金管理中心及相关机构服务的满意度；②最满意的服务内容；③未使用住房公积金贷款的原因；④未缴纳住房公积金的原因等。数据显示，47.00%的受访者对住房公积金管理中心的服务表示满意，41.01%的受访者认为服务基本令人满意，而 11.98%的受访者对住房公积金管理中心的服务表示不满意。

对于回答“满意”或“基本满意”的受访者，2017 年中国家庭金融调查问卷进一步调查了他们对住房公积金管理中心哪方面的服务最为认可。表 6.8 数据显示，37.12%的受访者对办理手续的简便性表示满意，29.61%的受访者对工作人员的服务态度给予肯定，12.17%的受访者对网点服务的便捷性感到满意，8.28%的受访者认为服务渠道较为丰富。与此同时，仅有少数受访者对投诉渠道的畅通度和疑难问题解决机制的健全性表示满意，表明住房公积金管理中心在优化服务质量方面仍有较大提升空间。

表 6.8　住房公积金管理中心服务满意度　%

变量	占比	变量	占比
网点分布便捷度	12.17	工作人员服务态度	29.61
服务渠道丰富	8.28	投诉渠道顺畅	0.64
办理手续简便性	37.12	疑难解决机制健全	1.97

对于未使用住房公积金贷款的家庭，2017 年中国家庭金融调查问卷进一步调查了具体原因。表 6.9 数据显示，60.32%的家庭未使用住房公积金贷款的主要原因是暂无购房需求或已购房，13.26%的家庭因经济能力不足，无法购房，因此未申请公积金贷款。此外，仅有少部分家庭因“住房公积金贷款额度较低，无法满足需求”，“贷款手续复杂”和“曾使用过住房公积金贷款，现已还清”等原因未使用该贷款方式。

表 6.9　没有使用住房公积金贷款的原因　%

变量	占比	变量	占比
不着急买房/已经购房	60.32	住房公积金贷款额度低，满足不了需要	3.19
买不起房	13.26	按揭贷款方便，不在乎多点利息	0.31
嫌手续复杂麻烦	3.79	曾使用过，贷款已经还清	4.34
开发商不让用住房公积金贷款	1.63	其他	17.54

对于所有家庭成员均未缴纳住房公积金的情况，2017 年中国家庭金融调查问卷进一步调查了原因。表 6.10 数据显示，除“务农/已退休/无业”等客观因素外，家庭未缴纳住房公积金的主要原因是单位未提供公积金缴纳（20.32%），其次是个体工商户未建立住房公积金制度（12.75%），再次是家庭成员对住房公积金的缴存、提取及贷款政策缺乏了解（6.75%）。此外，仅有少部分受访者因“提取手续复杂、条件严格”“贷款额度较低”“存款利率偏低”“使用范围有限”等因素未缴纳住房公积金。结果表明，大多数家庭未缴纳住房公积金的主要原因在于单位未提供该福利，因此加强政府监管，督促用人单位依法缴纳住房公积金，具有重要现实意义。

表 6.10　没有缴纳住房公积金的原因　　%

变量	占比	变量	占比
单位不给缴	20.32	贷款额度较低	0.03
个体工商户不建立住房公积金	12.75	存款利率低	0.13
对住房公积金缴存、提取、贷款等方面不了解	6.75	用途较窄	0.75
近期没有购买住房的计划，不需要公积金	4.50	务农/已退休/一直未工作	36.97
提取程序复杂，条件严格	0.27	其他	17.54

2019 年，中国家庭金融调查问卷还针对住房储蓄存款设计了相关调查。住房储蓄存款是指个人向银行存入一笔资金，免缴个人所得税，并按照存款金额计算利息。当存款达到一定额度后，可用于支付购房首付款，同时享受低于商业银行贷款利率的住房贷款。住房储蓄存款与住房公积金类似，均属于支持职工购房的住房储蓄制度。问卷向受访者询问："如果单位不再缴纳住房公积金，是否愿意参加住房储蓄存款?"数据显示，在未缴纳住房公积金的受访者中，39.25%表示愿意参加住房储蓄存款。对于当前拥有住房公积金的受访者，51.47%的受访者表示愿意参加，但希望由单位继续从工资中代扣自愿缴存部分；15.51%的受访者希望单位将原缴存部分直接发放至个人账户，由个人自行决定是否参与住房储蓄存款；25.64%的受访者则希望单位将原缴存部分发放至个人账户，但个人不再参与住房储蓄存款。这些数据表明，如果住房公积金制度被取消，居民对替代性的住房储蓄计划仍存在一定需求，尤其是愿意继续参与住房储蓄存款的受访者占比相对较高，显示出住房储蓄制度在未来住房金融体系中的潜在发展空间。

表 6.11 展示了样本的描述性统计。数据显示，在拥有住房公积金的户主中，90.23%的户主拥有住房，85.77%的户主在本地至少持有一套住房，28.63%的户主拥有多套住房，人均住房数量为 1.25 套。此外，该群体的金融市场参与率为 46.13%，平均持有的净住房资产为 132.38 万元，金融资产为 18.69 万元，风险金融资产为 8.23 万元，其他非金融资产为 14.48 万元，净资产总额达到 169.11 万元。相比之下，在未缴纳住房公积金的户主中，

住房拥有率为 86. 85%，在本地拥有住房的比例为 80. 25%，拥有多套住房的比例降至 17. 59%。该群体的金融市场参与率仅为 19. 68%，持有的净住房资产、金融资产、风险金融资产、其他非金融资产和净资产分别为 74. 15 万元、9. 34 万元、3. 38 万元、14. 79 万元和 100. 17 万元。总体而言，相较于未缴纳住房公积金的户主，缴纳住房公积金的户主在住房拥有率和金融市场参与率方面更高，持有的住房资产和金融资产规模更大。此外，表 6. 11 还表明，与未缴纳住房公积金的户主相比，缴纳住房公积金的户主普遍受教育水平更高、平均年龄更低、健康状况更佳、就业率更高，且在政府部门工作的比例更大，家庭收入水平也更高，反映出两类户主在人口与经济特征上存在显著差异。

表 6. 11　描述性统计

变量	有住房公积金			没有住房公积金		
	观测值	平均值	标准差	观测值	平均值	标准差
拥有住房	17 501	0. 902 3	0. 296 9	43 201	0. 868 5	0. 338 0
在本地至少有一套住房	17 501	0. 857 7	0. 349 3	43 201	0. 802 5	0. 398 1
拥有多套住房	17 501	0. 286 3	0. 452 0	43 201	0. 175 9	0. 380 8
房屋数目	17 349	1. 252 6	0. 744 3	42 843	1. 134 6	6. 991 9
金融市场参与	17 501	0. 461 3	0. 498 5	43 201	0. 196 8	0. 397 6
净住房资产（万元）	16 624	132. 378 0	185. 317 6	39 951	74. 145 5	132. 261 2
金融资产（万元）	17 455	18. 693 9	39. 360 5	43 158	9. 341 8	27. 436 4
风险金融资产（万元）	17 455	8. 226 4	24. 214 6	43 160	3. 380 5	15. 003 0
除住房外其他非金融资产（万元）	16 599	14. 480 9	48. 183 9	39 898	14. 794 5	56. 197 5
净资产（万元）	17 223	169. 106 6	220. 545 7	42 979	100. 169 7	173. 588 9
受教育水平	17 483	14. 107 3	2. 762 3	43 143	10. 110 2	3. 301 1
年龄	17 501	42. 352 0	9. 630 4	43 201	47. 887 0	11. 278 0
男性	17 501	0. 763 7	0. 424 8	43 201	0. 716 1	0. 450 9

续表

变量	有住房公积金			没有住房公积金		
	观测值	平均值	标准差	观测值	平均值	标准差
已婚	17 501	0. 875 2	0. 330 6	43 201	0. 867 7	0. 338 8
健康状况	17 501	0. 586 1	0. 492 5	43 201	0. 482 0	0. 499 7
有工作	17 501	0. 947 5	0. 222 9	43 201	0. 715 7	0. 451 1
在政府部门工作	17 501	0. 663 7	0. 472 5	43 201	0. 099 4	0. 299 3
家庭规模	17 500	3. 054 7	1. 079 3	43 185	3. 320 7	1. 432 1
家庭收入（万元）	17 461	15. 614 4	19. 273 3	43 103	8. 462 8	13. 979 5

第五节　主要实证结果

一、住房公积金和住房拥有率

表 6. 12 首先对住房公积金对住房拥有率的影响进行了估计。结果表明，在控制其他因素不变的情况下，相较于未缴纳住房公积金的家庭，缴纳住房公积金的家庭拥有住房的可能性增加 2. 89 个百分点，在本地拥有住房的可能性增加 3. 84 个百分点，拥有多套房的可能性增加 5. 57 个百分点，平均拥有的房屋数目增加 0. 08 套，这些影响都在统计上具有显著性。总体而言，表 6. 12 的结果表明，住房公积金的缴纳显著提高了家庭成为住房拥有者的可能性，提高了住房拥有率。

表 6. 12　住房公积金和住房拥有率

变量	拥有住房	在本地拥有住房	拥有多套房屋	房屋数目
	LPM	LPM	LPM	LPM
	(1)	(2)	(3)	(4)
住房公积金	0. 028 9 ***	0. 038 4 ***	0. 055 7 ***	0. 083 9 **
	(0. 006 1)	(0. 008 5)	(0. 007 0)	(0. 034 0)
农村户籍	0. 003 6	−0. 063 3 ***	−0. 010 9	0. 003 3
	(0. 005 9)	(0. 014 2)	(0. 006 7)	(0. 031 9)

续表

变量	拥有住房	在本地拥有住房	拥有多套房屋	房屋数目
	LPM	LPM	LPM	LPM
	(1)	(2)	(3)	(4)
受教育水平	0.004 4*** (0.000 6)	0.005 5*** (0.000 9)	0.010 2*** (0.001 0)	0.019 0*** (0.004 5)
年龄	0.017 9*** (0.001 8)	0.028 3*** (0.002 2)	0.008 3*** (0.001 4)	0.027 7*** (0.004 3)
年龄平方	-0.000 1*** (0.000 0)	-0.000 2*** (0.000 0)	-0.000 1*** (0.000 0)	-0.000 2*** (0.000 0)
男性	0.011 4*** (0.003 7)	0.005 7 (0.004 2)	0.000 6 (0.003 0)	0.061 4 (0.042 6)
已婚	0.088 2*** (0.005 5)	0.083 7*** (0.010 2)	0.009 1 (0.005 3)	0.127 2*** (0.043 2)
健康状况	0.014 6*** (0.003 0)	0.006 9** (0.003 3)	0.020 3*** (0.003 4)	0.001 8 (0.046 6)
有工作	0.018 2*** (0.004 0)	0.007 3 (0.005 0)	0.010 2** (0.004 5)	-0.003 5 (0.027 3)
在政府部门工作	0.010 5** (0.004 2)	0.029 1*** (0.007 9)	0.016 8*** (0.005 5)	0.000 4 (0.019 3)
家庭规模	0.028 0*** (0.002 1)	0.039 2*** (0.004 4)	0.030 4*** (0.002 7)	0.047 2** (0.020 3)
家庭收入	0.001 1*** (0.000 1)	0.000 9*** (0.000 1)	0.004 3*** (0.000 3)	0.009 1*** (0.000 6)
常数项	控制	控制	控制	控制
省份固定效应	控制	控制	控制	控制
年份固定效应	控制	控制	控制	控制
R^2	0.088 1	0.145 2	0.086 7	0.002 7
观测值	77 620	77 620	77 620	76 936

注：***，**，*分别代表在1%，5%，10%的水平上显著。

二、住房公积金与房屋产权形式

拥有住房公积金有助于降低家庭购房成本，提高家庭购房的可能性，同时也可能影响所购房屋的产权类型。本节重点分析住房公积金对家庭房屋产权形式的影响。2017 年和 2019 年中国家庭金融调查问卷调查了家庭所拥有住房的产权类型，选项包括：①商品住房；②政策性住房（如经济适用房、限价房、自住型商品房）；③已购公房（如军产房、央产房、地方单位出售的公房）；④使用权住房（如直管公房、自管公房）；⑤集体土地上的宅基地住房；⑥小产权房（集体土地上的）；⑦商住两用房。基于该问题，本节构建了七个虚拟变量，分别对应家庭所持有的不同产权类型的住房。例如，如果家庭拥有的任何一套房屋的产权形式是商品房，则相应的虚拟变量取值为 1，表示该家庭持有商品住房，否则取值为 0。

表 6.13 和表 6.14 的结果显示，拥有住房公积金对家庭住房产权类型的选择具有显著影响。在控制其他因素不变的情况下，缴纳住房公积金的家庭在住房持有方面呈现以下特征：拥有商品住房的可能性提高 1.06 个百分点，拥有政策性住房的可能性降低 0.58 个百分点，拥有公房的可能性增加 1.49 个百分点，拥有宅基地住房的可能性下降 5.28 个百分点，拥有小产权房的可能性降低 0.65 个百分点，拥有商住两用房的可能性下降 0.21 个百分点。此外，住房公积金的缴纳对家庭持有使用权住房的可能性未表现出显著影响。总体而言，这些结果表明，住房公积金的缴纳显著提高了家庭拥有完全产权住房的可能性，同时减少了对宅基地住房和小产权房等非完全产权住房的依赖。

表 6.13　住房公积金和房屋产权（1）

变量	商品住房	政策性住房	已购公房	使用权住房
	LPM	LPM	LPM	LPM
	(1)	(2)	(3)	(4)
住房公积金	0.010 6** (0.004 9)	−0.005 8* (0.003 2)	0.014 9*** (0.004 4)	−0.002 9 (0.002 1)
其他控制变量	控制	控制	控制	控制
省份固定效应	控制	控制	控制	控制
年份固定效应	控制	控制	控制	控制

续表

变量	商品住房	政策性住房	已购公房	使用权住房
	LPM	LPM	LPM	LPM
	(1)	(2)	(3)	(4)
R^2	0. 037 9	0. 020 1	0. 064 6	0. 009 5
观测值	36 722	36 722	36 722	36 722

注：***，**，*分别代表在1%，5%，10%的水平上显著。

表 6.14 住房公积金和房屋产权（2）

变量	宅基地住房	小产权房	商住两用房
	LPM	LPM	LPM
	(1)	(2)	(3)
住房公积金	-0. 052 8*** (0. 007 5)	-0. 006 5*** (0. 002 3)	-0. 002 1* (0. 001 2)
其他控制变量	控制	控制	控制
省份固定效应	控制	控制	控制
年份固定效应	控制	控制	控制
R^2	0. 320 2	0. 015 1	0. 003 8
观测值	36 722	36 722	36 722

注：***，**，*分别代表在1%，5%，10%的水平上显著。

三、住房公积金和家庭金融市场参与

周华东等（2022a）指出，住房公积金的持有能够降低家庭购房融资成本，并减少预防性储蓄需求，从而间接释放资金用于金融市场投资。为验证这一假设，本节在表6.15中估计了住房公积金对家庭金融市场参与的影响。本节将家庭是否持有股票、债券、基金、衍生品、金融理财产品、非人民币资产或黄金作为衡量金融市场参与的标准，即如果家庭持有上述任何一种资产，则视为其参与了金融市场。回归结果显示，在控制其他因素不变的情况下，拥有住房公积金的家庭参与金融市场的可能性提高11.91个百分点，且该影响在1%的水平上显著，表明住房公积金在促进家庭金融投资方面发挥了积极作用。

表 6.15　住房公积金和家庭金融市场参与

变量	金融市场参与
	(1)
住房公积金	0.119 1*** (0.007 3)
其他控制变量	控制
省份固定效应	控制
年份固定效应	控制
R^2	0.198 5
观测值	77 620

注：***，**，*分别代表在 1%，5%，10%的水平上显著。

四、住房公积金和家庭资产配置

表 6.16 进一步分析了住房公积金对家庭各类资产持有情况的影响。结果显示，在控制其他因素不变的情况下，相比未缴纳住房公积金的家庭，拥有住房公积金的家庭在资产持有方面具有以下特点：净住房资产高出 13.73 万元，金融资产多 1.49 万元，风险金融资产增加 0.81 万元，其他非金融资产减少 6.87 万元，净资产整体增加 11.51 万元。这些影响均在 1%的水平上显著为正，表明住房公积金的持有显著提升了家庭的资产水平。

表 6.16　住房公积金和家庭资产配置（1）

变量	净住房资产	金融资产	风险金融资产	除住房外其他非金融资产	净资产
	(1)	(2)	(3)	(4)	(5)
住房公积金	13.730 3*** (3.164 4)	1.486 7*** (0.360 9)	0.805 9*** (0.237 9)	-6.866 1*** (0.970 2)	11.514 2*** (3.177 3)
农村户籍	-26.576 9*** (5.972 2)	-1.570 5*** (0.536 3)	-0.860 1*** (0.300 2)	4.464 4*** (0.631 8)	-27.135 2*** (5.812 8)
受教育水平	4.611 8*** (0.842 1)	0.850 5*** (0.098 8)	0.448 1*** (0.062 6)	0.687 2*** (0.123 7)	6.249 0*** (0.960 2)

续表

变量	净住房资产	金融资产	风险金融资产	除住房外其他非金融资产	净资产
	(1)	(2)	(3)	(4)	(5)
年龄	3.495 6*** (1.105 1)	0.687 8*** (0.109 3)	0.535 2*** (0.082 5)	0.729 1*** (0.210 9)	5.157 6*** (1.103 9)
年龄平方	−0.025 4** (0.010 0)	−0.006 2*** (0.001 1)	−0.005 2*** (0.000 8)	−0.009 2*** (0.002 3)	−0.043 5*** (0.009 5)
男性	−7.943 0*** (2.867 5)	0.431 2** (0.191 1)	0.021 3 (0.172 8)	1.637 5** (0.623 3)	−5.945 8** (2.599 0)
已婚	11.936 9*** (3.508 9)	0.677 1 (0.473 0)	0.018 4 (0.216 9)	−1.123 8** (0.540 5)	11.475 7*** (3.302 2)
健康状况	6.759 1*** (1.456 7)	1.405 6*** (0.210 8)	0.354 3** (0.128 6)	3.035 4*** (0.465 2)	12.342 1*** (1.501 4)
有工作	−5.653 1*** (1.635 5)	−0.537 0** (0.257 3)	−0.350 5** (0.156 8)	4.402 0*** (0.645 0)	−0.465 7 (1.333 7)
在政府部门工作	−2.763 4 (3.127 9)	−1.403 3*** (0.371 7)	−0.669 2** (0.250 4)	−8.961 4*** (1.090 0)	−13.439 7*** (2.833 7)
家庭规模	5.139 1*** (1.211 2)	−0.523 6*** (0.150 9)	−0.332 7*** (0.095 6)	1.150 5*** (0.262 0)	4.294 4*** (1.139 7)
家庭收入	2.191 5*** (0.224 1)	0.646 7*** (0.037 9)	0.321 1*** (0.030 3)	1.122 0*** (0.088 6)	4.227 2*** (0.284 5)
常数项	控制	控制	控制	控制	控制
省份固定效应	控制	控制	控制	控制	控制
年份固定效应	控制	控制	控制	控制	控制
R^2	0.323 5	0.189 6	0.120 6	0.124 0	0.324 7
观测值	71 633	77 522	77 522	71 541	76 968

注：***，**，*分别代表在1%，5%，10%的水平上显著。

在表6.17中，本节进一步分析了住房公积金对家庭各类资产占比的影响。第（1）和第（2）列的结果显示，在控制其他因素不变的情况下，相比未缴纳住房公积金的家庭，拥有住房公积金的家庭住房资产占比高出

1.60%，但金融资产占比低 0.76%。在第（3）列和第（4）列，本节进一步将家庭金融资产细分为无风险金融资产（现金和存款）与风险金融资产（除存款外的其他金融资产），探讨住房公积金对家庭风险金融资产配置的影响。结果表明，相较于未缴纳住房公积金的家庭，拥有住房公积金的家庭持有的风险金融资产占金融资产的比重增加 3.66%，风险金融资产占总资产的比重提升 0.39%，且这两个影响均在 1%的水平上显著。这些结果表明，住房公积金的持有不仅影响家庭资产配置结构，还促进了家庭对风险资产的投资。

表 6.17　住房公积金和家庭资产配置（2）

变量	住房资产/总资产	金融资产/总资产	风险金融资产/金融资产	风险金融资产/总资产
	（1）	（2）	（3）	（4）
住房公积金	0.016 0*** （0.005 4）	−0.007 6** （0.003 2）	0.036 6*** （0.004 7）	0.003 9*** （0.001 0）
农村户籍	−0.060 1*** （0.007 5）	0.005 9* （0.003 4）	−0.017 1*** （0.004 2）	−0.001 4 （0.000 9）
受教育水平	0.001 9*** （0.000 6）	0.001 7*** （0.000 4）	0.010 6*** （0.000 8）	0.001 9*** （0.000 2）
年龄	0.009 7*** （0.001 9）	−0.004 9*** （0.000 8）	0.003 1*** （0.001 1）	−0.000 3 （0.000 4）
年龄平方	−0.000 1*** （0.000 0）	0.000 0*** （0.000 0）	−0.000 0*** （0.000 0）	0.000 0 （0.000 0）
男性	−0.008 9** （0.004 0）	0.004 4** （0.001 9）	−0.003 3 （0.002 7）	0.001 7* （0.000 9）
已婚	0.060 6*** （0.006 3）	−0.025 5*** （0.004 3）	−0.001 2 （0.003 7）	−0.008 7*** （0.002 0）
健康状况	−0.000 2 （0.002 6）	0.001 1 （0.001 7）	0.006 2*** （0.002 0）	0.000 6 （0.000 7）
有工作	−0.035 1*** （0.005 1）	−0.004 0** （0.001 5）	−0.000 5 （0.003 0）	−0.001 3* （0.000 7）
在政府部门工作	0.035 3*** （0.004 1）	−0.002 0 （0.002 4）	−0.007 8** （0.003 6）	−0.001 7* （0.001 0）

续表

变量	住房资产/总资产	金融资产/总资产	风险金融资产/金融资产	风险金融资产/总资产
	(1)	(2)	(3)	(4)
家庭规模	0.020 4***	−0.014 5***	−0.005 6***	−0.003 6***
	(0.001 9)	(0.000 8)	(0.001 0)	(0.000 3)
家庭收入	−0.001 2***	0.000 5***	0.002 3***	0.000 4***
	(0.000 2)	(0.000 1)	(0.000 1)	(0.000 0)
常数项	控制	控制	控制	控制
省份固定效应	控制	控制	控制	控制
年份固定效应	控制	控制	控制	控制
R^2	0.075 7	0.041 9	0.099 4	0.037 4
观测值	71 010	76 880	74 528	76 948

注：***，**，*分别代表在1%，5%，10%的水平上显著。

除了住房公积金的持有，其他因素也对家庭资产配置产生了显著影响。结果表明，相较于城镇户籍户主，农村户籍户主的住房资产和风险金融资产占比相对较低。具体而言，农村户籍户主的住房资产占总资产的比重比城镇户籍户主低6.01%，金融资产占比略高于城镇户籍户主，但风险金融资产占比比城镇户籍户主低1.71%。此外，受教育水平的提高显著促进了住房资产、金融资产和风险金融资产的配置。在婚姻状况方面，已婚户主的住房资产占比高于未婚户主，但金融资产和风险金融资产的占比相对较低。家庭规模的扩大同样影响资产配置，随着家庭规模的增加，住房资产占比上升，而金融资产和风险金融资产占比有所下降。与此同时，家庭收入水平的提高则呈现相反趋势，即随着家庭收入增加，住房资产占比下降，而金融资产和风险金融资产的占比增加。

五、异质性分析

（一）按收入分组

本节按照家庭收入水平对样本进行分组，分别分析住房公积金对高收入家庭（年收入大于等于10万元）和低收入家庭（年收入小于10万元）资产配置的影响。表6.18的结果显示，在高收入家庭中，持有住房公积金使得家庭在本地的住房拥有率提高2.06个百分点，拥有多套房的可能性增加

4.48 个百分点。而在低收入家庭中，住房公积金的持有使本地住房拥有率提升 3.96 个百分点，拥有多套房的可能性提高 2.60 个百分点。可以看出，对于低收入家庭，住房公积金的主要作用是提高家庭成为住房拥有者的可能性，帮助其迈入房产市场；而对于高收入家庭，住房公积金更大地促进了住房投资，使其更有可能持有多套房产。

表 6.18　住房公积金和住房拥有率：按收入分组

变量	收入水平较高		收入水平较低	
	在本地拥有住房	拥有多套房屋	在本地拥有住房	拥有多套房屋
	(1)	(2)	(3)	(4)
住房公积金	0.020 6** (0.009 1)	0.044 8*** (0.011 7)	0.039 6*** (0.007 7)	0.026 0*** (0.006 1)
其他控制变量	控制	控制	控制	控制
省份固定效应	控制	控制	控制	控制
年份固定效应	控制	控制	控制	控制
R^2	0.145 9	0.060 6	0.147 9	0.028 9
观测值	23 209	23 209	54 411	54 411

注：***，**，*分别代表在 1%，5%，10%的水平上显著。

表 6.19 的结果显示，对于收入较高的家庭，拥有住房公积金会使家庭参与金融市场的可能性提高 9.50 个百分点，但对其净住房资产、金融资产、风险金融资产和净资产的持有情况没有显著影响。相比之下，对于收入较低的家庭，拥有住房公积金不仅使其进入金融市场的可能性提高了 9.18 个百分点，还使其资产配置有所改善，具体而言，家庭持有的净住房资产、金融资产、风险金融资产和净资产分别增加 9.69 万元、1.34 万元、0.78 万元和 13.63 万元。这表明住房公积金在提升低收入家庭的资产配置方面发挥了更大的作用。

表 6.19　住房公积金和家庭资产配置：按收入分组（1）

变量	净住房资产	金融市场参与	金融资产	风险金融资产	净资产
	(1)	(2)	(3)	(4)	(5)
Panel A：收入水平较高					
住房公积金	3.823 7 (3.457 3)	0.095 0*** (0.010 8)	−0.232 2 (0.855 7)	0.306 6 (0.567 0)	−5.896 4 (3.930 1)

续表

变量	净住房资产	金融市场参与	金融资产	风险金融资产	净资产
	(1)	(2)	(3)	(4)	(5)
其他控制变量	控制	控制	控制	控制	控制
R^2	0. 299 9	0. 151 6	0. 150 8	0. 108 6	0. 281 1
观测值	21 740	23 209	23 127	23 127	22 650
Panel B：收入水平较低					
住房公积金	9. 693 1 *** (3. 140 1)	0. 091 8 *** (0. 007 5)	1. 337 4 *** (0. 290 1)	0. 778 2 *** (0. 177 2)	13. 626 6 *** (3. 691 0)
其他控制变量	控制	控制	控制	控制	控制
R^2	0. 210 1	0. 113 5	0. 047 1	0. 023 3	0. 159 6
观测值	49 893	54 411	54 395	54 395	54 318

注：***，**，* 分别代表在 1%，5%，10%的水平上显著。

表 6. 20 的结果显示，对于收入较高的家庭，拥有住房公积金会使其住房资产在总资产中的占比增加 2. 66%，风险金融资产在金融资产中的占比提高 1. 47%，但对金融资产以及风险金融资产在总资产中的占比的影响在统计上不具有显著性。而对于收入较低的家庭，住房公积金使其金融资产在总资产中的占比下降 1. 34%，但风险金融资产在金融资产中的占比提高了 3. 10%，在总资产中的占比增加了 0. 29%，不过对住房资产在总资产中的占比没有显著影响。这些结果表明，住房公积金主要增加了收入较高家庭的住房资产占比，而对于收入较低的家庭，则显著地提升了其风险金融资产的占比。

表 6. 20　住房公积金和家庭资产配置：按收入分组（2）

变量	住房资产/总资产	金融资产/总资产	风险金融资产/金融资产	风险金融资产/总资产
	(1)	(2)	(3)	(4)
Panel A：收入水平较高				
住房公积金	0. 026 6 *** (0. 005 9)	−0. 005 7 (0. 003 5)	0. 014 7 * (0. 008 5)	−0. 000 0 (0. 001 8)
其他控制变量	控制	控制	控制	控制

续表

变量	住房资产/总资产	金融资产/总资产	风险金融资产/金融资产	风险金融资产/总资产
	(1)	(2)	(3)	(4)
R^2	0.098 1	0.041 2	0.064 8	0.033 4
观测值	21 258	22 621	22 650	22 630
Panel B：收入水平较低				
住房公积金	0.001 3 (0.005 5)	−0.013 4*** (0.003 3)	0.031 0*** (0.004 5)	0.002 9** (0.001 1)
其他控制变量	控制	控制	控制	控制
R^2	0.081 2	0.046 6	0.051 7	0.027 1
观测值	49 752	54 259	51 878	54 318

注：***，**，*分别代表在1%，5%，10%的水平上显著。

（二）按地区分组

不同地区的住房市场存在差异，房价涨幅也不一样，因此住房公积金对家庭资产配置的影响并不相同。表6.21的结果显示，在东部地区，拥有住房公积金使家庭在本地拥有住房的可能性提高了3.30个百分点，拥有多套住房的可能性提高了4.30个百分点。而在中西部地区，住房公积金的影响更大，使家庭在本地拥有住房的可能性增加4.83个百分点，拥有多套住房的可能性增加7.33个百分点。这表明住房公积金在中西部地区对家庭住房拥有率和住房投资的促进作用更明显。一个可能的原因是，东部地区房价较高，居民购房时主要依赖商业银行贷款，而住房公积金贷款在家庭住房贷款中的占比相对较小，因此对住房拥有率和住房投资的影响相对较弱。

表6.21　住房公积金和住房拥有率：按地区分组

变量	东部地区		中西部地区	
	在本地拥有住房	拥有多套房屋	在本地拥有住房	拥有多套房屋
	(1)	(2)	(3)	(4)
住房公积金	0.033 0** (0.013 4)	0.043 0*** (0.008 6)	0.048 3*** (0.004 9)	0.073 3*** (0.009 1)
其他控制变量	控制	控制	控制	控制

续表

变量	东部地区		中西部地区	
	在本地拥有住房	拥有多套房屋	在本地拥有住房	拥有多套房屋
	(1)	(2)	(3)	(4)
省份固定效应	控制	控制	控制	控制
年份固定效应	控制	控制	控制	控制
R^2	0.181 6	0.083 1	0.102 6	0.091 0
观测值	39 905	39 905	37 715	37 715

注：***，**，*分别代表在1%，5%，10%的水平上显著。

表6.22进一步分析了住房公积金对不同地区家庭资产配置的影响。结果显示，在东部地区，拥有住房公积金的家庭相比没有住房公积金的家庭，净住房资产高出17.53万元，金融市场参与率高出12.32个百分点，金融资产多出1.66万元，风险金融资产多出0.89万元，净资产整体增加12.41万元。在中西部地区，拥有住房公积金的家庭净住房资产比没有住房公积金的家庭高6.21万元，金融市场参与率高11.10个百分点，金融资产多1.21万元，风险金融资产多0.67万元，净资产增加8.29万元。这些结果表明，住房公积金对东部地区家庭的资产价值提升作用更为明显。

表6.22 住房公积金和家庭资产配置：按地区分组（1）

变量	净住房资产	金融市场参与	金融资产	风险金融资产	净资产
	(1)	(2)	(3)	(4)	(5)
Panel A：东部地区					
住房公积金	17.530 9***	0.123 2***	1.659 3**	0.891 0**	12.406 1**
	(4.615 7)	(0.010 7)	(0.553 5)	(0.395 5)	(5.001 5)
其他控制变量	控制	控制	控制	控制	控制
R^2	0.305 3	0.210 1	0.186 4	0.125 1	0.312 3
观测值	36 724	39 905	39 821	39 821	39 316
Panel B：中西部地区					
住房公积金	6.211 3***	0.111 0***	1.213 9***	0.671 9***	8.291 2***
	(1.105 2)	(0.007 4)	(0.391 7)	(0.213 2)	(2.009 9)

续表

变量	净住房资产	金融市场参与	金融资产	风险金融资产	净资产
	(1)	(2)	(3)	(4)	(5)
其他控制变量	控制	控制	控制	控制	控制
R^2	0.171 9	0.141 9	0.160 6	0.090 9	0.238 2
观测值	34 909	37 715	37 701	37 701	37 652

注：***，**，*分别代表在1%，5%，10%的水平上显著。

表6.23分析了住房公积金对家庭各类资产占比的影响。A部分的结果显示，在东部地区，拥有住房公积金的家庭，其住房资产占总资产的比重提高了1.95%，风险金融资产在金融资产中的占比增加了3.68%，在总资产中的占比增加了0.36%。B部分的结果显示，在中西部地区，住房公积金对家庭住房资产占比没有显著影响，但家庭金融资产在总资产中的占比下降了0.83%，风险金融资产在金融资产中的占比提高了3.68%，在总资产中的占比增加了0.44%。总体而言，住房公积金对东部地区家庭的住房资产占比影响更大，而对中西部地区家庭的金融资产配置影响更明显。

表6.23　住房公积金和家庭资产配置：按地区分组（2）

变量	住房资产/总资产	金融资产/总资产	风险金融资产/金融资产	风险金融资产/总资产
	(1)	(2)	(3)	(4)
Panel A：东部地区				
住房公积金	0.019 5** (0.007 0)	-0.006 6 (0.004 5)	0.036 8*** (0.007 3)	0.003 6** (0.001 2)
其他控制变量	控制	控制	控制	控制
R^2	0.089 5	0.044 3	0.110 8	0.038 8
观测值	36 180	39 253	38 570	39 294
Panel B：东西部地区				
住房公积金	0.012 0 (0.008 2)	-0.008 3* (0.004 0)	0.036 8*** (0.003 6)	0.004 4*** (0.001 5)
其他控制变量	控制	控制	控制	控制

续表

变量	住房资产/总资产	金融资产/总资产	风险金融资产/金融资产	风险金融资产/总资产
	(1)	(2)	(3)	(4)
R^2	0.053 6	0.040 5	0.075 8	0.034 1
观测值	34 830	37 627	35 958	37 654

注：***，**，*分别代表在1%，5%，10%的水平上显著。

第六节 机制分析和稳健性检验

一、机制分析

本节的研究从家庭融资选择、信贷约束和风险偏好三个视角切入，剖析住房公积金对家庭资产配置的影响机制。

（一）住房公积金与家庭融资选择

如果家庭成员拥有住房公积金，购房时不仅可以选择商业贷款，还能使用住房公积金贷款或组合贷款，从而减轻购房负担。表6.24估算了住房公积金对家庭融资选择的影响。其中，第（1）至（3）列的被解释变量是三个虚拟变量，分别表示家庭购房时选择了住房公积金贷款，还是商业贷款或组合贷款。结果显示，拥有住房公积金使家庭选择住房公积金贷款的可能性增加14个百分点，选择组合贷款的可能性增加1.38个百分点，表明住房公积金在一定程度上拓宽了家庭的购房融资渠道，进而促进家庭持有住房。

表6.24 住房公积金和家庭融资选择

变量	住房公积金贷款	商业贷款	组合贷款
	(1)	(2)	(3)
住房公积金	0.140 0*** (0.006 6)	0.008 5 (0.005 8)	0.013 8*** (0.002 8)
其他控制变量	控制	控制	控制
省份固定效应	控制	控制	控制

续表

变量	住房公积金贷款	商业贷款	组合贷款
	(1)	(2)	(3)
年份固定效应	控制	控制	控制
R^2	0.171 3	0.067 4	0.032 4
观测值	50 023	50 023	50 023

注：***，**，*分别代表在1%，5%，10%的水平上显著。

（二）住房公积金与家庭信贷约束

表6.25分析了住房公积金对家庭信贷约束的影响，认为拥有住房公积金可以降低家庭的信贷约束，从而提高购房和投资金融市场的可能性。中国家庭金融调查问卷调查了家庭在农业经营、购房、购车和信用卡申请四个方面的贷款情况。借鉴现有研究，我们构造了一个信贷约束的虚拟变量：如果家庭在上述方面中有任何一项没有贷款是因为“需要但未申请”“申请被拒绝”“无还款能力”，则该变量取值为1，表示家庭面临信贷约束。结果显示，如果家庭成员拥有住房公积金，面临信贷约束的可能性降低了3.61个百分点，并且该影响在1%的显著性水平上成立。

表6.25　住房公积金和家庭信贷约束

变量	信贷约束
住房公积金	-0.036 1*** (0.004 9)
其他控制变量	控制
省份固定效应	控制
年份固定效应	控制
R^2	0.069 8
观测值	40 927

注：***，**，*分别代表在1%，5%，10%的水平上显著。

（三）住房公积金与风险偏好

住房公积金是单位提供的“五险一金”中重要的一部分，不仅能减轻家庭的购房压力，提高购房保障，还能让家庭有更多资金和风险承受能力投资其他类型的资产。本节探讨住房公积金是否通过影响家庭成员的风险偏好，进而影响家庭的资产配置。中国家庭金融调查问卷询问受访者："如果您有一笔钱，您愿意选择哪种投资项目?"根据回答，如果受访者选择"高风险、高回报的项目"或"略高风险、略高回报的项目"，则被定义为偏好风险投资。表 6. 26 的结果显示，在控制其他因素不变的情况下，拥有住房公积金会使户主偏好风险投资的可能性增加 2. 32 个百分点。这表明住房公积金提高了个人的风险偏好，从而增加了家庭投资金融市场和风险金融资产的可能性。

表 6. 26　住房公积金与风险偏好

变量	风险偏好
住房公积金	0. 023 2*** (0. 002 9)
其他控制变量	控制
省份固定效应	控制
年份固定效应	控制
R^2	0. 050 0
观测值	77 620

注：***，**，*分别代表在 1%，5%，10%的水平上显著。

二、稳健性检验

（一）控制家庭固定效应

在模型（6. 1）中，可能存在一些无法直接观测的因素同时影响家庭是否拥有住房公积金以及家庭的资产配置，导致模型存在潜在的内生性问题。本节首先通过控制家庭固定效应，即控制在家庭层面不随时间变化的不可观测因素，以解决模型因果识别问题。为此，本节将样本限制在 2011—2019 年调查中至少出现两次的家庭。表 6. 27 的结果显示，即使在控制了家庭固定效应之后，住房公积金依然显著提升了家庭持有的净住房资产、金融资产和净资产，而对风险金融资产的持有情况没有显著影响，体现了模型估计的稳健性。

表 6.27　控制家庭固定效应（1）

变量	净住房资产	金融资产	风险金融资产	净资产
	(1)	(2)	(3)	(4)
住房公积金	4.199 8* (2.363 4)	1.140 4** (0.505 4)	0.394 6 (0.285 7)	8.421 3** (3.163 5)
其他控制变量	控制	控制	控制	控制
家庭固定效应	控制	控制	控制	控制
省份固定效应	控制	控制	控制	控制
年份固定效应	控制	控制	控制	控制
R^2	0.813 2	0.686 5	0.659 2	0.764 7
观测值	46 749	51 486	51 486	51 022

注：***，**，*分别代表在1%，5%，10%的水平上显著。

表6.28的结果显示，在控制家庭固定效应后，拥有住房公积金降低了家庭住房资产在总资产中的占比，同时提高风险金融资产在金融资产中的占比以及在总资产中的占比，这些发现进一步验证了前文的估计结果，表明研究结果具有稳健性。

表 6.28　控制家庭固定效应（2）

变量	住房资产/总资产	金融资产/总资产	风险金融资产/金融资产	风险金融资产/总资产
	(1)	(2)	(3)	(4)
住房公积金	-0.025 2*** (0.005 0)	-0.004 1 (0.003 2)	0.021 4*** (0.005 1)	0.003 1** (0.001 3)
其他控制变量	控制	控制	控制	控制
家庭固定效应	控制	控制	控制	控制
省份固定效应	控制	控制	控制	控制
年份固定效应	控制	控制	控制	控制
R^2	0.666 5	0.585 2	0.588 1	0.578 5
观测值	46 242	50 971	49 115	51 014

注：***，**，*分别代表在1%，5%，10%的水平上显著。

（二）使用双重差分法估计

2014—2015年，中国经济增长放缓，房地产市场进入低迷期。为了刺激房地产市场，政府陆续出台了一系列政策，包括2014年9月的“930新政”和2015年3月的“330新政”。在2015年的中央经济工作会议上，政府进一步强调，要通过多种措施“化解房地产库存”，鼓励居民购房。在此背景下，2015年3月30日，中国人民银行、住房和城乡建设部、中国银监会联合发布了《关于个人住房贷款政策有关问题的通知》（即“330新政”），提出要进一步发挥住房公积金在支持合理住房消费中的作用。新政规定：“缴存职工家庭使用住房公积金委托贷款购买首套普通自住房，最低首付款比例为20%；对于已拥有1套住房且购房贷款已结清的缴存职工家庭，如为改善居住条件再次申请住房公积金委托贷款购买普通自住房，最低首付款比例为30%”。在此之前，各地住房公积金贷款的首付款比例存在差异。例如，在厦门，使用住房公积金贷款购买首套房的首付款比例一般为20%~30%，而购买二套房的首付款比例至少为70%。因此，2015年“330新政”的出台，大幅降低了居民使用住房公积金购房的财务压力。

本节将“330新政”的实施作为外生冲击，采用双重差分法分析该政策对家庭资产配置的影响。由于该政策仅影响了拥有住房公积金的家庭，降低了他们的购房成本，而对没有住房公积金的家庭没有直接影响，因此可以利用该政策的实施进行对比分析。借鉴李涵和张昕（2020）的研究，本研究将拥有住房公积金的家庭作为实验组，而没有住房公积金的家庭作为对照组，使用双重差分模型进行估计：

$$y_{it} = \alpha + \beta Treatment_i \cdot Post_t + X_{it} + \theta_i + \tau_t + \mu_p + e_{it} \tag{6.2}$$

在模型（6.2）中，$Treatment_i$ 是一个虚拟变量，如果家庭中至少有一名成员拥有住房公积金，则取值为1，表示该家庭受到了“330新政”的影响，属于处理组；如果家庭所有成员都没有住房公积金，则取值为0，属于对照组。$Post_t$ 为一个虚拟变量，代表2015年及之后的时间段。θ_i 为家庭固定效应，τ_t 为年份固定效应，μ_p 为省份固定效应。本节关注的核心系数是 β，反映了政策的处理效应，即“330新政”对家庭资产配置的具体影响。

表6.29的结果显示，在“330新政”实施后，拥有住房公积金的家庭购房的可能性提高了0.84个百分点，拥有多套住房的可能性增加了5.20个百分点，两个影响分别在10%和1%的显著性水平上成立，表明住房信贷宽松政策促进了家庭住房拥有率，并增加了住房投资的可能性。

表 6.29　双重差分法估计结果（1）

变量	拥有住房	拥有多套住房
	(1)	(2)
Treatment * Post	0.008 4 * (0.004 5)	0.052 0 *** (0.009 8)
其他控制变量	控制	控制
家庭固定效应	控制	控制
省份固定效应	控制	控制
年份固定效应	控制	控制
R^2	0.674 8	0.633 6
观测值	51 557	51 557

注：***，**，* 分别代表在 1%，5%，10%的水平上显著。

双重差分法要准确识别政策的因果效应，关键在于满足平行趋势假设（parallel trend）。也就是说，在“330 新政”实施之前，处理组（有住房公积金的家庭）和对照组（没有住房公积金的家庭）的住房拥有率和多套房拥有率的变化趋势应该是相似的。本节采用事件研究法分析“330 新政”对家庭住房拥有率和住房投资的动态影响。模型设定如下：

$$y_{it} = \alpha + Treatment_i \cdot Year2013 + Treatment_i \cdot Year2015 + Treatment_i \cdot Year2017 + Treatment_i \cdot Year2019 + X_{it} + \theta_i + \tau_t + \mu_p + e_{it} \tag{6.3}$$

在模型（6.3）中，*Year*2013、*Year*2015、*Year*2017 和 *Year*2019 为四个虚拟变量，分别代表 2013 年、2015 年、2017 年和 2019 年的数据。同时，为避免多重共线性，本节将 2011 年作为基准年份。

表 6.30 的估计结果显示，在 2015 年政策出台之前，拥有住房公积金的家庭和没有住房公积金的家庭在住房拥有率和多套房拥有率方面没有明显差异，表明平行趋势假设成立。然而，2015 年之后，两者的多套房拥有率开始出现明显差距：拥有住房公积金的家庭更有可能拥有多套房，而且该影响在 2015 年至 2019 年逐年增加。

表 6.30 双重差分法估计结果（2）

变量	拥有住房	拥有多套住房
	(1)	(2)
Treatment · *Year*2013	0.000 9 (0.006 6)	0.004 3 (0.012 1)
Treatment · *Year*2015	0.009 3 (0.005 9)	0.044 1*** (0.011 4)
Treatment · *Year*2017	0.010 5* (0.005 6)	0.054 4*** (0.011 2)
Treatment · *Year*2019	0.001 3 (0.008 0)	0.086 4*** (0.015 7)
其他控制变量	控制	控制
家庭固定效应	控制	控制
省份固定效应	控制	控制
年份固定效应	控制	控制
R^2	0.674 8	0.633 8
观测值	51 557	51 557

注：***，**，*分别代表在1%，5%，10%的水平上显著。

表6.31进一步分析了公积金贷款政策放宽后，对家庭各类资产持有量的影响。结果显示，受信贷宽松政策影响，2015年后，拥有住房公积金的家庭住房资产增加了16.37万元，金融市场参与率提升了5.84个百分点，金融资产增加3.75万元，风险金融资产增加2.22万元，净资产总体增长了19.67万元。这表明公积金贷款政策的放宽显著提升了家庭在各类资产上的持有水平。

表 6.31 双重差分法估计结果（3）

变量	净住房资产	金融市场参与	金融资产	风险金融资产	净资产
	(1)	(2)	(3)	(4)	(5)
Treatment · Post	16.371 9*** (5.196 2)	0.058 4*** (0.006 4)	3.749 2*** (0.491 0)	2.216 2*** (0.341 3)	19.666 9*** (5.403 4)

续表

变量	净住房资产	金融市场参与	金融资产	风险金融资产	净资产
	(1)	(2)	(3)	(4)	(5)
其他控制变量	控制	控制	控制	控制	控制
家庭固定效应	控制	控制	控制	控制	控制
省份固定效应	控制	控制	控制	控制	控制
年份固定效应	控制	控制	控制	控制	控制
R^2	0.813 9	0.671 4	0.687 3	0.660 0	0.765 3
观测值	46 749	51 557	51 486	51 486	51 022

注：***，**，*分别代表在1%，5%，10%的水平上显著。

表6.32分析了公积金贷款信贷宽松政策对家庭各类资产占比的影响。结果显示，2015年后，对于拥有住房公积金的家庭，其住房资产在总资产中的占比下降了2.91%，但风险金融资产在金融资产中的占比提高了2.55%，在总资产中的占比增加了0.59%。这些结果说明，虽然信贷宽松政策推动了住房资产和总资产的增长，但总资产的增长幅度更大，因此住房资产的占比反而有所下降。同时，政策显著提高了家庭对风险金融资产的配置比例。

表6.32　双重差分法估计结果（4）

变量	住房资产/总资产	金融资产/总资产	风险金融资产/金融资产	风险金融资产/总资产
	(1)	(2)	(3)	(4)
Treatment · Post	-0.029 1*** (0.006 6)	-0.002 2 (0.003 8)	0.025 5*** (0.005 6)	0.005 9*** (0.001 4)
其他控制变量	控制	控制	控制	控制
家庭固定效应	控制	控制	控制	控制
省份固定效应	控制	控制	控制	控制
年份固定效应	控制	控制	控制	控制
R^2	0.666 7	0.585 2	0.588 2	0.578 7
观测值	46 242	50 971	49 115	51 014

注：***，**，*分别代表在1%，5%，10%的水平上显著。

三、进一步分析

（一）住房公积金和家庭消费

借鉴康书隆等（2017）和康书隆等（2022）的研究，本节进一步分析住房公积金对家庭消费的影响。住房公积金减少了缴存家庭的住房支出，因此可能会影响其在非住房消费上的支出。表 6.33 将家庭消费分为四类：食品消费、日常消费、娱乐消费和耐用品消费。结果显示，与没有住房公积金的家庭相比，拥有住房公积金的家庭在各类消费上的支出更高：食品消费多 0.14 万元，日常消费多 0.33 万元，娱乐消费多 0.22 万元，耐用品消费多 0.07 万元，总消费整体增加了 0.77 万元，表明住房公积金对家庭消费有明显的促进作用。

表 6.33　住房公积金和家庭总消费

变量	食品消费	日常消费	娱乐消费	耐用品消费	总消费
	(1)	(2)	(3)	(4)	(5)
住房公积金	0.141 9*** (0.020 1)	0.327 0*** (0.031 1)	0.222 8*** (0.020 6)	0.067 8*** (0.008 3)	0.768 3*** (0.045 1)
其他控制变量	控制	控制	控制	控制	控制
省份固定效应	控制	控制	控制	控制	控制
年份固定效应	控制	控制	控制	控制	控制
R^2	0.245 3	0.175 0	0.223 9	0.035 2	0.329 4
观测值	59 292	76 736	76 549	76 698	77 608

注：***，**，*分别代表在 1%，5%，10%的水平上显著。

（二）住房公积金与居民幸福感

鉴于住房公积金在提高居民住房拥有率、提升家庭财富水平和促进家庭消费方面的重要作用，本节参考了周华东等（2022b）和任娟娟（2022）的研究，进一步探讨住房公积金对居民幸福感的影响。在中国家庭金融调查数据中，每位受访者被问及当前的幸福感状况，选项包括“非常幸福”“幸福”“一般”“不幸福”“非常不幸福”。在表 6.34 中，我们将被解释变量设为一个虚拟变量，表示受访者是否认为自己“非常幸福”或“幸福”。结果显示，与没有缴纳住房公积金的受访者相比，缴纳了住房公积金的受访者报告的幸福感更高。这说明住房公积金在一定程度上提升了人们的幸福感。

表 6.34　住房公积金和居民幸福感

变量	幸福感
住房公积金	0.021 4 *** (0.005 1)
常数项	控制
省份固定效应	控制
年份固定效应	控制
R^2	0.066 9
观测值	61 425

注：***，**，* 分别代表在 1%，5%，10%的水平上显著。

第七节　本章小结

住房公积金制度自创立以来，已经走过近 30 年的发展历程。在中国住房市场快速发展的几十年里，住房公积金在帮助居民实现“住有所居”的目标上发挥了重要作用。本章的研究发现，住房公积金不仅提高了居民的住房拥有率，使更多人有机会拥有完全产权的房屋，还增加了居民参与金融市场的可能性，优化了家庭的资产配置。此外，进一步研究表明，住房公积金对提升家庭的非住房消费以及居民的幸福感也有显著的积极影响。机制分析显示，住房公积金主要通过三个渠道影响家庭的资产选择：一是拓宽购房融资渠道，二是降低信贷约束，三是提升个体的风险偏好。与此同时，异质性分析表明，住房公积金对家庭资产配置的影响因收入水平和地区差异而有所不同。

结合本章的实证分析和研究结论，提出三点建议。

首先，政府应持续完善现有住房公积金体系，扩大其适用人群，并采取有效措施鼓励企业和居民积极参与缴存。同时，鼓励企业提高住房公积金的缴存比例，以增强其住房保障作用和社会福利效应。

其次，由于住房公积金对不同收入群体和地区的影响存在差异，地方政府可根据当地经济发展水平和居民收入情况，因地制宜地调整住房公积金政策，确保经济欠发达地区和低收入家庭能够获得更有力的支持。

再次，应进一步强化住房公积金资金池的管理，在确保风险可控的前提下，探索合理合规的投资方式，提高资金收益率，以金融手段支持住房公积金制度的长期稳定运行。

第七章　住房与居民幸福感

第一节　概述

改革开放以来，中国国内生产总值由 1978 年的 0.37 万亿元增长至 2022 年的 121.02 万亿元，经济发展速度显著提升。伴随经济的快速增长，人民对美好生活的需求与发展不平衡、不充分之间的矛盾日益凸显，提高人民群众的幸福感与获得感已成为政府的重要政策目标。住房问题自古以来便是民生领域的核心议题，居民安居方能乐业，保障人民“住有所居”是提升社会福祉的重要举措。自 1998 年住房市场化改革实施以来，居民人均住房建筑面积持续增长，由 1985 年的 10 平方米提升至 2015 年的 35.3 平方米，且自 2000 年起增速进一步加快（王迪，2020）。与此同时，房价整体呈现大幅上涨趋势，商品房平均销售价格由 2000 年的每平方米 2 112 元攀升至 2022 年的 9 991 元，涨幅高达 373.06%，居民购房压力随之上升。住房不仅是居民实现安居乐业的关键要素，也与幸福感密切相关。因此，深入探讨住房与居民幸福感的关系，对于稳定房价、提升居民住房支付能力，以及促进社会整体幸福感均具有重要的现实意义。

表 7.1 展示了 2011—2019 年居民的幸福感总体变化趋势。数据显示，认为自己“非常幸福”的居民比例由 2011 年的 13.89%上升至 2019 年的 20.81%，提高了 6.92 个百分点。认为自己“幸福”的居民比例则从 2011 年的 47.45%下降至 2013 年的 41.41%，至 2017 年回升至 48.48%，随后在 2019 年再次下降至 42.84%，整体下降 4.61 个百分点。认为自身幸福状态为“一般”的居民比例由 2011 年的 31.62%上升至 2013 年的 36.10%，2015 年回升至 33.68%，2017 年降至 27.43%，至 2019 年回升至 30.79%，整体下降 0.83 个百分点。感到“不幸福”的居民比例从 2011 年的 6.88%下降至 2017 年的 4.15%，随后在 2019 年回升至 5.47%，总体下降 1.41 个百分点。总体而言，2011—2019 年，认为自己“非常幸福”的居民比例呈上升趋势，而认为自己“幸福”“一般”“不幸福”的居民比例整体呈下降趋势。

表 7.1　居民幸福感变动总体情况　%

幸福感	2011 年	2013 年	2015 年	2017 年	2019 年
非常幸福	13.89	13.88	14.78	18.72	20.81
幸福	47.45	41.41	44.34	48.48	42.84
一般	31.62	36.10	33.68	27.43	30.79
不幸福	6.88	8.56	7.10	4.15	5.47

表 7.2 展示了 2011—2019 年不同年龄段居民的幸福感变化情况。对于 18~40 岁年龄段的居民而言，感到幸福的比例由 2011 年的 61.91%下降至 2013 年的 60.24%，至 2015 年回升至 62.85%，并在 2017 年进一步上升至 67.22%，随后于 2019 年回落至 63.42%，整体上升 1.51 个百分点。对于 40~45 岁年龄段的居民，感到幸福的比例由 2011 年的 59.55%下降至 2013 年的 52.71%，2015 年回升至 56.53%，2017 年继续上升至 65.24%，并在 2019 年回落至 61.71%，整体上升 2.16 个百分点。对于 55~65 岁年龄段的居民，感到幸福的比例由 2011 年的 63.58%下降至 2013 年的 54.55%，随后上升至 2017 年的 69.36%，并于 2019 年回落至 65.52%，整体上升 1.94 个百分点。总体而言，各年龄段居民的幸福感均呈上升趋势，其中 40~45 岁年龄段的居民增幅最大，其次为 55~65 岁年龄段，而 18~40 岁年龄段的居民变化幅度相对较小。

表 7.2　不同年龄段居民幸福感变动情况　%

年龄	2011 年	2013 年	2015 年	2017 年	2019 年
18~40	61.91	60.42	62.85	67.22	63.42
40~55	59.55	52.71	56.53	65.24	61.71
55~65	63.58	54.55	59.96	69.36	65.52

注：该表汇报了感到“非常幸福”和“幸福”的居民占比。

表 7.3 展示了 2011—2019 年不同受教育水平居民的幸福感变化情况。本研究将居民的受教育水平划分为“初中及以下”、“高中”（含中专和大专）和“大学及以上”三类。结果显示，在各年度调查中，大学及以上教育程度居民的幸福感水平最高，其次是受教育程度为高中的居民，初中及以下教育程度居民的幸福感水平相对最低。同时，2011—2019 年，初中及以下受教育程度居民感到幸福的比例从 59.78%上升到 62.97%，整体上升

3.19个百分点。同期，高中教育程度居民感到幸福的比例上升1.08个百分点。对于大学及以上教育程度居民，其感到幸福的比例上升0.52个百分点。总体而言，不同教育程度居民的幸福感均呈上升趋势。其中，初中及以下教育程度居民的幸福感增幅最大，其次是受教育程度为高中的居民，而大学及以上受教育程度居民的幸福感提升幅度最小。

表7.3　不同受教育水平居民幸福感变动情况　%

受教育水平	2011年	2013年	2015年	2017年	2019年
初中及以下	59.78	52.35	55.64	66.20	62.97
高中	63.28	59.01	63.71	68.13	64.36
大学及以上	65.55	62.57	67.12	70.57	66.07

注：该表汇报了感到“非常幸福”和“幸福”的居民占比。

表7.4报告了2011年到2019年不同婚姻状况居民幸福感变化情况。数据显示，对于已婚居民，感到幸福的比例由2011年的63.28%上升至2019年的65.37%，增幅为2.09个百分点。未婚居民感到幸福的比例由2011年的46.54%上升至2019年的51.45%，增长4.91个百分点。因此，从2011年到2019年，居民的幸福感总体呈上升趋势，且未婚群体的幸福感增幅高于已婚群体。此外，从纵向比较看，在各年度数据中，已婚居民感到幸福的比例始终高于未婚居民。

表7.4　不同婚姻状况居民幸福感变动情况　%

婚姻状况	2011年	2013年	2015年	2017年	2019年
已婚	63.28	56.61	60.58	68.94	65.37
未婚	46.54	45.59	47.43	54.53	51.45

注：该表汇报了感到“非常幸福”和“幸福”的居民占比。

表7.5报告了2011—2019年不同地区居民的幸福感变化情况。数据显示，城镇地区居民感到幸福的比例由2011年的61.13%下降至2013年的57.21%，随后在2015年回升至61.39%，并于2017年进一步上升至67.52%，至2019年回落至61.99%，整体上升0.86个百分点。农村地区居民感到幸福的比例则由2011年的61.68%下降至2013年的51.07%，2015年回升至53.97%，并在2019年增至66.73%，整体上升5.05个百分点。总体而言，无论是城镇地区还是农村地区，居民的幸福感均呈上升趋势，且农村

居民的幸福感增幅相对更大。

表 7.5　城镇和农村居民幸福感变动情况　　%

地区	2011 年	2013 年	2015 年	2017 年	2019 年
城镇地区	61.13	57.21	61.39	67.52	61.99
农村地区	61.68	51.07	53.97	66.50	66.73

注：该表汇报了感到“非常幸福”和“幸福”的居民占比。

表 7.6 报告了 2011—2019 年不同住房拥有状态的居民的幸福感变化情况。数据显示，有房居民感到幸福的比例由 2011 年的 62.62%上升至 2019 年的 64.83%，增幅为 2.21 个百分点。同一时期，仅拥有一套住房的居民幸福感比例由 61.13%上升至 63.91%，增幅为 2.78 个百分点。而拥有多套住房的居民，其幸福感比例则由 70.08%下降至 68.19%，减少 1.89 个百分点。无房居民感到幸福的比例由 2011 年的 48.12% 持续上升至 2017 年的 57.45%，随后于 2019 年回落至 51.66%，整体上升 3.54 个百分点。总体而言，有房居民、一套房居民以及无房居民的幸福感均呈上升趋势，而多套房居民的幸福感则略有下降。此外，纵向比较来看，在各年度数据中，拥有多套住房的居民感到幸福的比例始终高于其他群体。

表 7.6　不同住房拥有状态居民幸福感变动情况　　%

住房拥有状态	2011 年	2013 年	2015 年	2017 年	2019 年
有房居民	62.62	56.17	59.88	68.14	64.83
一套房	61.13	54.29	58.28	66.95	63.91
多套房	70.08	62.81	66.84	72.52	68.19
无房居民	48.12	47.62	50.90	57.45	51.66

注：该表汇报了感到“非常幸福”和“幸福”的居民占比。

表 7.7 报告了 2011—2019 年不同住房获得方式居民的幸福感变化情况。数据显示，2011—2019 年，在购买商品房的居民群体中，感到幸福的比例从 67.26%上升至 69.00%，整体增长 1.74 个百分点。相比之下，购买经济适用房的居民，其感到幸福的比例从 68.55%下降至 61.69%，总体下降 6.86 个百分点。通过继承方式获得房屋的居民，其感到幸福的比例从 53.13%上升至 59.57%，整体增长 6.44 个百分点。同一时期，以低价从单

位购买住房的居民感到幸福的比例从 60.98%提升至 63.75%，增幅为 2.77 个百分点。以集资建房方式获得住房的居民感到幸福的比例从 61.29%上升至 63.62%，整体增长 2.33 个百分点。以自建房方式取得住房的居民感到幸福的比例从 60.43%上升至 61.86%，增幅为 1.43 个百分点。以拆迁购房方式获得住房的居民感到幸福的比例从 61.51%提升至 63.54%，总体增长 2.03 个百分点。此外，在购买小产权房的居民群体中，其感到幸福的比例从 55.34%上升至 63.71%，整体增幅达到 8.37 个百分点。

表 7.7　不同住房获得方式居民幸福感变动情况　%

住房获得方式	2011 年	2013 年	2015 年	2017 年	2019 年
商品房	67.26	63.59	71.13	71.79	69.00
经济适用房	68.55	58.98	62.52	68.19	61.69
继承	53.13	50.53	53.94	60.18	59.57
低价从单位购买	60.98	55.24	58.92	67.12	63.75
集资建房	61.29	55.18	59.04	67.20	63.62
自建房	60.43	56.15	61.01	67.00	61.86
拆迁购房	61.51	55.21	58.87	66.99	63.54
小产权房	无	55.34	59.12	67.28	63.71

注：该表汇报了感到“非常幸福”和“幸福”的居民占比。

总体而言，2011—2019 年，除购买经济适用房的居民幸福感呈下降趋势外，通过其他方式获取住房的居民幸福感均呈现上升趋势。此外，在各类房屋获取方式中，以购买小产权房方式获得住房的居民幸福感波动幅度最大，而以自建房方式获得住房的居民幸福感变化幅度最小。

表 7.8 报告了 2011—2019 年不同年收入水平居民的幸福感变化情况。本研究将家庭年收入划分为 4 万元及以下、4 万 ~ 10 万元以及 10 万元及以上三个类别。数据显示，对于年收入在 4 万元及以下的家庭，居民感到幸福的比例由 2011 年的 49.04%上升至 2017 年的 59.10%，随后在 2019 年回落至 56.76%，整体增长 7.72 个百分点。对于年收入在 4 万 ~ 10 万元的家庭，居民感到幸福的比例由 2011 年的 56.24%提升至 2019 年的 59.46%，增幅为 3.22 个百分点。同一时期，对于年收入在 10 万元及以上的家庭，居民感到幸福的比例由 2011 年的 63.59%上升至 2019 年的 64.55%，整体增长 0.96 个百分点。

表 7.8　不同年收入水平居民幸福感变动情况　　%

年收入水平	2011 年	2013 年	2015 年	2017 年	2019 年
4 万元及以下	49.04	47.72	51.60	59.10	56.76
4 万~10 万元	56.24	48.33	51.98	59.12	59.46
10 万元及以上	63.59	56.82	60.52	68.30	64.55

注：该表汇报了感到“非常幸福”和“幸福”的居民占比。

研究结果表明，2011—2019 年，无论家庭年收入水平处于何种区间，感到幸福的居民占比均呈现上升趋势。其中，家庭年收入在 4 万元及以下的群体感到幸福的比例增幅最大，其次为年收入位于 4 万~10 万元的群体，而年收入在 10 万元及以上的群体感到幸福的比例增幅最小。此外，在各年度调查中，年收入水平在 10 万元及以上的居民感到幸福的比例始终最高。

表 7.9 报告了 2011—2019 年不同财富水平居民的幸福感变化情况。本研究按财富水平高低将家庭划分为三组，即 35 万元及以下、35 万~95 万元以及 95 万元及以上三个区间。数据显示，对于财富水平在 35 万元及以下的居民，其感到幸福的比例由 2011 年的 57.02%上升至 2019 年的 59.94%，整体增长 2.92 个百分点。而对于财富水平在 35 万~95 万元的居民，其感到幸福的比例由 2011 年的 68.06%下降至 2019 年的 64.83%，整体下降 3.23 个百分点。同一时期，对于财富水平在 95 万元及以上的居民，其感到幸福的比例由 2011 年的 70.00%下降至 2019 年的 67.77%，总体下降 2.23 个百分点。总体而言，除财富水平在 35 万元及以下的居民感到幸福的比例呈上升趋势外，其余两类居民感到幸福的比例均呈下降趋势。此外，在各年度调查中，财富水平在 95 万元及以上的居民感到幸福的比例始终高于其他两类群体。

表 7.9　不同财富水平居民幸福感变动情况　　%

财富水平	2011 年	2013 年	2015 年	2017 年	2019 年
35 万元及以下	57.02	48.86	51.74	62.40	59.94
35 万~95 万元	68.06	59.17	61.29	69.44	64.83
95 万元及以上	70.00	65.73	70.43	72.56	67.77

注：该表汇总了感到“非常幸福”和“幸福”的居民占比。

第二节 文献综述

现有文献从多个角度探讨了影响居民幸福感的因素，包括住房、收入、环境污染、数字经济、政府行为等方面。本部分对相关文献进行回顾。

一、住房与居民幸福感

首先，现有研究主要关注房价及住房产权对居民幸福感的影响。林江等（2012）从房价水平和住房产权两个维度探讨了居民幸福感的决定因素。研究结果表明，城市房价上涨对居民幸福感具有显著的负向影响。此外，仅拥有一套住房的居民和多房持有者的幸福感显著高于租房者，且多房持有者的幸福感明显高于仅拥有一套住房的居民。冯明和赵佳涵（2022）的研究发现，物价水平对居民幸福感的影响不显著，而高房价则显著降低了居民幸福感。此外，高房价预期通过“挤占效应”、“悲观预期效应”及“财富效应”三种机制共同作用于居民幸福感，而物价预期则主要通过“悲观预期效应”产生影响。李涛等（2011）研究指出，家庭住房状况可通过流动性约束和预防性储蓄两个机制影响居民幸福感。具体而言，拥有大产权住房及较多的大产权房产能够显著提升居民幸福感，而小产权住房的拥有情况及数量对居民幸福感无显著影响。欧阳文静（2019）进一步探讨了房价对居民幸福感的影响路径。研究认为，房价水平通过财富效应和“房奴效应”对不同住房状况的居民（包括有住房困难群体、无住房困难但有房贷群体以及无住房困难且无房贷群体）的身心健康产生差异化影响，从而影响居民幸福感。

其次，现有研究表明，居住状况、居住环境、居住属性以及住房保障等因素均会对居民幸福感产生影响。祝仲坤和冷晨昕（2017）探讨了农民工居住状况对其主观幸福感的影响。研究发现，相较于居住在临时住所的农民工，分散居住和集中居住均对其幸福感具有显著的正向影响，且分散居住的农民工主观幸福感更为强烈。张翔等（2015）研究了城镇居民自有住房与其主观幸福感之间的关系。研究结果表明，房屋的投资属性对城镇居民的主观幸福感影响不显著，而房屋的居住属性则对居民主观幸福感具有显著的正向影响。张鹏龙等（2023）分析了危房改造政策对农村贫困人口健康水平的影响及其作用机制。研究表明，该政策通过修建卫生厕所和推广清洁能源两种途径，有效提升了农村贫困人口的健康水平。陈淑云和杨建坤（2018）则发现，拥有自有住房的居民健康水平显著提高，且住房面积对家庭经济能力高于当地平均水平的居民健康状况具有显著影响。此外，冷晨昕和祝仲坤（2021）利用 2013 年和 2015 年中国综合社会调查数据，并结合广义倾向得分匹配法，进一步证明住房保障对居民幸福感具有显著的提升作用。

最后，现有研究还表明，住房数量、住房价值、公积金缴存情况以及住房支付能力均会对居民幸福感产生影响。王迪（2020）基于中国家庭金融调查数据发现，市级层面的住房数量不平衡程度和省级层面的住房价值不平衡程度的上升均会显著降低居民幸福感，而市级层面的住房价值不平衡程度的上升则对居民幸福感具有显著的正向影响。基于中国家庭金融调查三期面板数据，任娟娟（2022）的研究表明，缴存公积金对居民幸福感具有显著的正向作用。刘颜和傅贻忙（2023）基于中国家庭追踪调查数据研究发现，住房支付能力对居民主观幸福感具有显著的正向影响，且随着住房支付能力的提升，居民的主观幸福感也会相应提高。

二、收入与居民幸福感

首先，现有研究主要关注收入不平等对居民幸福感的影响。在较早的研究中，鲁元平和王韬（2011）基于世界价值观调查（WVS）数据的研究发现，收入不平等对中国居民的主观幸福感具有显著的负面影响，且不仅直接降低居民幸福感，还通过提高社会犯罪率间接削弱居民的幸福感。随后，汤凤林和雷鹏飞（2014）的研究发现，收入差距显著降低了居民幸福感。此外，公共支出的增加不仅能够直接提升居民幸福感，还可通过缩小收入差距间接促进居民幸福水平的提升。阳义南和章上峰（2016）的研究则发现，收入不公平感每上升一个等级，居民幸福感平均下降 8.4%。同时，社会保险与幸福感显著正相关，未享有医疗保险或养老保险的居民，其幸福感水平分别降低 4.84%和 4.64%。徐淑一和陈平（2017）的研究同样表明，收入水平总体上对幸福感具有正向影响，且随着收入的增加，社会地位对幸福感的影响逐渐增强。此外，公平感知对幸福感的作用日益突出，其影响力超过收入和社会地位的作用。孙计领等（2018）利用 2010 年中国综合社会调查数据和 FS 模型分析收入不平等对居民幸福感的影响，结果表明，劣势不平等和优势不平等均对幸福感具有显著的负向作用，且劣势不平等的影响程度大于优势不平等。李粉和廖红君（2018）的研究指出，收入仍然是影响当代中国居民幸福感的重要因素，且相对收入对幸福感的影响显著大于绝对收入。罗必良等（2021）分析了绝对收入和相对贫困对农民主观幸福感的影响。研究结果表明，绝对收入水平的提高能够显著提升农民主观幸福感，但具有边际效应递减的特征。同时，客观相对贫困与主观相对贫困均会显著降低农民的幸福感水平。王洁菲和姚树洁（2022）探讨了收入差距及其主观评价对居民主观幸福感的影响。研究发现，社会的客观收入差距越大，居民对社会收入差距的主观评价越高，其主观幸福感水平越低。在最近的一项研究中，刘珺蓓和周泳宏（2023）研究了贫富差距导致的歧视经历对居民主观幸福感的影响。研究表明，若居民因贫富差距而遭受不公正对待，其生活满意度将显著降低。机制分析进一步指出，贫富差距歧视通过降低社会信任和损害心理健康，从而削弱居民的主观幸福感。

其次，现有研究还关注家庭负债、代际教育流动性以及非正规就业对居民幸福感的影响。何启志等（2022）分析了家庭负债对居民主观幸福感的影响及其作用机制。研究结果表明，家庭未偿还负债总额及不同类型的债务（包括金融负债、住房负债和非住房负债）均会显著降低居民的主观幸福感。机制分析进一步发现，家庭负债主要通过减少闲暇时间、增加抑郁程度以及加剧财务困境，从而削弱居民的幸福感。李江一等（2015）的研究发现，家庭资产对幸福感具有显著的正向影响，而负债增加则会显著降低幸福感。此外，不同类型的资产与负债对家庭幸福感的影响存在差异，其中，房产、汽车、耐用品等资产以及住房负债、工商业负债对家庭幸福感的影响更为显著。基于中国家庭追踪调查数据，刘小鸽等（2018）研究了地区代际流动对居民幸福感的影响，结果显示二者之间存在倒 U 形的非线性关系。此外，研究指出，中国当前的代际流动性低于最优水平，提高代际流动性对于防止社会阶层固化等问题的出现具有重要意义。王海成和郭敏（2015）探讨了非正规就业对居民主观幸福感的影响。研究结果显示，城市居民从正规就业转为非正规就业后，认为自己“幸福”或“非常幸福”的概率分别下降 6.5%和 1.8%，而认为自己“非常不幸福”“不幸福”或“一般”的概率则分别上升 0.1%、1.3%和 7%。

三、数字经济与居民幸福感

罗明忠和刘子玉（2022）的研究表明，互联网的使用显著提升了农村居民的幸福感水平。与未使用互联网的农村居民相比，使用互联网的农村居民幸福感水平高出 0.14 个单位。机制分析进一步表明，互联网使用通过提升农村居民对自身社会经济地位的评价以及拓展社会联结，提高了幸福感。周烁和张文韬（2021）发现，互联网使用有助于增强个体的工作能力和工作灵活性，从而提高工作满意度。然而，互联网的使用可能导致家庭关系的弱化以及主观相对收入的下降，进而降低生活满意度。周广肃和孙浦阳（2017）利用 2010 年中国家庭追踪调查数据进行分析，发现使用互联网的居民认为自己幸福的比例高 2.1 个百分点，且其使用降低了收入对幸福感的促进作用。基于同样的数据，鲁元平和王军鹏（2020）的研究发现，互联网使用比例每提高 1 个百分点，居民幸福感相应提升 0.062 个百分点。机制分析表明，互联网使用可以通过增强互联网作为信息获取渠道的作用以及提升居民的社会资本，从而提高幸福感水平。傅联英（2018）研究了信用卡支付对居民幸福感的影响。研究发现，信用卡使用在增强消费者消费意愿的同时，提高了信用卡消费水平，但这一过程也导致持卡人的主观幸福感下降。李琪辉等（2022）探讨了数字金融对居民幸福感的影响。研究结果显示，数字金融指数、覆盖广度、使用深度和支持服务水平每增加 1 个单位，居民幸福感分别提升 0.19、0.12、0.11 和 0.07 个百分点，表明数字金融的普及能够从多个维度显著提升居民幸福感。机制分析进一步指出，数字金融可通过提升生活便利性和缓解流动性约束，从而增强居民幸福感。

四、环境污染与居民幸福感

杨继东和章逸然（2014）分析了空气污染对个人幸福感的影响。研究发现，随着城市空气污染程度加剧，居民的主观幸福感显著下降，且空气污染对低收入群体、男性和农村居民的负面影响更为显著。储德银等（2017）采用 2010—2012 年中国综合社会调查数据，运用断点回归估计方法，探讨了环保模范城市的空气质量与居民幸福感的关系。研究结果表明，环保模范城市的空气污染水平较低，其居民幸福感相对较高。具体而言，污染程度每降低 1 个标准差，居民幸福感提升 19 个百分点。朱欢和王鑫（2019）基于 2010 年、2012 年和 2014 年中国家庭追踪调查数据，测算了空气质量的福利效应。研究结果表明，空气质量每改善 1 个百分点所带来的生活满意度提升，相当于居民年均收入增加至少 14.09 个百分点所带来的满意度提升，说明生态环境的改善有助于提高居民幸福感。石华平和易敏利（2020）研究了环境治理、高质量发展与居民幸福感之间的关系。结果显示，环境治理显著提升了东部地区、城镇地区以及高收入群体的幸福感，而对中西部地区、农村地区和低收入群体的幸福感影响不显著。

五、政府行为与居民幸福感

陈前恒等（2014）利用农户调查数据，探讨了村庄民主与农户幸福感之间的关系。工具变量回归结果显示，村庄民主程度每提高 1 个百分点，其带来的居民幸福感的提升幅度相当于农民年人均纯收入增加 18.47 个百分点所带来的幸福感增长。陈刚和李树（2012）研究了政府治理质量对居民幸福感的影响。研究结果表明，政府效率、公共物品供给以及财产权利保护均对居民幸福感具有显著的正向作用。此外，政府治理质量对居民幸福感的影响效应大于经济增长的影响，并且政府治理质量的提升主要有助于提高低收入群体的幸福感。基于 2010—2015 年中国综合社会调查数据，殷金朋等（2019）研究发现，公共教育投入显著提升了居民幸福感，但同时对居民的阶层认同感和阶层认知产生一定的负面影响。胡洪曙和鲁元平（2012）研究了公共支出对居民幸福感的影响。研究表明，增加公共支出有助于提高农民的主观幸福感，且进一步分析发现，教育、医疗和社会保障等公共支出对居民幸福感的促进作用尤为显著。机制分析显示，公共支出的增加主要通过促进居民消费提升幸福感。陈工等（2016）的研究发现，政府规模过大显著降低了居民幸福感，且对中西部地区、农村居民及低收入群体的负面影响更为突出。机制分析进一步指出，政府规模过大可能导致政府更多扮演“攫取之手”的角色，例如，加重税收负担、滋生腐败、助长权力寻租以及降低行政效率，从而对居民幸福感产生负面影响。

六、其他因素

研究表明，居民幸福感还受到商业保险参与、户籍政策、公共服务政策、机会不平等、城市空间要素、金融科技、绿色发展、创业行为以及子女性别等因素的影响。卢盛峰和陈思霞（2014）研究了城镇地区户籍身份对居民幸福感的影响。研究发现，拥有农村户籍的城镇居民幸福感水平更高，原因在于，相较于农村地区，他们在城镇能够获得更多的公共服务，从而提升了幸福感。张梁梁和杨俊（2015）探讨了社会资本对居民幸福感的影响，研究结果显示，群体认知型社会资本降低了居民幸福感，而个人结构型社会资本、个人认知型社会资本，以及群体结构型社会资本对居民幸福感具有显著的正向作用。李顺毅（2017）探讨了绿色发展对居民幸福感的影响。研究结果表明，绿色发展有助于提高居民幸福感，且这一影响在东部地区及城镇居民群体中更为显著。陆方文等（2017）研究了子女性别对父母幸福感的影响。工具变量估计结果表明，相较于生育女儿，生育儿子对父母幸福感具有负向影响，且这一影响在子女进入婚育阶段以及房价较高的城市更为显著。研究认为，这一现象与婚姻市场上“助儿买房”的经济压力有关，从而导致生育男孩的父母幸福感下降。种聪和岳希明（2020）指出，影响居民幸福感的因素不仅包括收入，还涉及性别、年龄、受教育程度、健康状况、经济环境、政治环境、生态环境、收入不平等以及户籍等方面，解释了为何经济增长并不必然带来居民幸福感的提升。周烁等（2020）研究了创业行为对居民幸福感的影响。研究发现，尽管创业会降低居民的生活满意度，但同时能够提高其工作满意度和整体幸福感。万广华和张彤进（2021）探讨了机会不平等对居民主观幸福感的影响。研究结果显示，机会不平等降低了低收入群体的幸福感，提高了中等收入居民的幸福感，但对高收入群体的幸福感具有显著的负面影响。尹振涛等（2021）研究了金融科技发展对农村家庭幸福感的影响，结果表明，金融科技的普及显著提高了农村家庭的幸福感，尤其是金融科技的覆盖广度和数字化程度对幸福感的提升作用最为明显。林发勤和纪珽（2021）研究了贸易扩张对居民幸福感的影响。研究发现，贸易扩张加剧了居民的工作强度，并对健康水平产生负面影响，进而降低了居民幸福感。具体而言，贸易份额每增加1%，居民的主观幸福感指数减少0.052。胡宏兵等（2022）的研究发现，商业保险的参与能够显著提升家庭的主观幸福感，该影响在农村地区、西部地区、低收入群体及非小型家庭中更为明显。霍国庆等（2022）研究了居民的工作状况、子女教育、身体健康以及日常消费对幸福感的影响。研究发现，日常消费的便利性及居民通勤特征（通勤时间、距离、交通工具及换乘次数）对居民幸福感具有显著影响，而子女教育资源的可获得性及居民健康保障条件的影响相对较弱。姜杨和郑怀宇（2023）分析了数字技能对居民幸福感的影响，发现掌握一定的数字技能能够显著提升居民幸福感，尤其是数字工作、数字社交和数字娱乐技能对幸福感的促进作用最为突出。机制分析进一步指出，数字技能的掌握能够通过拓宽信息获取渠道、提升收入水平，以及增强社会资本进而提高居民幸福感。张诚等（2023）研究了户籍变动对居民生活满意度的影响。工具变量估计结果表明，从农村户籍转为城镇户籍显著提升了居民的生活满意度，该影响在高收入家庭、无负债家庭及无房贷家庭中更为显著。

第三节　数据和实证设计

本章使用2011—2019年中国家庭金融调查数据考察住房对城镇居民幸福感的影响。实证模型设定如下：

$$Happniess_{it} = \alpha + \beta \cdot Housing_{it} + \gamma \cdot X_{it} + \theta_t + \delta_p + e_{it} \tag{7.1}$$

中国家庭金融调查问卷向每位受访者提问："总的来说，您现在觉得幸福吗?"答案包括：①非常幸福；②幸福；③一般；④不幸福；⑤非常不幸福。本研究构造了一个虚拟变量 $Happiness_{it}$ 衡量个体 i 的幸福感水平。当受访者选择"非常幸福"或"幸福"时，该虚拟变量取值为 1，否则为 0。在模型（7.1）中，解释变量 $Housing_{it}$ 代表家庭住房拥有情况，包括是否拥有住房、是否在本地拥有住房、是否拥有多套房、房屋数量、房屋面积以及住房财富水平。X_{it} 表示可能影响居民幸福感的其他个人及家庭层面的控制变量，包括受访者的年龄、性别、受教育程度、婚姻状况、就业状况、是否在政府部门工作、是否拥有城市户籍、健康状况、家庭规模、家庭 16 岁以下子女占比、家庭总收入以及家庭债务水平。θ_t 为年份固定效应，δ_p 为省份固定效应，e_{it} 代表误差项（聚类在省份层面）。本研究将样本限定为居住在城镇地区的家庭，并在每个家庭中仅保留户主的个人信息。

第四节 主要实证结果

表 7.10 估计了住房拥有情况对居民幸福感的影响。第（1）列的回归结果显示，与无房居民相比，拥有住房的居民幸福感水平平均提高 8.06 个百分点。在第（2）列中，本研究将核心解释变量替换为一个虚拟变量，用于衡量家庭在本地拥有住房的情况。结果表明，在控制其他因素不变的情况下，与在本地无房的居民相比，本地有房的居民幸福感水平提高 7.06 个百分点。在第（3）列中，核心解释变量进一步替换为一个虚拟变量，表示家庭是否拥有多套住房的情况。估计结果显示，与仅拥有一套住房的居民相比，拥有多套住房的居民幸福感水平平均提升 4.98 个百分点。

表 7.10 住房与居民幸福感（1）

变量	居民幸福感		
	（1）	（2）	（3）
拥有住房	0.080 6*** （0.006 8）	—	—
在本地拥有住房	—	0.070 6*** （0.004 7）	—
拥有多套房	—	—	0.049 8*** （0.005 7）

续表

变量	居民幸福感		
	(1)	(2)	(3)
受教育水平	0.003 3*** (0.000 8)	0.003 1*** (0.000 9)	0.003 1*** (0.000 9)
年龄	−0.022 4*** (0.001 2)	−0.023 0*** (0.001 1)	−0.021 4*** (0.001 2)
年龄平方	0.000 3*** (0.000 0)	0.000 3*** (0.000 0)	0.000 3*** (0.000 0)
男性	−0.033 5*** (0.006 1)	−0.032 8*** (0.006 1)	−0.032 5*** (0.006 2)
城镇户籍	−0.002 5 (0.005 9)	−0.005 6 (0.005 7)	−0.003 2 (0.005 9)
有工作	0.016 2*** (0.005 2)	0.017 6*** (0.005 4)	0.017 2*** (0.005 2)
在政府部门工作	0.036 6*** (0.006 4)	0.034 8*** (0.006 3)	0.036 4*** (0.006 4)
已婚	0.142 5*** (0.006 5)	0.143 7*** (0.006 5)	0.149 0*** (0.006 4)
健康状况	0.180 9*** (0.004 2)	0.181 7*** (0.004 2)	0.181 1*** (0.004 3)
家庭规模	0.006 3*** (0.001 6)	0.005 8*** (0.001 6)	0.006 8*** (0.001 5)
小孩占比	0.010 8 (0.010 8)	0.011 0 (0.010 7)	0.014 2 (0.010 7)
家庭收入	0.001 1*** (0.000 1)	0.001 1*** (0.000 1)	0.001 0*** (0.000 1)
家庭债务	−0.000 3*** (0.000 1)	−0.000 3*** (0.000 1)	−0.000 4*** (0.000 1)
常数项	控制	控制	控制
省份固定效应	控制	控制	控制
年份固定效应	控制	控制	控制

续表

变量	居民幸福感		
	(1)	(2)	(3)
R^2	0.067 7	0.067 7	0.066 6
观测值	77 536	77 536	77 536

注：***，**，*分别代表在1%，5%，10%的水平上显著。

表7.10中的其他解释变量系数与预期一致。例如，第（1）列的结果表明，受教育水平的提高显著提升了居民的幸福感。相比女性，男性的幸福感水平更低。此外，控制其他因素不变，居民的户籍状态对幸福感无显著影响。拥有工作可使居民的幸福感提高1.62个百分点，而在政府部门工作则使居民的幸福感提升3.66个百分点。与未婚居民相比，已婚居民的幸福感水平平均提高14.25个百分点。此外，居民健康状况的改善、家庭规模的扩大、家庭收入的增加，以及家庭负债的减少均对幸福感产生正向影响。

表7.11估计了房屋数目、房屋面积和住房财富对居民幸福感的影响。第（1）列的回归结果显示，居民每额外拥有一套住房，其幸福感水平平均提高4.73个百分点。第（2）列的结果表明，随着住房面积的增加，居民的幸福感显著提升。第（3）列的结果显示，居民的住房财富每增加10万元，其幸福感水平平均提高0.19个百分点。这些影响均在1%的显著性水平上为正，表明住房状况的改善能够显著提升居民的幸福感。

表7.11 住房与居民幸福感（2）

变量	居民幸福感		
	(1)	(2)	(3)
房屋数目	0.047 3*** (0.004 0)	—	—
房屋面积	—	0.002 9*** (0.000 5)	—
住房财富	—	—	0.001 9*** (0.000 2)
其他控制变量	控制	控制	控制
常数项	控制	控制	控制

续表

变量	居民幸福感		
	(1)	(2)	(3)
省份固定效应	控制	控制	控制
年份固定效应	控制	控制	控制
R^2	0.068 1	0.068 7	0.067 6
观测值	76 318	28 319	71 571

注：***，**，*分别代表在1%，5%，10%的水平上显著。

第五节　稳健性检验

在模型（7.1）中，可能存在一些遗漏变量同时影响家庭住房拥有状况和居民幸福感水平，从而导致估计结果存在偏误。为解决因果识别问题，表7.12采用倾向得分匹配（PSM）方法对模型（7.1）进行了重新估计。本研究采用邻近匹配法，即对处理组中的每个样本，在控制组中选择得分最接近的1个样本作为匹配对象。估计结果表明，拥有住房、在本地拥有住房以及拥有多套住房分别使居民幸福感水平提升6.14、3.58和2.22个百分点。

表7.12　倾向匹配估计

变量	居民幸福感		
	(1)	(2)	(3)
拥有住房	0.061 4*** (0.017 6)	—	—
在本地拥有住房	—	0.035 8*** (0.014 7)	—
拥有多套房	—	—	0.022 2** (0.012 2)
其他控制变量	控制	控制	控制
常数项	控制	控制	控制
省份固定效应	控制	控制	控制

续表

变量	居民幸福感		
	(1)	(2)	(3)
年份固定效应	控制	控制	控制
观测值	22 067	22 067	22 067

注：***，**，*分别代表在1%，5%，10%的水平上显著。

在表7.13中，本研究进一步采用工具变量法（IV）以解决模型潜在的因果识别问题。在第（1）列中，选取城市平均住房拥有率作为单个家庭是否拥有住房的工具变量。估计结果显示，拥有住房使居民的幸福感水平提高15.51个百分点。和表7.10第（1）列的回归系数相比，该影响的幅度显著增强。在第（2）列中，选取家庭所在城市的平均本地住房拥有率作为工具变量。尽管估计结果表明，在本地拥有住房对居民幸福感具有正向影响，但该影响在统计上不具有显著性。

表7.13　工具变量估计

变量	居民幸福感	
	(1)	(2)
拥有住房	0.155 1** (0.074 8)	—
在本地拥有住房	—	0.069 7 (0.048 8)
其他控制变量	控制	控制
家庭固定效应	控制	控制
省份固定效应	控制	控制
年份固定效应	控制	控制
R^2	0.065 9	0.069 2
观测值	98 931	98 931

注：***，**，*分别代表在1%，5%，10%的水平上显著。

第六节　本章小结

本章基于 2011—2019 年中国家庭金融调查数据，探讨了住房状况与居民幸福感的关系。研究结果表明，在控制个人和家庭特征的情况下，拥有住房的居民比无房居民的幸福感水平更高，且随着住房数量、面积和价值的增加，居民的幸福感进一步提升。此外，相较于在本地无房的居民，在本地拥有住房的居民幸福感显著提高。为了应对模型可能存在的因果识别问题，本章采用倾向得分匹配法和工具变量法进行稳健性检验，结果表明上述结论依然稳健。

基于上述研究结论，本章提出以下政策建议。

第一，提高居民的住房支付能力，增加住房可支付性。政府应采取多种措施提升居民收入水平，使更多居民具备购房能力。为此，应推动产业升级，优化劳动力市场，提高劳动者的工资水平。同时，需要进一步完善收入分配制度，缩小收入差距，增加居民可支配收入，从而提升整体住房支付能力。

第二，优化房价调控机制，防止房价过快上涨。房价过快上涨不仅加重居民的购房压力，还影响社会公平和经济的长期稳定。政府应采取综合性措施遏制房价过快上涨。例如，在供给端，优化土地供应政策，增加住宅用地供给，以缓解市场供需紧张问题。同时，应加强房地产市场监管，严厉打击投机炒作行为，防止房价因非理性投资而进一步上涨。

第八章　结论与政策建议

第一节　结　论

本书关注住房市场与中国家庭微观经济行为之间的联系。作为家庭重要的资产之一，住房在多个方面深刻影响着家庭的微观经济决策和行为。主要研究结论如下。

一、住房财富显著影响居民的劳动参与率、养老行为以及幸福感

在劳动参与率方面，研究结果表明，住房财富的增加会产生“财富效应”，使居民更倾向于用“闲暇”替代“劳动”，从而降低劳动参与率，且该影响在女性群体中尤为显著。此外，随着住房财富的增长，女性更倾向于选择成为全职家庭主妇，同时居民提前退休的可能性增加。这表明，在传统观念的影响下，女性更容易因财富积累而回归家庭角色。在养老行为方面，研究发现，住房财富每增加10万元，居民制订养老计划的可能性提高0.13个百分点，选择通过个人储蓄和投资进行养老的可能性增加0.35个百分点，而依赖子女赡养的可能性下降0.15个百分点。同时，居民依靠商业养老保险养老的可能性上升0.18个百分点。机制分析表明，住房财富的增长会影响居民的养老观念，包括养老责任意识、子女抚养观念、孝顺认知和家庭功能认知，并进一步促进家庭的投资行为，从而降低对子女养老的依赖。实证结果显示，住房财富每增加10万元，居民认为养老应主要由子女承担的可能性下降0.19个百分点，而认为“养儿防老”是养育子女主要目的的可能性减少0.27个百分点。此外，居民认为孝顺主要体现在“感情上关心”的可能性增加0.08个百分点，认为家庭的主要功能是“情感交流”的可能性提高0.16个百分点。与此同时，住房财富每增加10万元，家庭参与金融市场的可能性上升0.15个百分点，创业的可能性增加0.80个百分点，居民购买商业养老保险的可能性提升0.14个百分点。

在居民幸福感方面，研究结果表明，相较于在本地无房的居民，本地有房居民的幸福感提高7.06个百分点。此外，房屋数量也对居民幸福感产生

影响。相比没有多套住房的居民，拥有多套住房的居民幸福感提升 4.98 个百分点，且每额外拥有一套住房，居民幸福感平均提高 4.73 个百分点。此外，住房面积和住房财富同样对居民幸福感具有显著影响。研究发现，住房面积每增加 1 平方米，居民幸福感提升 0.29 个百分点，而住房财富每增加 10 万元，幸福感水平提高 0.19 个百分点。

二、居民的住房需求受多种因素的影响

首先，研究结果表明，父母是否提供购房资金支持会显著影响家庭的住房拥有情况。实证分析显示，如果家庭在支付首付款时获得了父母的经济支持，这些家庭在本地拥有住房的可能性提高 16.69 个百分点，拥有多套住房的可能性上升 12.82 个百分点。然而，这些家庭的住房面积可能相对较小。需要依赖父母资助的购房者通常面临流动性约束，因此这些家庭在购房时更倾向于选择面积较小的住房。

其次，不同城市层级和收入水平的家庭在购房需求上也存在明显差异。研究发现，父母提供购房资金支持对一线、二线城市家庭和低收入家庭的影响更大。由于这两类家庭的财务压力较高，当父母提供资金支持时，一线、二线城市家庭在本地拥有住房的可能性提高 24.69 个百分点，而低收入家庭的这一可能性提升 20.47 个百分点。相比之下，在其他城市，获得父母资助的家庭在本地拥有住房的可能性增加 11.66 个百分点，同时拥有多套住房的可能性上升 12.58 个百分点。

最后，个人和家庭特征显著影响居民住房需求。研究还发现，教育水平的提升、年龄增长以及家庭规模扩大，都会提高家庭拥有住房和多套住房的可能性。此外，与女性户主和未婚户主相比，男性户主和已婚户主更有可能拥有住房。

三、多重因素影响中国家庭资产配置行为

首先，居民户籍状态显著影响家庭资产配置。研究结果表明，相较于城镇户籍户主，农村户籍户主在资产配置方面存在显著差异。具体而言，农村户籍户主在本地拥有住房的可能性低 6.86 个百分点，居住在市中心的可能性低 17.57 个百分点，其平均住房财富增值比城镇户籍户主低 22.04 万元，平均金融资产少 1.40 万元，平均净资产少 28.81 万元。机制分析进一步显示，该现象主要源于农村户籍居民在城镇地区面临更大的不确定性，并享受较低的福利水平和社会保障。具体而言，农村户籍户主在现单位工作的年限

比本地城镇户籍户主少 1.15 年，同时，其拥有养老保险的可能性低 5.57 个百分点，拥有住房公积金的可能性低 12.14 个百分点，享受政策性住房的可能性低 20.10 个百分点。由于面临较高的不确定性、较低的社会福利和保障水平，农村户籍户主在住房和金融资产上的投资意愿相对较低。

其次，拥有住房公积金显著影响家庭的资产配置。结果表明，相较于没有住房公积金的家庭，拥有住房公积金的家庭在住房资产配置方面具有明显优势。具体而言，这些家庭拥有住房的可能性提高 2.89 个百分点，拥有多套住房的可能性增加 5.57 个百分点，房屋数量也有所增加。此外，住房公积金显著影响家庭的房屋产权状况，使其更有可能持有商品房。住房公积金对家庭金融市场参与的影响也十分明显。研究发现，拥有住房公积金的家庭，其净住房资产平均高出 13.73 万元，金融资产多 1.49 万元，风险金融资产增加 0.81 万元，而其他非金融资产减少 6.87 万元，净资产总额则高出 11.51 万元。同时，这些家庭的风险金融资产占金融资产的比重增加 3.66%，占总资产的比重提升 0.39%。机制分析进一步验证了此结论。住房公积金为家庭提供了更便捷的购房融资渠道，降低了流动性约束，并提升了家庭的风险偏好。具体而言，拥有住房公积金的家庭，选择住房公积金贷款的可能性提高 14.00 个百分点，组合贷款的可能性上升 1.38 个百分点，面临信贷约束的可能性降低 3.61 个百分点，而户主偏好风险的可能性则增加 2.32 个百分点。这些结果表明，住房公积金不仅影响家庭住房决策，还对其整体资产配置产生了深远影响。

第二节　政策建议

根据以上研究结论，本书提出如下政策建议。

第一，坚持“房住不炒”政策定位，控制房价过快上涨。住房的首要功能是为居民提供居住的场所，政府应制定合理的政策，采取有效的措施抑制房价的过快增长，让居民“住有所居”。政府可以综合运用多种房价调控政策，遏制房价过快上涨，主要包括土地供应、金融信贷、税收调节和市场监管等措施。在土地供给方面，应根据市场需求适时增加住宅用地供应，避免因住房短缺导致房价大幅上涨，确保供需平衡。在金融信贷方面，应继续实施差别化住房信贷政策，例如，降低首套房的首付比例和贷款利率，减轻刚需购房者的负担，同时提高二套及以上住房的首付比例和利率，以抑制投资性购房，防止炒房行为推高市场价格。在税收调节方面，政府应适时推进房产税，提高多套房持有者的税收成本，减少投机性购房，让住房市场回归居住属性。在市场监管方面，应加强对房地产市场违规行为的监管，严厉打击“捂盘惜售”、虚假宣传、哄抬房价等行为，同时建立房价监测和预警机制，对房价异常波动的城市及时采取调整措施，确保市场稳定。此外，房价调控应结合不同城市的经济发展水平和人口流动情况因地制宜，提高政策的精准性。对于一线、二线城市，由于经济发达、人口流入较多，房价可以适度保持在较高水平，以缓解人口过度集聚压力；而对于三线、四线城市，由于其人口吸引力相对较弱，应通过较低房价吸引人才和资金流入，促进地方经济发展。总体而言，政府应坚持“房住不炒”原则，灵活运用多种政策工具，根据各地实际情况精准施策，确保房地产市场健康稳定运行。

第二，增加保障房供给，使中低收入家庭“住有所居”。首先，政府应扩大保障房供给，完善住房保障体系，加快公租房、经济适用房、共有产权房和政策性租赁住房的建设，以满足更多中低收入家庭的基本住房需求。其次，地方政府应设立专项资金，加大财政支持力度，确保保障房建设的长期可持续发展。再次，政府需要进一步优化住房分配机制，提高保障房的使用效率，确保资源分配公平透明，防止不合理占用，同时严厉打击违规转租、转售等行为。最后，保障房政策应结合不同城市的实际情况，实行差异化调控。由于我国各地房地产市场发展情况不同，房价涨幅差异较大，政策应因地制宜。例如，在北京、上海、广州、深圳等超大城市，政府应加大公租房、人才房和政策性租赁住房的供给，缓解高房价对年轻群体和新市民的住房压力，增加大城市对青年人才的吸引力。而在二线城市，应增加经济适用房的供应，保障中低收入群体的基本住房需求。

第三，推动户籍制度改革，降低农业转移人口在城镇地区的落户门槛。首先，政府应坚持以推进建设城镇地区的基本公共服务为出发点，将其视为至关重要的举措。具体而言，应该对随迁子女的受教育权利给予保障，将其纳入义务教育保障范围，确保随迁子女能够就近在流入地的公办学校入学。还应逐步扩大流入地中等职业教育、普通高中教育、普惠性学前教育等其他学段的保障范围。在居民的就业和社保服务方面，政府应进一步加强对农业转移人口的专业能力培训，提高其业务水平，并提升就业竞争力；同时还应改进社会保险服务，使其在城镇地区能够便捷地参保和享受相关待遇，如城镇企业职工基本养老保险、工伤保险等相关保障。政府还可以提升住房保障水平，完善相关制度和政策，增加保障性住房供给，特别是面向青年转移人口的保障性租赁住房。此外，政府应为农村人口转移落户提供便利的服务，以提升落户效率。例如，可以考虑加速扩展居住证制度在全国的覆盖范围，简化相关手续，减少冗余的证明材料，推行网上申请审核、数字化平台等便捷服务。最后，为保障相关政策的落实和可持续性推进，政府要建立监督机制，定期开展户籍制度改革的评价工作。根据评估结果、政策实施效果及相关反馈意见，适时调整和完善落户政策的措施方法，确保户籍制度改革真正有益于人民的福祉。

第四，推动住房公积金制度改革，扩大住房公积金的覆盖面。首先，政府应扩大住房公积金缴存范围，进一步将农业转移人口和灵活就业人员纳入缴存对象。具体而言，应鼓励和支持农业转移人口在城镇地区享受与城镇职工同等的住房公积金待遇，并对其缴存给予财政补贴或税收优惠；与此同时，针对如个体工商户、网络平台工作、家政服务等行业的灵活就业人员，制定灵活的住房公积金政策，允许他们根据自身需求，在一定范围内自主选择缴存住房公积金。其次，还应提升住房公积金贷款的额度及其灵活性。一方面，政府要根据当地房价和居民收入水平调整住房公积金贷款额度，确保居民能够通过贷款买到合适的住房。另一方面，还应优化贷款政策，放宽住房公积金贷款条件，如降低首付款比例、延长还款期限、提供多种住房贷款的组合贷款模式等形式，提升此类贷款的可行性。再次，政府还需加强住房公积金数字化建设，为其缴存和使用的渠道提供便利和高效的途径。相关措施包括运用云计算、人工智能、大数据等先进技术，构建统一的住房公积金数字化服务平台，实现住房公积金业务的网络监管和数智化服务。同时，加强住房公积金与其他各部分和机构之间数据的共享与互认，提高服务效率，例如与税务、民政等部门进行数据同步，实现公积金的自动审批和发放。

参考文献

［1］艾笋．中国住房制度改革发展 40 年［J］．决策与信息，2018（12）：68-80.

［2］蔡昉．实施积极应对人口老龄化国家战略［J］．劳动经济研究，2020（6）：3-6.

［3］蔡昉．中国老龄化挑战的供给侧和需求侧视角［J］．经济学动态，2021（1）：27-34.

［4］曹芳芳，程杰，武拉平，等．劳动力流动推进了中国产业升级吗?：来自地级市的经验证据［J］．产业经济研究，2020（1）：57-70.

［5］陈斌开，陆铭，钟宁桦．户籍制约下的居民消费［J］．经济研究，2010，45（S1）：62-71.

［6］陈峰，张妍．住房公积金到底支持谁购了房?：住房公积金制度存续的微观证据［J］．财政研究，2018（9）：93-105.

［7］陈刚，李树．政府如何能够让人幸福?：政府质量影响居民幸福感的实证研究［J］．管理世界，2012（8）：55-67.

［8］陈工，何鹏飞，梁若冰．政府规模、政府质量与居民幸福感［J］．山西财经大学学报，2016，38（5）：11-21.

［9］陈杰．新中国 70 年城镇住房制度的变迁与展望［J］．国家治理，2019（14）：25-35.

［10］陈杰，斯蒂芬斯，满燕云．公共住房的未来［M］．北京：中信出版社，2015.

［11］陈杰，吴义东．中国住房公积金制度与经济社会发展的同步性与协调性分析［R］．https：//churd. sjtu. edu. cn/list. php? lid = 401&id = 7673，2020.

［12］陈杰，张燕燕．中国住房公积金制度对城镇居民租房消费的影响：基于 CHFS2017 的实证研究［J］．浙江工商大学学报，2021（1）：82-97.

［13］陈晶．人口流动、户籍制度与房价［M］．北京：经济科学出版社，2020.

［14］陈璐，范红丽，赵娜，等．家庭老年照料对女性劳动就业的影响

研究［J］. 经济研究，2016，51（3）：176-189.

［15］陈前恒，林海，吕之望. 村庄民主能够增加幸福吗?：基于中国中西部 120 个贫困村庄 1800 个农户的调查［J］. 经济学（季刊），2014，13（2）：723-744.

［16］陈淑云，杨建坤. 住房是否影响了居民健康?：来自中国综合社会调查（2015）的实证分析［J］. 华中师范大学学报（人文社会科学版），2018，57（5）：55-64.

［17］陈选娟，林宏妹. 住房公积金与家庭风险金融资产投资：基于2013 年 CHFS 的实证研究［J］. 金融研究，2021（4）：92-110.

［18］陈钊，陆铭，陈静敏. 户籍与居住区分割：城市公共管理的新挑战［J］. 复旦学报（社会科学版），2012a（5）：77-86.

［19］陈钊，陆铭，徐轶青. 移民的呼声：户籍如何影响了公共意识与公共参与［J］. 社会，2014，34（5）：68-87.

［20］陈钊，徐彤，刘晓峰. 户籍身份、示范效应与居民幸福感：来自上海和深圳社区的证据［J］. 世界经济，2012b，35（4）：79-101.

［21］程佳朦. 传统宗族文化如何影响已婚女性劳动参与?［J］. 中国经济问题，2021（4）：133-145.

［22］程璆，郑逸芳，许佳贤. 家庭禀赋、结构制约与已婚女性劳动供给：基于 2010 年中国综合社会调查数据的分析［J］. 劳动经济研究，2017，5（2）：80-95.

［23］储德银，何鹏飞，梁若冰. 主观空气污染与居民幸福感：基于断点回归设计下的微观数据验证［J］. 经济学动态，2017（2）：88-101.

［24］戴蕙阳，施新政，陆瑶. 劳动力流动与企业创新［J］. 经济学报，2021，8（1）：159-188.

［25］戴圣涛. 进城落户与金融资产配置结构多样性［J］. 济南大学学报（社会科学版），2021，31（3）：111-121.

［26］杜凤莲，张胤钰，董晓媛. 儿童照料方式对中国城镇女性劳动参与率的影响［J］. 世界经济文汇，2018（3）：1-19.

［27］段成荣，王文录，王太元. 户籍制度 50 年［J］. 人口研究，2008（1）：43-50.

［28］方颖，蓝嘉俊，杨阳. 性别身份认同对女性劳动供给和家庭收入结构的影响：教育与城乡差异的视角［J］. 经济学（季刊），2021，21（5）：1711-1730.

［29］冯明，赵佳涵．物价房价、预期与居民幸福感［J］．财贸经济，2022，43（7）：68-86.

［30］冯苑．城市高房价会抑制居民劳动参与吗？［J］．财经研究，2020，46（10）：154-168.

［31］傅联英．信用卡支付如何影响主观幸福感？：基于萨缪尔森幸福公式的研究［J］．财经研究，2018，44（3）：32-44.

［32］高楠，梁平汉，何青．过度自信、风险偏好和资产配置：来自中国城镇家庭的经验证据［J］．经济学（季刊），2019，18（3）：1081-1100.

［33］顾澄龙，周应恒，严斌剑．住房公积金制度、房价与住房福利［J］．经济学（季刊），2016，15（1）：109-124.

［34］国家发展和改革委员会．人口和社会发展报告 2014：人口变动与公共服务［R］．https：//www. ndrc. gov. cn/fzggw/jgsj/shs/sjdt/201507/t20150731_ 1121641_ ext. html，2014.

［35］谷晶双．学龄前儿童照管方式对女性劳动供给的影响研究［J］．中央财经大学学报，2020（12）：95-105.

［36］韩立彬，陆铭．供需错配：解开中国房价分化之谜［J］．世界经济，2018，41（10）：126-149.

［37］何启志，李家山，周利．福利还是压力：家庭负债如何影响居民幸福感：来自中国家庭微观数据的证据［J］．山西财经大学学报，2022，44（9）：18-30.

［38］胡宏兵，王乔，赵春旭．参与商业保险能提高家庭主观幸福感吗：理论机制与实证检验［J］．宏观经济研究，2022（10）：66-87.

［39］胡洪曙，鲁元平．公共支出与农民主观幸福感：基于 CGSS 数据的实证分析［J］．财贸经济，2012（10）：23-33.

［40］胡佩，王洪卫．住房价格与生育推迟：来自 CGSS 微观数据的证据［J］．财经研究，2020（4）：79-93.

［41］胡元瑞，田成志，吕萍．“家里有房，工作不慌”：父辈住房财富与青年子女劳动参与［J］．财经研究，2021，47（8）：79-93.

［42］黄静，屠梅曾．房地产财富与消费：来自家庭微观调查数据的证据［J］．管理世界，2009（7）：35-45.

［43］黄倩，尹志超．信贷约束对家庭消费的影响：基于中国家庭金融调查数据的实证分析［J］．云南财经大学学报，2015，31（2）：126-134.

［44］霍国庆，展圣洁，王宗水，等．基于社会网络分析的影响居民幸

福感的城市空间要素关系研究：以北京市为例［J］. 管理评论，2022，34（10）：319-327.

［45］蒋佳琪，谢勇 . 住房公积金缴存促进了农民工购房吗［J］. 农业技术经济，2021（1）：77-92.

［46］姜扬，郑怀宇 . 数字技能与居民幸福感：基于 CFPS2018 数据的研究［J］. 人口学刊，2023，45（4）：57-69.

［47］康传坤，文强，楚天舒 . 房子还是儿子?：房价与出生性别比［J］. 经济学（季刊），2020（3）：193-934.

［48］亢飞 . 改革开放以来中国城镇住房政策的演变［J］. 党史研究与教学，2013（5）：56-61.

［49］康书隆，王晓婷，余海跃 . 购房借贷约束与缴存家庭消费：基于公积金运营流动性视角的分析［J］. 金融研究，2022（3）：115-134.

［50］康书隆，余海跃，刘越飞 . 住房公积金、购房信贷与家庭消费：基于中国家庭追踪调查数据的实证研究［J］. 金融研究，2017（8）：67-82.

［51］况伟大，王湘君，葛玉好 . 老龄化、遗产动机与房价［J］. 中国软科学，2018（12）：44-55.

［52］冷晨昕，祝仲坤 . 住房保障对居民幸福感的影响：来自中国综合社会调查的经验证据［J］. 中国经济问题，2021（2）：82-97.

［53］李丁，何春燕，马双，等 . 住房公积金制度保障功能的“纺锤”效应：基于 CHFS 数据的实证研究［J］. 财经研究，2020，46（11）：108-122.

［54］李飞，施一宁，徐梓涵，等 . 信贷与房价：首套房贷款利率对我国房价的影响［J］. 西南民族大学学报（人文社会科学版），2022，43（1）：132-142.

［55］李粉，廖红君 . 休闲、收入与城镇居民幸福感：来自中国家庭追踪调查的证据［J］. 人口与经济，2018（1）：103-115.

［56］李国庆，钟庭军 . 中国住房制度的历史演进与社会效应［J］. 社会学研究，2022，37（4）：1-22.

［57］李涵，张昕 . 住房公积金导致了不平等吗：来自中国家庭金融调查的证据［J］. 经济理论与经济管理，2020（6）：99-112.

［58］李江一 .“房奴效应”导致居民消费低迷了吗?［J］. 经济学（季刊），2018（1）：405-430.

［59］李江一，李涵，甘犁 . 家庭资产—负债与幸福感：“幸福—收入”

之谜的一个解释［J］. 南开经济研究，2015（5）：3-23.

［60］李琪辉，刘长庚，王宇航．数字金融能否显著提升居民福祉［J］. 财经科学，2022（9）：30-42.

［61］李荣彬．教育水平如何影响养老计划：基于中国家庭金融调查数据的实证分析［J］. 江西财经大学学报，2021（3）：69-78.

［62］李胜旗，廖前豪．农村女性劳动参与对家庭贫困脆弱性的影响：基于 CHFS 微观数据的经验研究［J］. 农业技术经济，2023（2）：20-44.

［63］李顺毅．绿色发展与居民幸福感：基于中国综合社会调查数据的实证分析［J］. 财贸研究，2017，28（1）：1-12.

［64］李涛，史宇鹏，陈斌开．住房与幸福：幸福经济学视角下的中国城镇居民住房问题［J］. 经济研究，2011，46（9）：69-82.

［65］李雄，袁道平．回顾与反思：我国住房制度改革历程与主要困境［J］. 改革与战略，2012，28（10）：13-18.

［66］梁斌，陈茹．子女性别与家庭金融资产选择［J］. 经济学（季刊），2022，22（4）：1299-1318.

［67］梁琦，陈强远，王如玉．户籍改革、劳动力流动与城市层级体系优化［J］. 中国社会科学，2013（12）：36-59.

［68］廖毓，宋全云，尹志超．住房财富对城镇居民养老计划影响的实证研究［J］. 中国经济问题，2022（5）：153-168.

［69］林发勤，纪斑．贸易急剧扩张如何影响居民主观幸福感：基于中国社会调查微观数据的实证研究［J］. 南开经济研究，2021（4）：3-19.

［70］林江，周少君，魏万青．城市房价、住房产权与主观幸福感［J］. 财贸经济，2012（5）：114-120.

［71］刘欢，席鹏辉．户籍管制与流动人口家庭化迁移：基于 2016 年流动人口监测数据的经验分析［J］. 经济与管理研究，2019，40（11）：82-95.

［72］刘珺蓓，周泳宏．贫富差距歧视与主观幸福感［J］. 产业经济评论，2023（2）：91-115.

［73］刘军辉，张古．户籍制度改革对农村劳动力流动影响模拟研究：基于新经济地理学视角［J］. 财经研究，2016，42（10）：80-93.

［74］刘小鸽，司海平，庞嘉伟．地区代际流动与居民幸福感：基于代际教育流动性的考察［J］. 世界经济，2018，41（9）：171-192.

［75］刘颜，傅贻忙．住房支付能力如何影响居民主观幸福感?：基于微

观调查数据的实证研究［J］. 财经理论与实践，2023，44（5）：114-121.

［76］陆方文，刘国恩，李辉文. 子女性别与父母幸福感［J］. 社会科学文摘，2017（12）：49-51.

［77］陆利丽. 中国城镇已婚女性就业对家庭间收入差距的影响［J］. 当代财经，2015（5）：13-24.

［78］陆铭，张航，梁文泉. 偏向中西部的土地供应如何推升了东部的工资［J］. 中国社会科学，2015（5）：59-83.

［79］卢盛峰，陈思霞. 户籍身份、公共服务政策与居民幸福感［J］. 中南财经政法大学学报，2014（5）：39-45.

［80］鲁元平，王军鹏. 数字鸿沟还是信息福利：互联网使用对居民主观福利的影响［J］. 经济学动态，2020（2）：59-73.

［81］鲁元平，王韬. 收入不平等、社会犯罪与国民幸福感：来自中国的经验证据［J］. 经济学（季刊），2011，10（4）：1437-1458.

［82］鲁元平，张克中，何凡. 家庭内部不平等、议价能力与已婚女性劳动参与：基于《新婚姻法》的准自然实验［J］. 劳动经济研究，2020，8（2）：22-51.

［83］罗必良，洪炜杰，耿鹏鹏，等. 赋权、强能、包容：在相对贫困治理中增进农民幸福感［J］. 管理世界，2021，37（10）：166-181.

［84］罗明忠，刘子玉. 互联网使用、阶层认同与农村居民幸福感［J］. 中国农村经济，2022（8）：114-131.

［85］马双，李雪莲，蔡栋梁. 最低工资与已婚女性劳动参与［J］. 经济研究，2017，52（6）：153-168.

［86］马鑫. 户籍限制与集团企业创新：基于人力资源配置的视角［J］. 中国经济问题，2022（2）：71-87.

［87］毛盛志，温兴祥，陈杰. 户籍制度背景下农民工与城市移民的储蓄率差异［J］. 中南财经政法大学学报，2018（2）：136-145.

［88］毛宇飞，曾湘泉. 互联网使用是否促进了女性就业：基于 CGSS 数据的经验分析［J］. 经济学动态，2017（6）：21-31.

［89］宁光杰，刘会欣. 老龄化背景下家庭财产对女性劳动参与的影响研究［J］. 劳动经济研究，2022，10（4）：56-80.

［90］欧阳文静. 房价与城市居民身心健康：来自 CFPS 数据的证据［J］. 财经研究，2019，45（9）：141-153.

［91］彭争呈，邹红，宋泽. 多孩生育政策抑制了女性就业吗：基于单

独二孩政策的研究［J］．经济学动态，2023（1）：89-105.

［92］任娟娟．住房公积金是否提升了居民幸福感：基于中国家庭金融调查的实证研究［J］．财经理论与实践，2022，43（5）：123-130.

［93］阮荣平，刘力．中国城镇女性劳动参与行为：一个文化视角的新解释［J］．世界经济文汇，2021（2）：20-36.

［94］申广军，邹静娴．金融发展与女性劳动参与的地区差异［J］．劳动经济研究，2016，4（2）：28-47.

［95］沈可，章元，鄢萍．中国女性劳动参与率下降的新解释：家庭结构变迁的视角［J］．人口研究，2012，36（5）：15-27.

［96］石华平，易敏利．环境治理、高质量发展与居民幸福感：基于CGSS（2015）微观调查数据的实证研究［J］．管理评论，2020，32（9）：18-33.

［97］孙计领，王国成，凌亢．收入不平等对居民幸福感的影响：基于FS 模型的实证研究［J］．经济学动态，2018（6）：77-91.

［98］孙继圣，周亚虹．居住模式、幼年子女数量与已婚女性的劳动供给：基于儿童看护视角的讨论［J］．财经研究，2019，45（6）：57-70.

［99］孙瑞婷，熊学萍，张栋．城乡居民收入水平对养老储备的影响研究［J］．华中农业大学学报（社会科学版），2020（6）：101-111.

［100］孙文凯．中国的户籍制度现状、改革阻力与对策［J］．劳动经济研究，2017，5（3）：50-63.

［101］谭策天，何文．户籍歧视、城市体系与城市化：基于新经济地理学视角的理论和实证研究［J］．南开经济研究，2019（1）：46-65.

［102］汤凤林，雷鹏飞．收入差距、居民幸福感与公共支出政策：来自中国社会综合调查的经验分析［J］．经济学动态，2014（4）：41-55.

［103］唐珏．降低住房公积金缴费率有助于稳定就业吗？［J］．经济学（季刊），2022，22（3）：977-996.

［104］童光荣，翟照杰．基于家庭养老视域的我国城镇女性劳动力供给研究［J］．商业研究，2016（8）：33-38.

［105］万广华，张彤进．机会不平等与中国居民主观幸福感［J］．世界经济，2021，44（5）：203-228.

［106］王迪．住房不平衡对居民幸福感的影响分析［J］．经济纵横，2020（5）：121-128.

［107］王海成，郭敏．非正规就业对主观幸福感的影响：劳动力市场正

规化政策的合理性［J］. 经济学动态，2015（5）：50-59.

［108］王吉元，汪寿阳，胡毅. 户籍制度对中国城乡居民养老方式选择影响：基于 Mixed-Logit 模型［J］. 管理评论，2019（1）：3-14.

［109］王洁菲，姚树洁. 收入差距、努力指数与居民主观幸福感［J］. 南开经济研究，2022（4）：3-21.

［110］王术坤. 移民身份转变是否提升了居民的社会地位?：基于农村迁移人口的实证分析［J］. 劳动经济研究，2022，10（1）：30-53.

［111］王伟同，周洪成，张妍彦. 看不见的家庭教育投资：子女升学压力与母亲收入损失［J］. 经济研究，2021，56（9）：73-89.

［112］王先柱. 建立公开规范的住房公积金制度研究［M］. 北京：经济科学出版社，2020.

［113］王先柱，王敏，吴义东. 住房公积金支持农民工住房消费的区域差异性研究［J］. 华东师范大学学报（哲学社会科学版），2018，50（2）：148-158.

［114］王亚柯，刘东亚. 住房公积金与家庭风险金融资产选择［J］. 经济纵横，2023（4）：108-117.

［115］王乙杰，孙文凯. 户口改变对流动人口家庭消费的影响：来自微观追踪数据的证据［J］. 劳动经济研究，2020，8（2）：68-100.

［116］吴伟平，章元，刘乃全. 房价与女性劳动参与决策：来自 CHNS 数据的证据［J］. 经济学动态，2016（11）：57-67.

［117］吴卫星，荣苹果，徐芊. 健康与家庭资产选择［J］. 经济研究，2011，46（S1）：43-54.

［118］吴晓刚. 中国的户籍制度与代际职业流动［J］. 社会学研究，2007（6）：38-65.

［119］吴晓瑜，王敏，李力行. 中国的高房价是否阻碍了创业?［J］. 经济研究，2014（9）：121-134.

［120］吴雨，李晓，李洁，等. 数字金融发展与家庭金融资产组合有效性［J］. 管理世界，2021，37（7）：92-104.

［121］吴雨，杨超，尹志超. 金融知识、养老计划与家庭保险决策［J］. 经济学动态，2017（12）：86-98.

［122］肖国安，易雨瑶. 已婚女性劳动参与、家庭地位与消费行为［J］. 湘潭大学学报（哲学社会科学版），2021，45（6）：26-31.

［123］肖利平，刘点仪. 乡城人口迁移与流动儿童教育获得：基于教育

质量的视角［J］. 中国经济问题，2021（6）：182-196.

［124］邢春冰，聂海峰. 城里小伙儿遇到农村姑娘：婴儿户口、户籍改革与跨户籍通婚［J］. 世界经济文汇，2010（4）：1-18.

［125］徐佳，龚六堂. 金融知识会影响家庭退休安排吗?：基于中国居民家庭微观调查的分析［J］. 中国地质大学学报（社会科学版），2019，19（2）：126-137.

［126］徐建炜，徐奇渊，何帆. 房价上涨背后的人口结构因素：国际经验与中国证据［J］. 世界经济，2012，35（1）：24-42.

［127］徐璐，周健雯，施雨欣. 地方政府财政压力、土地财政与房价［J］. 政治经济学评论，2020，11（4）：111-133.

［128］徐升艳，叶敏而. 住房财富如何影响不同家庭的教育支出［J］. 中国经济问题，2021（4）：158-171.

［129］徐淑一，陈平. 收入、社会地位与幸福感：公平感知视角［J］. 管理科学学报，2017，20（12）：99-116.

［130］徐小华，吴恩平，王琪. 已婚女性劳动参与对家庭风险资产配置的影响［J］. 金融论坛，2020，25（6）：40-50.

［131］颜色，朱国钟. "房奴效应"还是"财富效应"?：房价上涨对国民消费影响的一个理论分析［J］. 管理世界，2013（3）：34-47.

［132］鄢伟波，安磊. 中国女性劳动供给为何降低：来自流动人口的证据［J］. 世界经济，2021，44（12）：104-130.

［133］颜宇. 生育年龄对已婚女性劳动参与的影响［J］. 人口学刊，2020，42（5）：83-97.

［134］杨碧云，杨雨佳，易行健. 户主外地生活经历与家庭风险金融资产投资［J］. 北京工商大学学报（社会科学版），2022，37（4）：72-86.

［135］杨凡，何雨辰. 中国女性劳动供给中的"母职惩罚"［J］. 人口研究，2022，46（5）：63-77.

［136］杨继东，章逸然. 空气污染的定价：基于幸福感数据的分析［J］. 世界经济，2014，37（12）：162-188.

［137］姚先国，谭岚. 家庭收入与中国城镇已婚妇女劳动参与决策分析［J］. 经济研究，2005（7）：18-27.

［138］阳义南，章上峰. 收入不公平感、社会保险与中国国民幸福［J］. 金融研究，2016（8）：34-50.

［139］殷金朋，陈永立，倪志良. 公共教育投入、社会阶层与居民幸福

感：来自微观混合横截面数据的经验证据［J］. 南开经济研究，2019（2）：147-167.

［140］尹振涛，李俊成，杨璐．金融科技发展能提高农村家庭幸福感吗?：基于幸福经济学的研究视角［J］. 中国农村经济，2021（8）：63-79.

［141］尹志超，仇化，潘学峰．住房财富对中国城镇家庭消费的影响［J］. 金融研究，2021（2）：114-132.

［142］尹志超，宋全云，吴雨．金融知识、投资经验与家庭资产选择［J］. 经济研究，2014，49（4）：62-75.

［143］尹志超，张诚．女性劳动参与对家庭储蓄率的影响［J］. 经济研究，2019，54（4）：165-181.

［144］尹志超，张号栋．金融可及性、互联网金融和家庭信贷约束：基于 CHFS 数据的实证研究［J］. 金融研究，2018（11）：188-206.

［145］尹志超，周洁，岳鹏鹏．生产性信贷约束、金融扶贫与家庭盈利［J］. 财经问题研究，2020（7）：60-68.

［146］尹中立．中国住房制度的变革与重构［J］. 清华金融评论，2017（2）：34-36.

［147］于新亮，黄俊铭，康琢，等．老年照护保障与女性劳动参与：基于中国农村长期护理保险试点的政策效果评估［J］. 中国农村经济，2021（11）：125-144.

［148］于也雯，龚六堂．生育政策、生育率与家庭养老［J］. 中国工业经济，2021（5）：38-56.

［149］詹鹏，毛逸波，李实．城镇女性劳动供给长期趋势研究：来自教育扩张和生育行为的解释［J］. 中国工业经济，2021（8）：56-74.

［150］詹鹏，万海远，李实．住房公积金与居民收入分配：基于可计算一般均衡模型的研究［J］. 数量经济技术经济研究，2018，35（9）：22-40.

［151］张诚，翁希演，唐成．户籍转换提升了居民满意度吗?［J］. 财经科学，2023（3）：125-139.

［152］张川川，贾珅，杨汝岱．"鬼城"下的蜗居：收入不平等与房地产泡沫［J］. 世界经济，2016，39（2）：120-141.

［153］张川川，王靖雯．性别角色与女性劳动力市场表现［J］. 经济学（季刊），2020，19（3）：977-994.

［154］张浩，易行健，周聪．房产价值变动、城镇居民消费与财富效应异质性：来自微观家庭调查数据的分析［J］. 金融研究，2017（8）：50-66.

［155］张吉鹏，葛鑫，毛盛志．家庭住房需求和资产配置：基于包含人力资本和禀赋异质性的生命周期模型［J］．经济研究，2021，56（7）：160-177.

［156］张吉鹏，黄金，王军辉，等．城市落户门槛与劳动力回流［J］．经济研究，2020，55（7）：175-190.

［157］张梁梁，杨俊．社会资本与居民幸福感：基于中国式分权的视角［J］．经济科学，2015（6）：65-77.

［158］张路．"双重属性"下的中国家庭住房需求与住房市场［M］．北京：经济科学出版社，2019.

［159］张路，龚刚，李江一．移民、户籍与城市家庭住房拥有率：基于CHFS2013微观数据的研究［J］．南开经济研究，2016（4）：115-135.

［160］张鹏龙，钟建乐，胡羽珊．农村危房改造政策实施的健康提升效应研究［J］．中国农村经济，2023（5）：122-138.

［161］张文娟，纪竞垚．中国老年人的养老规划研究［J］．人口研究，2018，42（2）：70-83.

［162］张翔，李伦一，柴程森，等．住房增加幸福：是投资属性还是居住属性？［J］．金融研究，2015（10）：17-31.

［163］张协奎，樊光义．论习近平新时代住房发展观［J］．财经科学，2020（3）：53-65.

［164］张正东．相对收入对夫妻双方劳动供给的影响：比较优势还是社会规范？［J］．经济学报，2017，4（2）：159-180.

［165］赵奉军．城市让生活更美好：户籍身份变动与居民生活满意度［J］．中国农村观察，2016（4）：56-71.

［166］赵军洁，张晓旭．中国户籍制度改革：历程回顾、改革估价和趋势判断［J］．宏观经济研究，2021（9）：125-132.

［167］赵梦晗．生育年龄如何塑造中国城镇女性的劳动参与行为？［J］．人口与经济，2019（6）：114-126.

［168］赵乃宝，王玉婷，许冰，等．房产预期回报率视角下的中国家庭资产配置［J］．经济研究，2023，58（1）：175-191.

［169］赵颖，石智雷．城镇集聚、户籍制度与教育机会［J］．金融研究，2017（3）：86-100.

［170］种聪，岳希明．经济增长为什么没有带来幸福感提高？：对主观幸福感影响因素的综述［J］．南开经济研究，2020（4）：24-45.

［171］周广肃，边晓宇，吴清军．上山下乡经历与家庭风险金融资产投资：基于断点回归的证据［J］．金融研究，2020（1）：150-170.

［172］周广肃，孙浦阳．互联网使用是否提高了居民的幸福感：基于家庭微观数据的验证［J］．南开经济研究，2017（3）：18-33.

［173］周华东，李艺，高玲玲．住房公积金与家庭金融资产配置：来自中国家庭金融调查（CHFS）的证据［J］．系统工程理论与实践，2022a，42（6）：1560-1578.

［174］周华东，赵文青，高玲玲，等．住房公积金制度的"幸福效应"：来自中国家庭金融调查（CHFS）的证据［J］．投资研究，2022b，41（10）：4-18.

［175］周烁，金星晔，伏霖，等．幸福经济学视角下的居民创业行为：来自中国的经验发现［J］．世界经济，2020，43（3）：26-45.

［176］周烁，张文韬．互联网使用的主观福利效应分析［J］．经济研究，2021，56（9）：158-174.

［177］周小川．养老金改革考验我们经济学的功底和智慧［J］．金融研究，2020（1）：1-8.

［178］朱峰，傅志明．学前教育、户籍差异与女性劳动供给［J］．中国经济问题，2023（1）：150-164.

［179］朱欢，王鑫．"绿水青山"的福利效应：基于居民生活满意度的实证研究［J］．中国经济问题，2019（4）：109-123.

［180］朱江丽，李子联．户籍改革、人口流动与地区差距：基于异质性人口跨期流动模型的分析［J］．经济学（季刊），2016，15（2）：797-816.

［181］祝仲坤．就业境况、社会互动与农民工住房公积金缴存［J］．财贸研究，2018，29（9）：55-65.

［182］祝仲坤．住房公积金与新生代农民工留城意愿：基于流动人口动态监测调查的实证分析［J］．中国农村经济，2017（12）：33-48.

［183］祝仲坤，冷晨昕．中国进城农民工的居住状况与主观幸福感：基于流动人口动态监测数据的实证分析［J］．劳动经济研究，2017，5（2）：56-79.

［184］庄新田，汪天棋．金融素养对我国家庭养老规划的影响：基于中国家庭金融调查数据的分析［J］．中国经济问题，2022（2）：55-70.

［185］邹红，彭争呈，栾炳江．隔代照料与女性劳动供给：兼析照料视角下全面二孩与延迟退休悖论［J］．经济学动态，2018（7）：37-52.

[186] 邹小芃，叶子涵，杨芊芊．养老计划倾向与商业养老保险需求：基于 CFPS 数据的实证研究 [J]. 浙江大学学报（人文社会科学版），2019（4）：55-70.

[187] 邹一南．城市户籍管制放松与外来人口购房行为相关性研究 [J]. 上海经济研究，2017（5）：98-106.

[188] ACOLIN A，BRICKER J，CALEM P，et al. Borrowing constraints and homeownership [J]. American Economic Review，2016，106（5）：625-629.

[189] ADELINO M，SCHOAR A，SEVERINO F. House prices，collateral，and self-employment [J]. Journal of Financial Economics，2015，117（2）：288-306.

[190] AFRIDI F，LI S X，REN Y. Social identity and inequality：the impact of China's hukou system [J]. Journal of Public Economics，2015，123：17-29.

[191] AMERIKS J，CAPLIN A，LEAHY J. Wealth accumulation and the propensity to plan [J]. The Quarterly Journal of Economics，2003，118（3）：1007-1047.

[192] ARRONDEL L，LEFEBVRE B. Consumption and investment motives in housing wealth accumulation：a French study [J]. Journal of Urban Economics，2001，50（1）：112-137.

[193] AU C C，HENDERSON J V. How migration restrictions limit agglomeration and productivity in China [J]. Journal of Development Economics，2006，80（2）：350-388.

[194] BLEEMER Z，BROWN M，LEE D，et al. Echoes of rising tuition in students' borrowing，educational attainment，and homeownership in post-recession America [J]. Journal of Urban Economics，2021，122：103298.

[195] BOEHM T P，SCHLOTTMANN A M. Does home ownership by parents have an economic impact on their children? [J]. Journal of Housing Economics，1999，8（3）：217-232.

[196] BOEHM T P. Tenure choice and expected mobility：a synthesis [J]. Journal of Urban Economics，1981，10（3）：375-389.

[197] BOFFY-RAMIREZ E，MOON S. The role of China's household registration system in the urban-rural income differential [J]. China Economic

Journal, 2018, 11 (2): 108-125.

[198] BOND S A, ERIKSEN M D. The role of parents on the home ownership experience of their children: evidence from the health and retirement study [J]. Real Estate Economics, 2021, 49 (2): 433-458.

[199] BROWN J R, COILE C C, WEISBENNER S J. The effect of inheritance receipt on retirement [J]. The Review of Economics and Statistics, 2010, 92 (2): 425-434.

[200] BRUECKNER J K. Consumption and investment motives and the portfolio choices of homeowners [J]. The Journal of Real Estate Finance and Economics, 1997, 15 (2): 159-180.

[201] CAO Y, CHEN J, ZHANG Q. Housing investment in urban China [J]. Journal of Comparative Economics, 2018, 46 (1): 212-247.

[202] CHAI K, FENG C. Sons, daughters, and differentiated tenure choice of multiple homes: evidence from urban China [J]. Housing Studies, 2021, 36 (5): 644-670.

[203] CHAN K W. The Chinese hukou system at 50 [J]. Eurasian Geography and Economics, 2009, 50 (2): 197-221.

[204] CHAN K W, ZHANG L. The hukou system and rural-urban migration in China: processes and changes [J]. The China Quarterly, 1999, 160: 818-855.

[205] CHEN A. China's urban housing reform: price-rent ratio and market equilibrium [J]. Urban Studies, 1996, 33 (7): 1077-1092.

[206] CHEN A. China's urban housing market development: problems and prospects [J]. Journal of Contemporary China, 1998, 7 (17): 43-60.

[207] CHEN D, GAO H, LUO J, et al. The effects of rural - urban migration on corporate innovation: evidence from a natural experiment in China [J]. Financial Management, 2020, 49 (2): 521-545.

[208] CHEN J, YANG Z. What do young adults on the edges of homeownership look like in big cities in an emerging economy: evidence from Shanghai [J]. Urban Studies, 2017, 54 (10): 2322-2341.

[209] CHEN M, WU Y, LIU G, et al. The effect of the housing provident fund on housing consumption and inequity risks [J]. Cities, 2020, 104: 102812.

[210] CHEN X. Why do migrant households consume so little? [J]. China Economic Review, 2018, 49: 197-209.

[211] CHEN X, GE S. Social norms and female labor force participation in urban China [J]. Journal of Comparative Economics, 2018, 46 (4): 966-987.

[212] CHENG T, SELDEN M. The origins and social consequences of China's hukou system [J]. The China Quarterly, 1994, 139: 644-668.

[213] CHENG Z, PRAKASH K, SMYTH R, et al. Housing wealth and happiness in urban China [J]. Cities, 2020, 96: 102470.

[214] CHETTY R, SÁNDOR L, SZEIDL A. The effect of housing on portfolio choice [J]. The Journal of Finance, 2017, 72 (3): 1171-1212.

[215] CLARK W A, HUANG Y, YI D. Can millennials access homeownership in urban China? [J]. Journal of Housing and the Built Environment, 2021, 36: 69-87.

[216] DESALVO J S, EECKHOUDT L R. Household behavior under income uncertainty in a monocentric urban area [J]. Journal of Urban Economics, 1982, 11 (1): 98-111.

[217] DETTLING L J, KEARNEY M S. House prices and birth rates: the impact of the real estate market on the decision to have a baby [J]. Journal of Public Economics, 2014, 110: 82-100.

[218] DEUTSCH E, TIWARI P, MORIIZUMI Y. The slowdown in the timing of housing purchases in Japan in the 1990s [J]. Journal of Housing Economics, 2006, 15 (3): 230-256.

[219] DIAZ - SERRANO L. Labor income uncertainty, skewness and homeownership: a panel data study for Germany and Spain [J]. Journal of Urban Economics, 2005a, 58 (1): 156-176.

[220] DIAZ - SERRANO L. On the negative relationship between labor income uncertainty and homeownership: risk-aversion vs. credit constraints [J]. Journal of Housing Economics, 2005b, 14 (2): 109-126.

[221] DREGER C, WANG T, ZHANG Y. Understanding Chinese consumption: the impact of hukou [J]. Development and Change, 2015, 46 (6): 1331-1344.

[222] DUCA J V, ROSENTHAL S S. Borrowing constraints and access to owner-occupied housing [J]. Regional Science and Urban Economics, 1994, 24

(3): 301-322.

[223] ENGELHARDT G V. Consumption, down payments, and liquidity constraints [J]. Journal of Money, Credit and Banking, 1996, 28 (2): 255-271.

[224] ENGELHARDT G V, MAYER C J. Intergenerational transfers, borrowing constraints, and saving behavior: evidence from the housing market [J]. Journal of Urban Economics, 1998, 44 (1): 135-157.

[225] EUGSTER M. Participation in risky asset markets and propensity for financial planning: a missing link? [J]. Accounting & Finance, 2019, 59: 511-562.

[226] FANG H, GU Q, XIONG W, et al. Demystifying the Chinese housing boom [J]. NBER Macroeconomics Annual, 2016, 30 (1): 105-166.

[227] FARNHAM M, SEVAK P. Housing wealth and retirement timing [J]. CESifo Economic Studies, 2016, 62 (1): 26-46.

[228] FISCHER W. Labor supply effects of federal rental subsidies [J]. Journal of Housing Economics, 2000, 9 (3): 150-174.

[229] FORTIN N M. Allocation inflexibilities, female labor supply, and housing assets accumulation: are women working to pay the mortgage? [J]. Journal of Labor Economics, 1995, 13 (3): 524-557.

[230] FU S, LIAO Y, ZHANG J. The effect of housing wealth on labor force participation: evidence from China [J]. Journal of Housing Economics, 2016, 33: 59-69.

[231] Fu Y. A model of housing tenure choice: comment [J]. The American Economic Review, 1991, 81 (1): 381-383.

[232] GALE W G, SCHOLZ J K. Intergenerational transfers and the accumulation of wealth [J]. Journal of Economic Perspectives, 1994, 8 (4): 145-160.

[233] GAN L, YIN Z, JIA N, et al. Data you need to know about China [M]. Berlin: Springer, 2014.

[234] GATHERGOOD J. Unemployment risk, house price risk and the transition into home ownership in the United Kingdom [J]. Journal of Housing Economics, 2011, 20 (3): 200-209.

[235] GLAESER E, HUANG W, MA Y, et al. A real estate boom with

Chinese characteristics [J]. Journal of Economic Perspectives, 2017, 31 (1): 93-116.

[236] GOODMAN L S, MAYER C. Homeownership and the American dream [J]. Journal of Economic Perspectives, 2018, 32 (1): 31-58.

[237] GUISO L, JAPPELLI T. Private transfers, borrowing constraints and the timing of homeownership [J]. Journal of Money, Credit and Banking, 2002, 34 (2): 315-339.

[238] GUO Y, ZHAO L. The impact of Chinese Hukou reforms on migrant students' cognitive and non-cognitive outcomes [J]. Children and Youth Services Review, 2019, 101: 341-351.

[239] GUREN A M, MCKAY A, NAKAMURA E, et al. Housing wealth effects: the long view [J]. The Review of Economic Studies, 2021, 88 (2): 669-707.

[240] HALKET J, VASUDEV S. Saving up or settling down: home ownership over the life cycle [J]. Review of Economic Dynamics, 2014, 17 (2): 345-366.

[241] HARDING J P, ROSENTHAL S S. Homeownership, housing capital gains and self-employment [J]. Journal of Urban Economics, 2017, 99: 120-135.

[242] HAURIN D R. Income variability, homeownership, and housing demand [J]. Journal of Housing Economics, 1991, 1 (1): 60-74.

[243] HAURIN D R, GILL H L. Effects of income variability on the demand for owner-occupied housing [J]. Journal of Urban Economics, 1987, 22 (2): 136-150.

[244] HAURIN D R, GILL H L. The impact of transaction costs and the expected length of stay on homeownership [J]. Journal of Urban Economics, 2002, 51 (3): 563-584.

[245] HENDERSON J V, IOANNIDES Y M. A model of housing tenure choice [J]. American Economic Review, 1983, 73 (1): 98-113.

[246] HOLTZ-EAKIN D, JOULFAIAN D, ROSEN H S. The Carnegie conjecture: some empirical evidence [J]. The Quarterly Journal of Economics, 1993, 108 (2): 413-435.

[247] HUANG Y, CLARK W A. Housing tenure choice in transitional

urban China: a multilevel analysis [J]. Urban Studies, 2002, 39 (1): 7-32.

[248] HURST E, LUSARDI A. Liquidity constraints, household wealth, and entrepreneurship [J]. Journal of Political Economy, 2004, 112 (2): 319-347.

[249] IMBENS G W, RUBIN D B, SACERDOTE B I. Estimating the effect of unearned income on labor earnings, savings, and consumption: evidence from a survey of lottery players [J]. American Economic Review, 2001, 91 (4): 778-794.

[250] IOANNIDES Y M, ROSENTHAL S S. Estimating the consumption and investment demands for housing and their effect on housing tenure status [J]. The Review of Economics and Statistics, 1994, 76 (1): 127-141.

[251] JACOB B A, LUDWIG J. The effects of housing assistance on labor supply: evidence from a voucher lottery [J]. American Economic Review, 2012, 102 (1): 272-304.

[252] JOULFAIAN D, WILHELM M O. Inheritance and labor supply [J]. The Journal of Human Resources, 1994, 29 (4): 1205-1234.

[253] LEE H, MYERS D, PAINTER G, et al. The role of parental financial assistance in the transition to homeownership by young adults [J]. Journal of Housing Economics, 2020, 47: 101597.

[254] LIAO Y, ZHANG J. Hukou status, housing tenure choice and wealth accumulation in urban China [J]. China Economic Review, 2021, 68: 101638.

[255] LIU J, XING C, ZHANG Q. House price, fertility rates and reproductive intentions [J]. China Economic Review, 2020, 62: 101496.

[256] LIU S, ZHANG S. Housing wealth changes and entrepreneurship: evidence from urban China [J]. China Economic Review, 2021, 69: 101656.

[257] LIU Z. Institution and inequality: the hukou system in China [J]. Journal of Comparative Economics, 2005, 33 (1): 133-157.

[258] LUSARDI A, MITCHELL O S. Baby boomer retirement security: the roles of planning, financial literacy, and housing wealth [J]. Journal of Monetary Economics, 2007, 54 (1): 205-224.

[259] MAYER R N, ZICK C D, MARSDEN M. Does calculating retirement needs boost retirement savings? [J]. Journal of Consumer Affairs, 2011, 45 (2): 175-200.

[260] MENG X, ZHANG J. The two-tier labor market in urban China: occupational segregation and wage differentials between urban residents and rural migrants in Shanghai [J]. Journal of Comparative Economics, 2001, 29 (3): 485-504.

[261] ÖZYILDIRIM S, ÖNDER Z, YAVAS A. Mobility and optimal tenure choice [J]. Journal of Housing Economics, 2005, 14 (4): 336-354.

[262] ROBST J, DEITZ R, MCGOLDRICK K. Income variability, uncertainty and housing tenure choice [J]. Regional Science and Urban Economics, 1999, 29 (2): 219-229.

[263] ROHE W M, VAN ZANDT S, MCCARTHY G. The social benefits and costs of homeownership: a critical assessment of the research [C]. In MUELLER E J, TIGHE J R (eds.) The affordable housing reader, New York: Routledge, 2013: 145-192.

[264] ROTHENBERG J. Housing investment, housing consumption and tenure choice [C]. In GRIESON R E (ed.) The urban economy and housing. Lexington: Lexington Books, 1983: 29-55.

[265] SHAW V N. Urban housing reform in China [J]. Habitat International, 1997, 21 (2): 199-212.

[266] SHI X, YAN Z. Urbanization and risk preference in China: a decomposition of self-selection and assimilation effects [J]. China Economic Review, 2018, 49: 210-228.

[267] SHI Y. Financial liberalization and house prices: evidence from China [J]. Journal of Banking & Finance, 2022, 145: 106655.

[268] SHORE S H, SINAI T. Commitment, risk, and consumption: do birds of a feather have bigger nests? [J]. The Review of Economics and Statistics, 2010, 92 (2): 408-424.

[269] SINAI T, SOULELES N S. Owner-occupied housing as a hedge against rent risk [J]. The Quarterly Journal of Economics, 2005, 120 (2): 763-789.

[270] SONG Y. What should economists know about the current Chinese hukou system? [J]. China Economic Review, 2014, 29: 200-212.

[271] TANG M, COULSON N E. The impact of China's housing provident fund on homeownership, housing consumption and housing investment [J].

Regional Science and Urban Economics, 2017, 63: 25-37.

[272] TOMBE T, ZHU X. Trade, migration, and productivity: a quantitative analysis of china [J]. American Economic Review, 2019, 109 (5): 1843-1872.

[273] TURNBULL G K, GLASCOCK J L, SIRMANS C F. Uncertain income and housing price and location choice [J]. Journal of Regional Science, 1991, 31 (4): 417-433.

[274] TURNER T M, SEO D. Investment risk and the transition into homeownership [J]. Journal of Regional Science, 2007, 47 (2): 229-253.

[275] WANG Y P, MURIE A. The process of commercialisation of urban housing in China [J]. Urban Studies, 1996, 33 (6): 971-989.

[276] WANG Y P, MURIE A. The new affordable and social housing provision system in China: implications for comparative housing studies [J]. International Journal of Housing Policy, 2011, 11 (3): 237-254.

[277] WEI S J, ZHANG X, LIU Y. Home ownership as status competition: some theory and evidence [J]. Journal of Development Economics, 2017, 127: 169-186.

[278] WHALLEY J, ZHANG S. A numerical simulation analysis of (Hukou) labour mobility restrictions in China [J]. Journal of Development Economics, 2007, 83 (2): 392-410.

[279] XIAO J J, O'NEILL B. Propensity to plan, financial capability, and financial satisfaction [J]. International Journal of Consumer Studies, 2018, 42 (5): 501-512.

[280] XU Y. Mandatory savings, credit access and home ownership: the case of the housing provident fund [J]. Urban Studies, 2017, 54 (15): 3446-3463.

[281] YU Z. Homeownership attainment of adult children in urban China: parental attributes and financial support [J]. Housing Studies, 2021, 36 (6): 789-821.

[282] ZHANG J, WANG R, LU C. A quantitative analysis of Hukou reform in Chinese cities: 2000—2016 [J]. Growth and Change, 2019, 50 (1): 201-221.

[283] ZHANG L, SHARPE R V, LI S, et al. Wage differentials between

urban and rural-urban migrant workers in China [J]. China Economic Review, 2016, 41: 222-233.

[284] ZHAO L, BURGE G. Retirement, unretirement, and housing wealth during the great recession [J]. The Journal of Real Estate Finance and Economics, 2021, 62: 342-369.

[285] ZHOU X. A quantitative evaluation of the Housing Provident Fund program in China [J]. China Economic Review, 2020, 61: 101436.